錢穆先生全集

「新校本」

中國學術思想史論叢（三）

九州出版社

圖書在版編目（CIP）數據

中國學術思想史論叢 .3 / 錢穆著 . -- 北京：九州出版社，2011.5（2020.12重印）
（錢穆先生全集）
ISBN 978-7-5108-0894-4

Ⅰ.① 中… Ⅱ.① 錢… Ⅲ.① 學術思想－思想史－中國－文集 Ⅳ.①B2-53

中國版本圖書館 CIP 數據核字（2011）第 046744 號

中國學術思想史論叢（三）

作　　者　錢　穆　著
責任編輯　劉瑞蛟　周敏浩
出版發行　九州出版社
裝幀設計　陸智昌　張萬興
地　　址　北京市西城區阜外大街甲 35 號
郵　　編　100037
發行電話　（010）68992190/3/5/6
網　　址　www.jiuzhoupress.com
印　　刷　三河市東方印刷有限公司
開　　本　635 毫米 × 970 毫米　16 開
插頁印張　0.25
印　　張　25.25
字　　數　282 千字
版　　次　2011 年 5 月第 1 版
印　　次　2020 年 12 月第 3 次印刷
書　　號　ISBN 978-7-5108-0894-4
定　　價　498.00 元（全十冊）

目次

序

本書第二編第一册所收，起自西漢，迄於南北朝，凡得散篇論文共十二篇。其有關兩漢經學者，大多收於兩漢經學今古文平議。其有關魏晉清談，自王弼、何晏以下諸家，有一部分收入莊老通辨。此編皆不復載。作者復有秦漢史、中國思想史、國學概論、國史大綱諸種，與此編有關涉，皆可參讀。

一九七七年初春錢穆識於臺北外雙溪之素書樓，時年八十有三。

讀陸賈新語

陸賈楚人，新語文體，上承荀卿，下開淮南，頗尚辭藻。荀、屈同爲賦宗，蓋荀卿曾南遊楚，而染其文風耳。莊子外篇如天道、天運，亦近此體。賈誼以下至董仲舒，爲北方文體。西漢文章，至賈、董而始變。

新語道基篇開首，「傳曰：天生萬物，以地養之，聖人成之。功德參合而道術生焉。」此卽中庸所謂「贊化育，參天地」也。下文「先聖仰觀天文，俯察地理，圖畫乾坤」一節，極似易大傳。然則易大傳殆先新語，成於秦儒，會通儒、道，亦楚風也。據是疑開首「傳曰」，亦指易傳。惟今易傳無其文。豈易傳自新語後，尚續有增删，始成今之定本乎？

術事篇開端，「善言古者，合之於今。能術遠者，考之於近。」此等亦極近中庸，皆自荀卿「法後王」之論來。其過激則爲韓非。司馬遷六國年表序亦承此旨。而賈、董則近法先王。此亦晚周至漢初學術界一分野也。

術事篇又云：「書不必起仲尼之門。」書孔子爲仲尼，其風亦盛於晚周，如中庸、孝經皆其證。

孟子云：「仲尼之徒無道桓、文之事者。」雖亦偶有其例，要之至晚周始成風習。漢儒率多稱孔子。此亦證新語當屬漢初。

輔政篇、無爲篇皆參雜以老子之說。老子書起於晚周，易傳、中庸皆承儒義而參以道家言，新語亦爾，此乃當時學術大趨也。

無爲篇云：「君子尚寬舒以苞身，行中和以統遠。」又曰：「漸漬於道德，被服於中和之所致也。」道、德連用本老子，中、和連用本中庸，尚寬之說亦本中庸；語、孟以至易繫傳皆言剛，不尚寬。

辨惑篇記孔子夾谷之會，辭語與穀梁大相近，然則穀梁亦遠起先秦矣。雖至漢中葉後遞有增潤始成今本，不可謂其絕無師承也。

愼微篇亦會通老子、中庸以陳義。其曰「道因權而立，德因勢而行」，以道德合之於權勢，不僅老子有此義，卽中庸亦有之。孟子言孝，擧舜，而中庸言孝必據周公。舜之孝行尚在草莽，周公則正藉權勢以大顯其道德者。篇末引「有至德要道以順天下」，此亦證孝經遠起漢前。

愼微篇又云：「苦身勞形，入深山，求神仙。棄二親，捐骨肉，絕五谷，廢詩書。背天地之寶，求不死之道，非所以通世防非者也。」又曰：「夫播布革，亂毛髮，登高山，食木實，視之無優游之容，聽之無仁義之辭，忽忽若狂痴，推之不往，引之不來。當世不蒙其功，後代不見其才，君傾而不扶，國危而不持，寂寞而無隣，寥廓而獨寐。可謂避世，非謂懷道者也。」又曰：「隱之則爲道，布之則爲文。」其所描述，知其時實多入深山求神仙之事，與當孔子時沮、溺、荷蓧之徒，大異其趣。

莊子寓言，始有此等意想，殆自晚周而始盛。秦皇海上方士雖無驗，然楚、漢之際，天下大亂，此等風氣仍持續，即張子房亦辟穀欲從赤松子遊。然就新語以避世與隱居分別，則儒、道合流，並不包括神仙在内。「隱之爲道，布之爲文」，顯羼有道家義。

資質篇深歎質美才良者伏隱而不能通達，不爲世用；是乃惜隱，非高隱也。此顯是會通儒、道義而有此。

至德篇屢引春秋事，是必三傳多有行於時者。篇末「故春秋穀」三字下有缺文，是殆引春秋穀梁傳也。

懷慮篇云：「據土子民，治國治衆者，不可以圖利。治産業則教化不行，而政令不從。」此大學所謂「財聚則民散，財散則民聚」，「長國家而務財用者，必自小人矣」。厥後董仲舒亦言：「皇皇求仁義，如恐不及者，君子之事。皇皇求財利，如恐不及者，小人之事。」此皆封建采邑之制既壞，貴族崩潰，工商生産事業新興以後，爲晚周以迄漢中葉一種共有之思想也。

懷慮篇又云：「世人不學詩書，行仁義聖人之道，極經藝之深，乃論不驗之語，學不然之事，圖天地之形，説災變之異，□□王之法，異聖人之意，惑學者之心，移衆人之志，指天畫地，是非世事，動人以邪變，驚人以奇怪。聽之者若神，視之者如異，然猶不可以濟於厄而度其身，或觸罪□法，不免於辜戮。」此一節，可見當時智識界一種流行風氣，殆是混合陰陽五行災異變怪之説於縱横捭闔權謀術數之用；蒯通自稱與安期生遊，即此流也。此後淮南賓客亦多此類。至董仲舒言災異，乃以會通之於經術。此乃中央政權大定之後，與漢初撥亂之世不同矣。至以「經藝」連文，則稱六經爲六藝，已始於其時矣。

懷慮篇又云：「戰士不耕，朝士不商。」前一語與韓非「耕戰」之議異，下一語開漢制仕宦者不得經商之先聲。

本行篇盛倡儒道，然其語多近荀子與大學，並旁采老子；亦徵其語實出漢初，與武帝時人意想不同。

本行篇又云：「案紀圖錄，以知性命，表定六藝，以□□□。」觀下一語，知孔子定六經，其說遠有所自。殆起荀卿以下，或出秦博士，而賈承其說。觀上一語，則儒、道、陰陽合流之跡已顯。

明誡篇有云：「堯舜不易日月而興，桀紂不易星辰而亡，天道不改而人道易也。」「故世衰道亡，非天之所爲也，乃國君者有所取之也。」此義遠承荀子天論。

明誡篇又云：「惡政生於惡氣，惡氣生於災異。蝮蟲之類，隨氣而生。虹蜺之屬，因政而見。治道失於下，則天文度於上。惡政流於民，則蟲災生於地。賢君智則知隨變而改，緣類而試。」此一節與仲舒以下言陰陽災變者無大異趣，然與上引懷慮篇所云有不同。蓋雖兼采陰陽家言，而固以儒術爲主。此乃漢代儒術所以與方術縱橫之士有其不同之所在也。

明誡篇又曰：「聖人察物，無所遺失。□□鷁之退飛，治五石之所隕，所以不失纖微。至於鴝鵒來，冬多麋，言鳥獸之類□□□也。十有二月李梅實，十月殞霜不煞菽，言寒暑之氣失其節也。鳥獸草木，尚欲各得其所，綱之以法，紀之以數，而況於人乎？」可知自董仲舒治春秋，通之陰陽，下迄劉向治穀梁而志五行，其風遠自漢初，有其端緒矣。

思務篇有云：「八宿並列，各有所主。萬端異路，千法異形。聖人因其勢而調之，使小大不得相□，方圓不得相干。分之以度，紀之以節。星不晝見，日不夜照。雷不冬發，霜不夏降。臣不凌君，則陰不侵陽。盛夏不暑，隆冬不霜。黑氣苞日，彗星揚光。虹蜺冬見，蟄蟲夏藏。熒惑亂宿，眾星失行。聖人因天變而正其失，理其端而正其本。」此等語卽陳平所謂「宰相之職在助天子理陰陽」之旨也。陳平、陸賈同時，宜其所言之相通矣。

丁酉歲暮，赴臺北講學，行篋匆匆，僅携陸賈新語一冊。旅邸客散，偶加披玩，漫誌所得。懷廬以下，則返港後新春所補成。戊戌人日錢穆識。

（此稿成於一九五八年，刊載於一九六九年三月大陸雜誌三十八卷五期。）

中國古代大史學家司馬遷（中國名人小傳試作之一）

中國民族，是一個具有悠長歷史的民族。論中國文化之貢獻，史學成就，可算最偉大，最超越，爲世界其他民族所不逮。孔子是中國大聖人，同時亦是中國第一個史學家，他距今已在二千五百年之前。西漢司馬遷，可說是中國古代第二個偉大的史學家，距今亦快到二千一百年。孔子春秋和司馬遷史記，同是中國古代私人著史最偉大的書。

遠在西周，中國人早懂得歷史記載之重要，常由政府特置史官來專管這工作。那些史官是專業的，同時也是世襲的。司馬氏一家，世代相承，便當著史官的職位，聯緜不輟。到遷父親司馬談，是西漢的太史令，正值武帝時。在春秋時，司馬氏一家，由周遷晉，又分散到衛與趙。另一支由晉轉到秦，住居今陝西韓城縣附近之龍門。遷便屬這一支，他誕生在龍門。

當時的史官，屬於九卿之「太常」。太常掌宗廟祭祀，這是一宗教性的官。史官附屬於太常，這是中國古代學術隸屬於宗教之下的遺蛻可尋之一例。因此史官必然要熟習天文與曆法。同時司馬談並研究易經與道家言。因這兩派學說在當時，都和研究天文發生了連帶的關係。

司馬談是一位博涉的學者，他有一篇有名的論六家要指，保留在史記太史公自序中。可見司馬談博通戰國以來各學派，不是一位褊狹的歷史家。他的思想態度偏傾於道家，但他究是一位史學傳統家庭中的人，因此他依然注重古典籍與舊文獻，不像一般道家不看重歷史。

司馬遷出生在景帝時，那時漢初一輩老儒，像叔孫通、伏勝、陸賈、張蒼、賈誼、晁錯諸人都死了。漢文帝本好刑名家言，他的政治作風亦偏近於黃老。他夫人竇氏，更是黃老的信徒。景帝尤不喜儒家言。時有博士轅固生，因議論儒、道兩家長短，得罪了竇太后，命他下虎圈刺豕。這很像西方羅馬的習俗。

但司馬遷十歲時，他父親便教他學古文字，治古經籍。因此他的學問，不致囿限在戰國以下新興百家言的圈套中。他將來綜貫古今，融會新舊，成爲一理想的高標準的史學家，在他幼年期的教育中，已奠定了基礎。這一層，在史記裏，他屢次鄭重地提及。

他幼年的家庭生活，還保持著半耕半牧古代中國北方淳樸的鄉村味。他二十歲開始作遠遊。自序說：

> 二十而南遊江、淮，上會稽，探禹穴，闚九疑，浮於沅、湘。北涉汶、泗，講業齊、魯之都，觀孔子之遺風，鄉射鄒、嶧。戹困鄱、薛、彭城，過梁、楚以歸。

這是何等有意義的一次遊歷呀！中國到漢時，文化緜延，已達兩三千年了。全中國的地面上，到處都染上了先民故事的傳說和遺跡。到那時，中國民族已和他們的自然天地深深地融凝爲一了。西北一角，周、漢故都，是司馬遷家鄉。這一次，他從西北遠遊到東南，沿著長江下游，經過太湖、鄱陽、洞庭三水庫，逾淮歷濟，再溯黃河回西去。這竟是讀了一大部活歷史。遠的如虞舜、大禹的傳說，近的如孔子在文化教育上種種具體遺存的業績，他都親身接觸了。這在一青年天才的心裏，必然會留下許多甚深甚大的刺激和影響，是不言可知了。

這一次回去，他當了漢廷一侍衛，當時官名稱「郎中」。照漢制，當時高級官吏，例得推薦他們子弟，進皇宮充侍衛。他父親的官階，還不够享受此殊榮，但武帝是極愛文學與天才的，想來那位剛過三十年齡的漢武帝，早聽到這一位剛過二十年齡的充滿著天才的有希望的新進青年的名字了。我們可想像，司馬遷一進入宮廷，必然會蒙受到武帝的賞識。

在當時，他大概開始認識了孔子十三代後人孔安國。安國也在皇宮爲侍中，安國的哥哥孔臧，是當時的太常卿，又是司馬談的親上司。司馬遷因此得從安國那裏見到了孔家所獨傳的歷史寶典古文尚書了。他將來作史記，關於古代方面，根據的堯典、禹貢、洪範、微子、金縢諸篇重要的史料，有許多在當時爲一般學者所不曉的古文學新說。

大概他在同時前後，又認識了當時最卓越的經學大儒董仲舒。仲舒是一位博通五經的經學大師，尤其對孔子春秋，他根據公羊家言，有一套精深博大的闡述。將來司馬遷的史學及其創作史記的精神和義法，據他自述，是獲之於仲舒之啟示。

他當皇宮侍衛十多年，大概是他學問的成立期。後來有一年，他奉朝廷使命，深入中國的西南角。自序說：

奉使西征巴、蜀以南，南略邛、笮、昆明。

這一段行程，從四川岷江直到今雲南西部大理，即當時的昆明。大概和將來諸葛孔明南征，走著相同的道路。這又補讀了活的中國史之另一面。但不幸，他這一次回來，遭逢著家庭慘變。

當時漢武帝正向東方巡狩，登泰山，行「封禪」禮。這是中國古史上傳說皇帝統治太平祭祀天地的一番大典禮。但武帝惑於方士言，希望由封禪獲得登天成神仙；因此當時一輩考究古禮來定封禪儀式的儒生們，武帝嫌其不與方士意見相洽而全體排擯了。司馬談是傾向道家的，但他並不喜歡晚周以來附會道家妄言長生不死的方士，因此他在討論封禪儀式時，態度接近於儒生。照例，他是太史令，封禪大祭典，在職掌上，他必該參預的。但武帝也把他遺棄了。留在洛陽，不許他隨隊去東方。司馬談一氣病倒了。他兒子奉使歸來，在病榻邊拜見他父親。自序說：

奉使西征，……還報命。是歲，天子始建漢家之封，而太史公（指其父，下同。）留滯周南，不得與從事，故發憤且卒，而子遷適使反，見父於河、洛之間。太史公執遷手而泣。

接著是他父親的一番遺命，說：

「余先，周室之太史也。上世嘗顯功名於虞夏，後世中衰，絕於余乎？汝復為太史，則續吾祖矣。今天子接千歲之統，封泰山，而余不得從行，是命也夫！命也夫！余死，汝必為太史。為太史，無忘吾所欲論著矣。」遷俯首流涕，曰：「小子不敏，請悉論先人所次舊聞，弗敢闕。」

看了這一段敍述，可想司馬談是一位忠誠骾直而極負氣憤的人。他很想跟隨皇帝去泰山，但不肯阿從皇帝意旨。沒有去得成，便一氣而病了，還希望他兒子在他死後把此事的是非曲折明白告訴後世人。司馬遷性格，很富他父親遺傳。他父親臨終這一番遺囑，遂立定了他創寫史記的決心。

談卒後三年，司馬遷承襲父職當了太史令。遷的才情，武帝早欣賞，這本是不成問題的。於是他憑藉宮廷藏書，恣意紬讀了五年，纔開始寫他的史記。那時他已到四十二歲的年齡。上距孔子卒歲，則整整三百七十五個年頭了。在自序裏，他自己這樣說：

先人有言，自周公卒，五百歲而有孔子。孔子卒後，至於今五百歲。有能紹明世，正易傳，繼春秋，本詩、書、禮、樂之際，意在斯乎！意在斯乎！小子何敢讓焉。

這說明他的史記，承襲了孔子春秋，隨續著文化傳統、古經典之大義而著筆。

但不幸前後搭到七年的時期，他又遇了飛天橫禍。那時一位青年將軍李陵，因兵敗，投降匈奴了。陵降匈奴，時年三十六。武帝本也很愛李陵才氣，但他又要振厲邊將氣節，兵敗降敵，不得不嚴辦。在他憤悶與衝突的心情下，問於司馬遷。遷與李陵在內廷同過事，他直口稱讚李陵爲人，說他：「事親孝，與士信，常奮不顧身以徇國家之急。其素所畜積有國士風。」今舉事一不幸，那些只知全軀保妻子的人，卻隨在後面說他壞話。他說這是一極可痛心的事。他又說：陵雖敗，他的戰功已足表揚於天下。他之降，或許想攫得一機會來報答。但他這番話，洗雪了李陵，卻得罪了朝臣。既不主張懲罪降將，而且還牽涉到宮廷親貴，武帝寵將，種種複雜的內幕。於是司馬遷終於下了獄，定他「誣罔」罪，判決了死刑。但武帝存心並不要眞置他死地；依照當時新法令，納錢五十萬，便可減死一等。五十萬個五銖錢，只合黃金五十斤。一輩朝貴，千金萬金多的是，五十金算什麼呢？那料司馬遷服務宮廷，官爲太史，前後將近三十年，家中竟拿不出五十斤黃金來！卽有愛惜他的，那敢無端送他黃金五十斤，招惹自身意外的不測呢？依照司馬遷性格，應該痛快自殺了事。但他的史記還沒有成書，他父親臨終遺囑，和他畢生抱負，不許他自殺。但那裏來這五十斤黃金！而武帝愛惜他，終於減死一等了。在當時，納不出五十斤黃金，還可請受腐刑。在他的自序裏，和他有名的報任安書中，對此事曾極其憤懣紆鬱的交代了。

減死一等便是受腐刑。在當時，腐刑也不算一會重大事，但遷受不了這委屈。他在報任安書中，再四憤慨地說，受腐刑的算不得是人。這是他自己一腔不平之氣在發洩。而武帝心下則不如此想。遷受了腐刑，把他替李陵開說的一番風波平息了，立刻調用他做內廷秘書長，當時官稱「中書令」。而且極其尊寵與信任。在武帝本愛司馬遷才情，現在他受了腐刑，不該再在宗廟任職，便立地擢用他在自己近旁，他眞也算得是愛才。但在司馬遷，覺得此後的生命，完全是爲續成史記而活著，其他一切則全不在他心下了。

他受腐刑還不到五十歲，大概此後還有十年以上的壽命吧！但他的中書令新職，使他整年隨著皇帝到處跑，沒得好閒暇。他在報任安書裏自己說：

> 迫賤事，卒卒無須臾之間。

又說：

> 腸一日而九迴，居則忽忽若有所亡，去則不知所如往。每念斯恥，汗未嘗不發背沾衣。

在這樣的心情下，他不可能享高壽。他的卒年是無法考定了。大概和武帝卒年差不遠，六十左右便死了。他臨死，史記仍沒有完成。全書一百三十篇，字數逾五十萬，有十篇擬定了題目，沒完全成稿的。

史記成爲將來中國正史之鼻祖，史記的體例，也爲歷代正史共奉的圭臬。但史記體例，乃司馬遷一人所特創。本來史官記載，有一定的格套。孔子春秋和晉代汲冢出土的戰國魏紀年，都沿襲這格套。司馬遷纔始破棄此格套，另創新體例。所以司馬遷雖是漢代太史令，但他的史記並不是正式的漢史，而是一部上起黃帝下迄當世的通史。他又說：

> 厥協六經異傳，整齊百家雜語。

可見他的史記，也並不專遵春秋之一經。史記體裁，乃是他包括融化了六經，又包括融化了六經之各種傳，以及百家之雜語。舉例言，公羊與左氏，便是春秋之異傳；而史記則兼采了公羊之義旨與左氏之事狀。又旁采了尚書、詩經乃及國語、世本、戰國策、楚漢春秋等。不僅采摘了各書之內容，並融鑄了各書之體裁。他的史記，可說是滙合了他以前一切文獻著作而成書。若專就歷史著作論，則司馬遷史記實已遠勝於孔子之春秋。

但司馬遷雖自創了新體例，他的書卻也不受他自創體例之拘束。這一層，引起了將來史學上不斷的爭議。史記凡分本紀十二、表十、書八、世家三十、列傳七十之五類。「本紀」載帝系王朝之興廢，但他卻爲項羽作本紀，而且題目又直稱爲項羽本紀，這不是不合本紀的體例嗎？「世家」本是西周以來封建諸侯之國別史，但始皇以前之秦國，卻列入本紀，而且和秦始皇本紀又分裂開來各自成篇了。這且不論。他又爲陳涉作世家，陳涉並無傳代，怎成爲世家呢？這且再不說。他又爲孔子作世家。孔子只是一私家講學的人，司馬遷何嘗不知道？他之自破其例，好像不倫不類處，正是史記之偉大，特見精神處。可惜後來史家，很少能了解到這一點。

說到「列傳」，更見他用心。他對古代人物只列伯夷爲七十列傳之第一篇，但伯夷根本無詳明的史實可考！他在春秋時代特舉了管仲、晏嬰。孟子嘗說過：「子誠齊人也，知管仲、晏子而已矣。」司馬遷並不是不看重孟子。他把戰國諸子大部都包括在孟子、荀卿的一篇列傳裏，而更特地推尊孟子。西漢人極尊鄒衍，鄒衍的大量著書那時全存在。司馬遷推崇董仲舒，仲舒學術便接近鄒衍。但史記只把鄒衍附列於孟子，而且再三申言鄒衍不能與孔孟相比。漢人極尊黃老與申韓，但那時兩派並不同，他卻把老、莊、申、韓同列一傳，而說申韓淵源於老莊。這些處，他確能承他父親論六家要指的學風。而他的見識和衡量，又超過他父親。他對孔子以下百家的衡評，直到現在二千年來大體還如他意見，那他的觀察又是何等地深刻和遠到呀！

他如是湛深於六經，如是推崇於儒家，但他並不用力來寫漢代那些傳經的博士們。儒林傳不像是他喜歡寫的傳。至如許多達官貴人們，好多沒有入傳的資格。但他卻費力來寫貨殖傳與游俠傳。在當時看不起那些經商發財和作奸犯科的人，他卻有聲有色很用力來寫。甚至寫到刺客傳、滑稽傳、佞幸傳、日者傳、龜策傳。社會間形形色色，全給他活龍活現地描繪出。

因此後人批評史記，在其體例上，則說他「疏」。在其取材上，又說他「好奇」。但他確有極深之自負。他自己說：

亦欲以究天人之際，通古今之變，成一家之言。

這是史學的最高標準！以後蹈襲他的，未必盡能瞭解這標準。批評他的，同樣不能盡量瞭解這標準。連他的書只是一種私家著作的那一點，也很少人瞭解。所以他要說：

藏之名山，傳之其人。

因其非官書，所以可藏之名山。因其乃一家言，所以盼得其人而傳。後來的正史，便很少有這樣的精神了。

他書中尊稱其父曰「太史公」，他亦自稱爲太史公。他死後，他的書，漸由他外孫楊惲所宣布，當時本稱太史公書，並不稱史記。直到東漢以後，漸稱此書爲史記，而他自己，則後人仍都尊稱他爲太史公。

（此稿成於一九五三年，刊載於是年四月民主評論四卷八期。）

司馬遷生年考

司馬遷生年向有兩說。一張守節正義云：太初元年，「遷年四十二歲。」則當生於景帝之中元五年。一司馬貞索隱引博物志：「太史令茂陵顯武里大夫司馬遷，年二十八，三年六月乙卯，除六百石。」此指元封三年初繼職爲太史令時。依此推溯，應生於武帝建元之五年。兩說前後相差凡十年。眾家舊說，皆從正義。老友施君之勉獨據索隱，以報任少卿書「僕賴先人緒業，得待罪輦轂下二十餘年矣」一條爲證。張維驤太史公疑年考，已先舉此爲說。然張考實多無理，不足信。我近作司馬遷新傳，仍依正義，循舊說。施君遠自臺南，遺書討論。因重述我取捨意見，草爲斯篇。

「二」字與「三」字，古書常易譌寫。索隱「二十八」，當係「三十八」之誤。「四」字古或作亖，亦易譌寫成三字；但「三」字譌成亖字，機會不易。王國維觀堂集林太史公行年考亦云：「三訛爲二，乃事之常。三訛爲四，則於理爲遠。」今考武帝時郡國豪傑徙茂陵，前後三次。一在建元二年，一在元朔二年，一在太始元年。若依索隱，遷生建元五年，其時尚在夏陽之龍門。元封三年已爲太史令，其時早已居住茂陵之顯武里。則遷之徙茂陵，定在元朔二年。依正義，是年遷十九歲，翌年即出外遠遊。依索隱，是年遷九歲。但遷之自序明說：

遷生龍門，耕牧河山之陽。

十歲幼童，如何說「耕牧河山之陽」呢？這是第一證。

封禪書贊：

余從巡祭天地諸神名山川而封禪焉。入壽宮，侍祠神語，究觀方士祠官之意。

考封禪書：

文成死明年，天子病鼎湖甚，上郡有巫，病而鬼神下之，上召置，祠之甘泉。及病，使人問神君，神君言曰：「天子無憂病，病少愈，強與我會甘泉。」於是病愈，遂起幸甘泉，病良已。大赦，置酒壽宮。神君非可得見，聞其言，言與人音等。時去時來，來則風肅然。居室帷中。時晝言，然常以夜。其所語無絕殊者，而天子心獨喜。其事祕，世莫知也。

通鑑定其事在元狩之五年。贊語所指，即此事。若依正義，遷年二十八，時已爲郎中，故得「從巡祭天地鬼神」。若依索隱，遷年僅十八，尚未爲郎中，便無從駕巡祭之資格。這是第二證。

游俠傳：

郭解家徙茂陵，其客殺人，御史大夫公孫弘議曰：「解布衣，為任俠行權，以睚眦殺人，當大逆無道。」遂族郭解。

公孫弘爲御史大夫在元朔三年，至元朔五年，任丞相。可見郭解徙家茂陵，亦定在元朔之二年。若依正義，是年遷十九歲，即在茂陵認識了郭解。他曾說：

吾視郭解，狀貌不及中人，言語不足採者。

若依索隱，公孫弘爲丞相時，遷僅十二歲，尚在童年。這應在此以前便認識了郭解。而謂解「貌不及中人，言語不足採」，這些觀察，似乎又與十齡左右的年歲不相稱。這是第三證。

李廣自殺，在元狩之四年。遷曾見李廣，他說：

余睹李將軍，悛悛如鄙人，口不能道辭。

這是第四證。

遷與廣相識，斷在元狩四年前。若依正義，元狩四年，遷年二十七。依索隱，遷年十七。十七歲以前的青年，也不能定說無機緣認識到李廣，但那樣的觀人於微，似乎放在過了二十以後人身上更相稱。

同樣的理由，遷奉使西征，從巴、蜀到昆明，依索隱，當年二十六。繼職爲太史令，當年二十八。這也未嘗不可能。若依正義，遷三十六奉使，三十八爲太史令，似乎在年齡上更近情理些。這是第五證。

按；史公報任安書：「僕今不幸，早失父母。」或疑三十六喪父，不得云早。不悟「早」字係指自喪父下逮修書及二十年言，史公特謂在二十年前已失父母，故云「早失」也。又遷報任少卿書：

僕賴先人緒業，得待罪輦轂下，二十餘年矣。

依舊說諸家之考訂，報任安書應在征和之二年。施君據王靜安太史公行年考，報書在太始四年，因云：若遷生景帝中五年，至武帝元朔三年爲二十歲，四年二十一歲，遊歷歸爲郎中；下至太始四年已三十三年，豈得云「待罪輦轂下二十餘年」耶？今考遷之自序：

二十而南游江、淮，上會稽，探禹穴，闚九疑，浮於沅、湘，北涉汶、泗，講業齊、魯之都，觀孔子之遺風。鄉射鄒、嶧，厄困鄱、薛、彭城，過梁、楚以歸。於是遷仕為郎中。

他這一次出遊，所經歷甚廣；再看史記各篇，敍述到他在各地之訪問與考察，都極精詳。決非短期間所能。我們先不能判定他一年卽歸，又不能判定他歸後立卽爲郎中。我們只能說他爲郎中在遠遊西歸之後，卻不能說定在那一年。但元狩五年他二十八歲時，必然已仕爲郎中了。（說見第二證。）循是下算至征和二年報任安書，那年遷五十五歲，前後共搭上二十八年。縱使他再早一年爲郎中，也不够作推翻正義的根據。（若依王氏說，則報任安書，又提前了兩年，更不成問題。）

據漢書儒林傳：孔氏有古文尚書，孔安國得之；安國爲諫大夫，司馬遷從安國問故。漢廷初置「諫大夫」，在元狩五年。那時司馬遷已仕爲郎中，與安國同在宮廷，向之問故，當卽其時事。若依索隱，遷是年僅十八。天才夙悟，不能說他無向安國問故之資格。但二說相較，仍似正義較近情。

董仲舒爲膠西王相，在元朔五年；免歸家居，在元狩二年。仲舒家亦在茂陵，其免歸居家，依正義，值遷二十五歲時。遷於仲舒處獲聞春秋大義，亦當在此後。若依索隱，其時遷年僅十五，獲聞春秋大義，應在二十遠遊前。此亦非不可能，而仍似依正義說爲允。

太初五年，司馬遷與壺遂等定律曆，是爲「太初曆」。律曆天官，自古屬專家之術業。依正義，是年遷四十二歲。依索隱，是年遷三十二歲。兩説均可通，而仍似依正義爲較允。

司馬遷草創爲史記，亦始於太初之元年。其所記載，先亦以至太初爲限斷，故高祖功臣表序曰「至太初」，自序云「至太初而迄」。遷既是一天才，三十二卽著書，事非不可能。卽以從事著作之年爲其書内容之限斷，事更無足怪。惟若依正義，草創爲史記，遷年四十二，所學已成熟，年事亦稍高，故其書預定體例卽以太初爲限斷，實亦較依索隱三十二歲之説爲更允。至張維驤太史公疑年考，卽定史公年四十二歲，卒於武帝後元元年，語更遠實，茲不再論。

根據上述第一、第二、第三證，斷當依正義。根據第四、第五證，索隱、正義兩説俱可通，而依正義爲較合。此外「待罪輦轂下二十餘年」一條，只不確説遷仕爲郎中在二十一歲時，正義仍可通。而考之遷之學問著作與師友之關係，其與孔安國、董仲舒、壺遂諸人之交游，皆似據正義較據索隱爲更愜。總之索隱、正義兩注必有一譌字；詳爲斟酌，應該説譌在索隱，不譌在正義。所以我草寫司馬遷新傳，在没有更新的發現以前，寧仍沿襲了衆家舊説，依據正義，認爲索隱「二」字乃「三」字之譌寫。

（此稿成於一九五三年，刊載於是年六月學術季刊一卷四期。）

太史公考釋

漢書藝文志春秋家太史公百三十篇，馮商所續太史公七篇，漢著記百九十卷。「著記」者，漢室之官史，谷永所謂：「八世著記，久不塞除。」後漢劉毅云：「漢之舊典，世有注記。」是也。太史公則司馬遷一家之私書，當與孔子春秋齊類，不當與魯春秋、晉乘、楚檮杌相例。故其書稱太史公，猶孟軻自稱孟子，其書因亦稱孟子；荀況自號荀子，故其書亦稱荀子云耳。

漢書楊敞傳：「敞子惲，惲母司馬遷女也。惲始讀外祖太史公記，頗爲春秋，以材能稱。」史記龜策傳：「褚先生曰：臣以通經術，受業博士，幸得宿衛，竊好太史公傳。」漢書東平王傳：「王上疏求諸子及太史公書。」此或稱太史公記，或稱太史公傳，或稱太史公書，皆非正稱。「太史公書」者，猶云諸子書，孟子、老子書，若正名以稱，則應曰孟子、老子、太史公，不得加「書」字。至曰「記」曰「傳」，則舉一偏以概，更非其書之本稱。後書范升傳：「時難者以太史公多引左氏，升又上太史公違戾五經謬孔子言。」此始爲其書之正稱矣。楊終傳：「終受詔刪太史公書爲十餘萬言。」此亦隨文增列「書」字，不得據謂其書之本稱。至史記之名，梁玉繩謂當起於叔皮父子，觀漢書五行志及後書班彪傳可見。其説殆是也。

然則遷又何以自稱爲「太史公」？考其自序，蓋本以稱其父。自序之言曰：

喜生談，談為太史公。太史公仕於建元、元封之間。太史公既掌天官，不治民，有子曰遷。仕為郎中，奉使西征，還報命。是歲，天子始建漢家之封，而太史公留滯周南，不得與從事，故發憤且卒，而子遷適使反，見父於河、洛之間。太史公執遷手而泣，曰：「予先，周室之太史也。後世中衰，絕於予乎！汝復為太史，則續吾祖矣。今天子接千歲之統，封泰山，而余不得從行，是命也。余死，汝必為太史。為太史，無忘吾所欲論著矣。余為太史，而弗論載，廢天下之史文，余甚懼焉，汝甚念哉！」遷俯首流涕曰：「小子不敏，請悉論先人所次舊聞，弗敢闕。」卒三歲，而遷為太史令。

按漢書百官公卿表：「太史令，六百石。」集解、索隱引茂陵書：「談以太史丞爲太史令。」又索隱引博物志：「太史令茂陵顯武里大夫司馬遷，年二十八，三年六月乙卯，除六百石。」漢書李陵傳亦言「太史令司馬遷」。覈此諸證，談爲太史令，遷襲父職，史文確鑿，無可疑者。太史令簡稱則曰「太史」，不曰「太史公」。

武帝紀：「天子郊雍，有司與太史公、祠官寬舒等議。」封禪書亦言：「有司與太史公、祠官寬舒議。」又「太史公、祠官寬舒等曰」。漢志「太史公」皆作「太史令談」。錢大昕曰：「遷不著名，爲父諱也。」其説甚是。而虞喜志林，謂：「古者主天官皆上公。自周至漢，其職轉卑，然朝會坐位，猶居公上，尊天之道。其官屬仍以舊名，尊而稱公。」如淳引衛宏漢儀注，謂：「太史公，武帝置，位在丞相上。天下郡國計書，先上太史公，副上丞相。」語皆不足信。卽證之遷報任安書，亦謂：

僕之先人，非有剖符丹書之功，文史星曆，近乎卜祝之間，固主上所戲弄，倡優畜之，流俗之所輕也。

又曰：

鄉者僕亦嘗廁下大夫之列，陪外廷末議。

此自述父子爲太史令時官階職任，語甚顯白，安有如虞喜、衛宏之所云云耶？

遷之尊稱其父曰「太史公」，又見於報任少卿書首句，曰「太史公牛馬走司馬遷再拜言」。李善曰：「太史公，遷父談也。走猶僕也。言己爲太史公掌牛馬之僕，自謙之辭也。」姚鼐曰：「公乃令之誤。稱太史令，猶後人之列銜。稱牛馬走，猶後人稱僕稱弟之類。」然古人書牘，固無自列官銜之例。

且班書明云：「遷既被刑之後，爲中書令。故人任安予遷書」云云。遷書亦自言之，曰：

鄉者僕亦嘗廁下大夫之列，陪外廷末議；不以此時引維綱，盡思慮，今已虧形，為掃除之隸，在闒茸之中。

是遷報書時爲中書令，不爲太史令，姚說進退失據。故知此處「太史公」三字，尊稱其父，當如李善之說。然何以與友人書而自稱爲父僕，此義誠費解。故班書存錄此文，獨削去其首句「太史公牛馬走」六字。顧不知此六字，乃遷此文最要用意之所在，非偶爾浮文也。請試粗陳其大意。

蓋遷之發憤爲史記，由於其父臨終之末命。談爲太史令，主天官，職比卜祝，禮官大夫，而朝廷封禪盛典，顧擯不預。封禪書謂：「武帝初與諸儒議封事，命草其儀。及且封，盡罷諸儒不用。」蓋談之留滯周南者以此，其臨死而命其子「無忘吾所欲論著」者亦在此。故遷之自序曰：

余嘗掌其官，廢明聖盛德不載，滅功臣世家賢大夫之業不述，墮先人所言，罪莫大焉。於是論次其文。七年，而遭李陵之禍，幽於縲紲，乃喟然而歎曰：是余之罪也夫，是余之罪也夫。

是遷之作史記，明由其父之遺命。及遭罪下獄，所以隱忍不死，亦僅欲以完成其父之遺志云爾。故曰：

> 草創未就，適會此禍；惜其不成，是以就極刑而無慍色也。

顧遷之報任安書，所以極憤慨激宕之情辭，而廻環紆鬱，成爲千古之至文者，蓋猶有其一段不獲暢言之隱痛，而不幸未爲後人所抉發。蓋遷之進辭而獲罪，武帝雖一時疑怒其沮貳師，祖李陵，而亦未嘗不愛其才。久而識其忠，諒其直，隱且欲大用之。故雖論遷以死罪，而復許其自贖。而其間曲折，乃不幸爲史書所不詳。考漢制，死罪許贖免，始見惠帝紀及淮南傳。其次卽在武帝時。漢紀：「天漢四年，秋九月，令死罪入贖錢五十萬，減死一等。」又：「太始二年，秋九月，募死罪人贖錢五十萬，減死一等。」此兩事文同年近，蓋重出。據蕭望之傳引，此令當定在天漢之四年。而李陵降匈奴，在天漢二年冬。其軍人有脫至邊塞者，邊塞以聞，羣臣爭言陵罪，武帝始以其事問遷。疑遷盛言陵之不死，宜欲得當以報，其事當已在天漢之三年。故遷之自序曰：「遷爲太史令五年而當太初元年。又七年而遭李陵之禍，幽於縲紲。」自太初元年下七年，正天漢之三年也。然不久，武帝卽悔陵之無救，又遣使勞賜陵餘軍得脫者；疑是年遷未必卽判罪。時李陵家屬亦下獄，固亦未定罪也。翌年天漢四年，春，武帝又大發兵擊匈奴，並命公孫敖深入迎陵；是武帝其時尚以遷言爲信。及敖軍無功還，因曰：「捕得生口，言李陵教單于爲兵以備漢軍，故臣無所得。」於是武帝遂族陵之家屬。疑遷得死罪，亦在其同時。則遷前後繫獄時必久。若下獄卽腐刑，其自序不曰「幽縲紲」，報任安書亦無所謂「積威約之漸」矣。而不久聞教單于者乃李緒，非李陵，陵亦使人刺殺緒。武帝於時殆復內悔，疑遷之獲免於死當因此。則天漢四年秋出五十萬減死一等之令，殆爲遷而發也。荀悅前漢紀，敍下遷腐刑於族陵家屬後，較班氏爲密矣。而仍敍陵刺殺李緒事於後，則仍未盡。又敍公孫敖深入匈奴更在後，則更失之。要之書缺有間，已不可詳定。而此之所疑，則實有可得而微論者。

又武紀，翌年，太始元年春正月，因杅將軍公孫敖坐妻爲巫蠱腰斬。據衛霍傳：「敖擊匈奴至余吾，亡士多，下吏當斬；詐死亡，居民間五六歲，後覺復繫，坐妻爲巫蠱族。」巫蠱事在征和之二年，而公孫敖之下吏當斬，則在太始元年春，其罪名爲「亡士多」。殆武帝內憾於誤聽敖流言族陵之家屬，而又不明襮敖罪狀，乃以亡士多斬之。則遷之獲免死，下蠶室，亦在天漢、太始間，正可據敖之下吏當斬而旁推矣。

且遷之判死罪，於其報任安書，已明白有證驗。其書曰：

> 明主不深曉，以為僕沮貳師而為李陵游說，遂下獄。拳拳之忠，終不能自列，因為誣上，卒從吏議。

是遷所坐爲誣罔罪。漢書李陵傳又明言之，曰：

上以遷誣罔，欲沮貳師，而為陵遊說，下遷腐刑。

此遷下獄後判得「誣罔」罪，確無可疑者。今考杜延年傳有云：「誣罔罪皆坐大辟。」如武紀，元鼎元年，欒大卽坐誣罔罪腰斬。又雋不疑傳，夏陽人成方遂，詐稱衛太子，誣罔不道，腰斬。李尋傳，誣罔不道，皆伏誅。外戚恩澤侯表，朱博建平二年坐誣罔自殺，王嘉元壽元年罔上下獄瘐死。百官公卿表，始元元年，司隸校尉李仲季主爲廷尉，坐誣罔，下獄棄市。此皆漢律誣罔當死之實例。吏議遷既坐誣罔，其當死不待論。故遷書又言之，曰：

家貧，貨賂不足以自贖。交游莫救視，左右親近不為一言。

考之漢律，惟死罪有贖免。漢書蕭望之傳，張敞上書，請諸有罪得入穀贖，爲朝議所反對。蕭望之曰：「如此則富者得生，貧者獨死，是貧富異刑而法不一。聞天漢四年常使死罪人入五十萬錢減死一等，豪強吏民請託假貸，至爲盜賊以贖罪；此使死罪贖之敗也。」遂不施敞議。是宣帝時死罪許贖已久不行。若死罪以下，西漢固無贖免之先例。故張敞亦無以自堅其所主。則遷之所謂「家貧不足以自贖」，指死罪，不指腐刑，又斷然矣。文選唐五臣呂向注云：「漢制，死罪許納百金贖。」此語不詳其何據。然固明知遷之所謂「自贖」者，指死罪，不指腐刑。古注所以爲可貴也。

抑且遷書又明言之，曰：

假令僕伏法受誅，若九牛亡一毛，與螻蟻何以異？而世俗又不能與死節者次比，特以為智窮罪極，不能自免，卒就死耳。

果非死罪，何以曰「伏法受誅」乎？又按：宣帝后父許廣漢，亦以腐刑減死一等；推其年歲，正與遷略同時，或亦援天漢四年令。然則遷之以是年自請腐刑免死，殆近是。而漢書李陵傳，僅言下遷腐刑，又敍其事於遣因杅將軍公孫敖深入匈奴迎陵事之前。此乃史文省略，舉其竟而言。舊史如此等例者甚多，似不宜一一盡拘也。

又按：漢制以腐刑免死，其事始見於景帝之中四年，作陽陵，赦死罪，欲腐者許之。及東漢尤屢見。光武二十八、三十一年，明帝八年，迭有死罪募下蠶室令。章帝七年詔：「犯殊死，一切募下蠶室，其女子宮。」「贖死罪，入縑二十匹。」班固且有「其罪次於古當生、今觸死者，皆可募行肉刑」之議。此肉刑卽指腐刑言。外戚傳：「許廣漢下獄當死，有詔募下蠶室。」視此諸例，募下蠶室，不復須贖金。鹽鐵論周秦篇有云：「今無行之人，一旦下蠶室，創未瘳，宿衛人主，出入宮殿，得由受奉祿，食太官享賜，身以尊榮，妻子獲其饒」云云，是漢制，腐刑不僅免死，又得侍衛宮廷也。遷之下蠶室，免死罪，乃由其終無以自贖，乃自乞腐刑以免死，大體可推。故其書於貨殖、游俠諸傳，特深致其往復低徊不能已之情。而一言及於腐刑，則益增其憤懣鬱結，蓋誠有不欲究言之隱痛。而後世讀其書者，竟不幸漫忽而不省。今特詳爲抉發，亦以見當時一朝之法制，與夫遷受刑之曲折。必如是而庶可以進窺報任安書之微旨，及其言外之深意。而篇首之六字，乃有可得而說者。

蓋腐刑之在古代，初未見爲甚辱。趙高爲秦宦者，爲中車府令，行符璽事。嗣爲郎中令，任用事。遷受宮刑，爲中書令，班書亦稱其「尊寵任職」。時士流爲郎者，亦同在内廷，與宦者未甚分品。郎中令、中書令皆職分清要，故任安遺書，責以「推賢進士」，固不以受宮刑加鄙恥。而遷之報書，則別有其衷曲。彼固不以免一死爲幸，更不以任顯職爲榮，其書中獨反復極言受宮刑之爲奇恥大辱，若不得復比齒於人數。此蓋自抱憤鬱之激辭。而後世不深曉，遂深鄙宦者，若自古而固然，而不知其實亦由遷此書而始也。而遷之所以如此，則特以深洩其自乞宮刑而幸免於一死之憤慨，深見其所以自乞宮刑而求免於死者，其用意特在於史書之未成，父命之未就。故於篇首又特舉「太史公牛馬走」六字，亦所以深白其偷生忍辱之隱衷。此遷已自言之，曰：

所以隱忍苟活，函於糞土之中而不辭者，恨私心有所不盡，鄙沒世而文采不表於後也。

讀者由是求之，乃可以窺見此書之作意，而太史公一書之爲私家著述，又可繼此而復論。

遷報任安書中列舉文王、仲尼、屈原、左丘、孫臏、不韋、韓非諸人，其書，皆私家著述也。故曰：

僕誠已著此書，藏之名山，傳之其人，通邑大都，則僕償前辱之責，雖萬被戮，豈有悔哉？

此已明說其書爲私家之述作，而豈史官「注記」之謂乎？若其書爲官史，則遷既續父職，責任所在，無所逃卸，何以其父臨終遺命，乃曰「無忘吾所欲論著」，而遷亦曰：「小子不敏，請悉論先人所次舊聞」乎！卽此可知注記爲官史，而論著乃家言，體例判然，斷非一事矣。故遷之爲此書，實不因其任史官，其書亦不列於官府，故曰：「藏之名山，傳之其人。」則其書義法，自不限於官史之成制。故曰：

亦欲以究天人之際，通古今之變，成一家之言也。

此所謂家言者，正以明其非官書。官書者，漢志謂之王官之學，家言乃漢志所謂百家九流。此乃古人著書之大例，而後世昧其辨。然亦必先明於史記之爲家言非官史，而後遷書之自稱爲「太史公」者，乃可以得而明。

蓋古者私家著述，無不自居於尊號。自孔門論語稱孔子，後人遞相傳襲，忘其本初，因若當然。白虎通云：「子者，丈夫之通稱。」馬融、趙岐亦皆謂：「子者，男子之通稱。」然此皆後漢人之云耳。

昔者孔子弟子謂其師賢於堯舜，謂自生民以來所未有，寧有記述其師遺訓，顧以男子通稱稱之？試讀左氏傳，則「子」者，當時小國諸侯及列國賢卿大夫始稱之；此乃王朝尊爵，何嘗爲凡夫之通稱哉？遷以「太史公」尊其父，既仍襲父職，又其著書自擬於孔子之春秋，亦欲成一家之言，故復以「太史公」之號自尊。此乃先秦家學著書慣例，而後世勿知者。蓋家學之微，固自遷時而然矣。

桓譚新論謂：「太史公書成，示東方朔，朔爲平定，因署其下。太史公者，皆朔所加。」不知太史公書，遷死後始稍出，宣帝時始宣布，朔安得先見？韋昭謂：「史記稱遷爲太史公，是其外孫楊惲所加。」然一部史記，遷自稱「太史公」處，何勝縷舉？若盡惲所加，試一一抹去，勢將不復成文理。知韋說亦臆測。衛宏以「太史公」爲武帝時官名，已辨於前。而孔融告高密縣有云：「昔太史公、廷尉吳公、謁者僕射鄧公，皆漢之名臣，世嘉其高，皆悉稱公。」不悟吳公不稱廷尉公，鄧公不稱僕射公，太史公不稱司馬公，豈得一例爲說？若謂世嘉其高，乃因其所自尊而尊之，故孟軻終稱孟子，馬遷終稱「太史公」，始差髣髴。錢大昕又謂：「太史公以官名書。」不悟以官名書則當稱「太史令」，不當稱「太史公」，而況遷書之明明爲私家著述乎？近儒李慈銘則曰：「太史公自是當時官府通稱，非官名，亦非尊加，如後世之稱太史氏，非有此官名也。流俗相沿，如晉之中令稱令君，唐之御史稱端公，不必以其尊官。」不悟晉、唐俗稱，未可以例先漢。抑且「太史公」若果當時官府通稱，遷不當以官府通稱稱其父，漫無所尊異。凡此皆不明史記乃私家著作，而古代家言例有自尊之稱號，故左右曲說，而終不獲其正義。惟褚少孫補史記，自稱「褚先生」，殆爲猶知「太史公」稱號之微旨者。

昔孔子作春秋，而曰：「春秋者，天子之事。知我者其惟春秋乎？罪我者其惟春秋乎？」又曰：「其文則史，其義則丘竊取之矣。」下逮漢世，春秋列六藝，而論語入小學。蓋古者王官之學，其體莫尊於史，在漢季惟劉歆通其意，後代惟章學誠知其說。故以家言而上替官學，其事亦莫大於著史。而自孔子以下，若左丘明、鐸椒、虞卿、呂不韋、陸賈之徒，雖襲響蹈影，而終無當其實。卽董仲舒亦復爾。自非遷之卓卓，春秋淵微，幾乎湮絕。班氏斷代爲史，遂以私家著述成爲官史之正宗，其貌猶規模乎龍門，而其神已違離乎孔、馬。陳壽益卑卑，范蔚宗庶所謂心知其意者。繼此而往，更無足論。獨有宋歐陽修爲新五代史，始欲遠有所追蹤，而後世終弗能繼。章學誠文史通義遂成千載一眼，而僅亦規規於方志，才情意氣，不足以自赴其所識。繼今而往，誰爲勝此絕學之重光乎？因論太史公書體例，不禁有天地悠悠之慨。

清儒包世臣論遷報任安書，自謂獨探秘奧，謂：

「推賢進士」，非少卿來書中語。史公諱少卿求援，故以四字約來書之意，而斥少卿為「天下豪儁」以表其寃。中間述李陵事，明與陵非素相善，尚力為引救，況少卿有許死之誼乎？實緣自被刑後，所為不死者，以史記未成之故。是史公之身，乃史記之身，非史公所得自私。史公可為少卿死，而史記必不能為少卿廢也。結以「死日是非乃定」，則史公與少卿所共者，以廣少卿而釋其私憾。是故文瀾雖壯，而滴水歸源，一線相生，字字皆有歸著也。

今按：任安獲罪，因巫蠱之獄；時安爲北軍使者，坐受戾太子節，當腰斬；而班書稱「故人益州刺史任安予遷書」云云，似安通書在其獲罪前。包氏臆測未知果信否，然其言亦足發明書首「太史公牛馬走」六字之用意，爰附著於此，備一說焉。

余夙愛誦司馬遷報任安書，去秋某夜，偶於枕上憶誦，忽悟「藏之名山，傳之其人」兩語，因牽連悟及其時遷已爲中書令，篇首「太史公」三字必指其父；遂又悟及「家貧不足以自贖」，當係指死罪。是夜思緒潮起，踴躍興奮，幾乎通宵不寐。翌晨，冗務脞集，又因手邊無書，因循未能屬草。然凡此諸端，時時往來於心中。至今年春，偶捉暇成此稿，然苦乏書籍，即王先謙漢書補注，亦從人借閱，而僅得其半部。稿成兩月，又有疑，重借漢書補注武帝本紀一卷，而司馬遷傳早已繳回。近人著作，如王國維太史公行年考等，均未參究。然犖犖大端，自信發前人所未發，抑多班固、荀悅所未詳。而太史公書乃家言，非官學，實爲此篇最大創見，其關於中國史學史之貢獻者甚大；惜乎限於行文體裁，不能於此多所闡論，容後當再更端暢言之。四十二年五月再定稿後又記。

（此稿成於一九五三年，刊載於是年六月學術季刊一卷四期。）

評日人瀧川龜太郎史記會注考證

自清代學者分治經之力以治史，而史、漢尤爲其精力之所湊。長沙王氏薈萃羣説，著前漢書補注、後漢書集解，學者稱便。龍門史記，緜歷既長，采摭尤富，爲治古史者惟一津梁，其重要更在兩漢書之上。而子長之閎識孤懷，奇辭奥旨，亦非班、范所及。前人探討研尋，所積已多，然尚無繼王氏之後，爲之整理部勒，薈成一帙，以備學人之比觀。良爲憾事。近知日邦學者瀧川龜太郎方有史記會注考證之作。如此偉業，竟讓異國學人先我著鞭，更足增慚。

瀧川書尚未全出，余最近得閲其首册，（自五帝本紀至秦本紀，凡五卷。）書前並無作者序例及引用書目，無從窺得其要領。兹就繙檢所及，略舉一二，聊備商榷。此下各册，俟諸將来。

原書於文字對勘，有所謂古鈔本，楓山本，三條本、博士家本、南化本，慶長本諸種，蓋皆彼邦所有。至於本文依據何本，書前並未述及。其所校異同，亦有足資考訂者。

於三家注文，據彼邦有古鈔本，補今本删落正義千餘條，多者二三百字，少亦一二十字，皆我王刊本所無。索隱則與此注大同。其古鈔本所録正義，本標欄外，今已散入行中，匆匆未及對讀，暫置勿論。

　　茲論其書用力所在，自以「考證」一部爲尤。前人對此，成書單篇，散札零條，爲量已鉅。今欲一一包羅，其勢實難。然比輯之體，義貴兼陳。必求膚辭盡删，異義具列。提要鈎玄，該備眾歧。作者卽有己見，誼列最後。而去取從違，則一待讀者之自爲抉擇。遇有省削，以節篇幅，則認爲然者應稍詳，認爲否者可稍略。而滅沒不載，尤當審愼。否則寧兩詳而並著，勿偏信而孤守。余觀瀧川氏此書，頗不能然。粗舉瞥及，聊以示例。

　　卷一五帝本紀，六六頁：

　　　總之不離古文者近是。

考證引沈濤說，謂「古文」卽是尚書，近二百字。又曰：「愚按：『古文』謂以古文書者，不止尚書一經，而是主斥尚書。」今按：沈說以「古文」爲尚書，極無理據。瀧川氏既謂「古文不止尚書一經」，又謂「是主斥尚書」，徘徊兩可，徒見辭費。何不節引王國維氏觀堂集林史記所講古文說中數十字，以備比觀？

　　卷四周本紀，五六、五七頁：

召公、周公二相行政，號曰共和。

考證凡近千字。首引崔述比論史記、竹書紀年語。崔說本不足守，而瀧川氏又自謂莊子讓王篇許由、共和皆子虛烏有，則更屬無據輕斷。

又曰：

按正義所引魯連子，衞蓋指衞州共城縣而言。正義誤認作衞國，遂引衞世家世子共伯事以證之。無論年歲不相當，且合共、衞為一國，又幷共伯、武侯和為一人，乖謬最甚。洪氏四史發伏論之詳矣。

今按：考證辨正義五十餘字，全鈔洪氏四史發伏原文，只自加「乖謬最甚」四字。何不徑作「洪氏四史發伏曰」云云，而省去「洪氏論之詳矣」一語，可免讀者再檢洪書之勞。至云「乖謬最甚」，則實未見其必然。姚文田邃雅堂集有史記共和考一篇，正據竹書紀年證共和即衞武公。作考證者縱所不信，亦應稱引，或節要提綱，或舉名書篇，以待讀者之並觀。今單引崔說，（即梁氏志疑亦有詳說，亦不引。）輕加斷語，又改洪說爲己語，而横增「乖謬最甚」之文，似與著書體例及態度均有未合。

卷四周本記，五九頁：

宣王不修籍於千畝。

今按：此事有竹書紀年、左傳、後漢書西羌傳諸書足資互證。考證全不提及，只取閻若璩說一條。閻說極勉強，何以獨有取？

卷四周本紀，六五頁：

集解：汲冢紀年曰：「自武王滅殷，以至幽王，凡二百五十七年也。」

按：此條集解語可疑，朱右曾汲冢紀年存眞有詳說。考證一字不及，而引崔述空論百數十字。

卷五秦本紀，四八頁：

獻公二十三年，與魏晉戰少梁，虜其將公孫痤。

考證引黃式三說而駁之，謂是役所虜乃太子與公孫痤。又謂公孫痤與公叔痤乃別人，太子非申，申太子見虜代立也。今按：此條，梁玉繩史記志疑有百餘字考訂，極詳審，而考證一字不錄。其自謂公叔痤與公孫痤爲別人，證據何在？至云太子非申，乃申太子被虜代立，更誤。考是年乃梁惠成王九年，惠王即位尚年幼，不出二十左右，至是不過三十上下，豈已有太子見虜之事？又魏源古微堂外集孟子年表論此事亦與梁氏志疑說合，皆在黃氏前。

卷五秦本紀，五一頁：

孝公十年，衞鞅為大良造，將兵圍魏安邑，降之。

考證：「此及商君傳皆言伐魏降安邑。安邑，魏都也。魏世家惠王三十一年自安邑徙大梁，此時豈有安邑降秦之事。通鑑删之，胡注辨之，審矣。」此下引梁氏、黃氏說。今按：魏世家惠王三十一年徙大梁之說，清儒辨之者非一家。此乃治六國史極大節目，瀧川氏不之知，則此下考證六國世家、年表及關於此時期之諸列傳，疏謬必多，可以預想。且瀧川氏不引顧氏日知錄、閻氏孟子生卒年月考，而闖然陳説，儼若獨解，抑又何也？

卷五秦本紀，七五至八一頁：

十月，宣太后薨。

考證：「古鈔、南本，『十月』作『七月』，此本譌。」今按：何以知此本譌而古鈔本不譌？且以下「十月」、「正月」、「其十月」又何說？至少應引梁氏志疑文以見意。七七頁「其十月攻趙邯鄲」，考證又引張文虎說百許字，而曰：「姚範援鶉堂筆記亦以『十月』、『正月』、『其十月』爲俱譌，張氏未審考之。」今按：引張氏說，不見姚氏說，遂成否者詳而然者略，非注書之例。八一頁「孝文王除喪」一節，考證引梁氏說四百許字，閻氏說一字不及。不知閻氏固有誤，梁氏亦未是。（張、姚說亦誤。）作者不能自出一說以解前紛，則應兩引以待讀者之自窮。

上述諸例，皆極關史實。瀧川氏既不能詳列諸家之異議，而又好爲無據之率斷，頗失集注體裁。又如：

卷三商本紀，三頁：

冥卒，子振立。索隱：「系本作『核』。」

何不節引王國維觀堂集林殷卜辭中所見先王先公考論「王亥」者數十百字以相發明，而顧不著一字耶？

余觀其書疏漏處極多，而亦頗有可删者，如：

卷四周本紀，四二頁：

康王卒。

考證據古鈔本「卒」作「崩」，又引梁氏志疑論書「卒」字失義例百數十字；可删。其他應增應删者不勝舉。又如：

卷一五帝本紀，二一頁，論帝摯崩，帝堯立，引吴裕垂説百許字。

又二三頁論「百姓昭明，合和萬國」，自發議論二百字。

卷三殷本紀，一一頁，論湯武革命，引洪邁、崔述説凡六七百字。

又三四頁，論武庚作亂，引俞鴻漸説逾四百字。

卷四周本紀，六六頁，論平王東遷，引通鑑輯覽説百數十字。

凡此之類，與校勘、音義、考釋均無關。論史事之得失，評人物之高下，辨義理之是非，從知彼邦學者治史，其態度尚有與我宋明相近者。若出之於國人，則必見爲迂儒腐生，且羣起而嘩之矣。此亦彼我風習相異之可資考鏡者也。

上文寫畢後，又抽暇涉獵此書之第五、第六兩册。書共三十卷，均屬「世家」之部。自第三十一卷吴世家起迄第四十七卷孔子世家止，時起西周以抵先秦。自第四十八卷陳涉世家以下至第六十卷三王世家，則秦末以逮漢武也。

其間西周一段，茫昧難詳。春秋與漢初，較爲明備。而戰國一期，最號難理。不徒爲左傳、漢書從事者多，易於借力也。史公著六國表，自稱：「秦燒諸侯史記皆滅，獨有秦記，又不載日月，其文略不具」，此其艱難締構之況可想。自晉太康中得汲冢古籍，有魏人紀年，當時荀勗、和嶠、杜預諸人，卽據以校史記之誤。下逮張氏集解、司馬氏索隱，於史記、紀年異同，復備列次，淸儒繼續對校，而後史公所收種種材料，自相衝突不可解處，漸有條貫可尋。今瀧川書於此似未注意，不僅不能續有發明，且於前人成績，亦欠領解。鹵莽滅裂，不勝覼縷。姑擧其一二大者言之。

如史記魏世家惠王、襄王、哀王三世，據紀年實僅惠、襄兩世。瀧川氏書亦已采納。（卷四，頁四、頁二十五。）然於惠王遷都一節，仍循史誤。辨此者有魏源（孟子年表）、周廣業（孟子四考）、雷學淇（介菴經說）、朱右曾（汲冢紀年存眞）諸家，證據鑿鑿，無可否認。惟梁玉繩史記志疑，誤以今本僞紀年爲晉太康時原物，故不加信肯。瀧川氏於此事獨取梁說，又采陳仁錫一條，凡一百許字，更於此事痛癢絕不相關。（卷四十四，頁二十一。）此其一。

自惠成推而上之，魏文侯、武侯年，史記亦與紀年不同。紀年魏史，自較史記爲信。瀧川氏不之辨，其注「魏文侯受經子夏」一節，引洪邁、梁玉繩、陳仁錫說凡二百字，（卷四十四，頁八。）全不得要領。若依紀年魏文侯年移前，則此二百許字盡可省。此事在彼邦亦有知者，武內義雄著六國年表訂誤（刊高瀨氏還曆紀念。）已論及。瀧川氏縱不信，何不節引二三十字備一說乎？此其二。

魏國世系年代之誤尚易理，田齊則尤糾紛難治。史記載齊湣王伐燕，當據孟子、國策作宣王。此層瀧川氏書亦知之。歷引顧炎武、趙翼說，至七百餘字，並謂其「確不可易」。（卷三十四，頁十四。）然於湣王元年仍遵梁玉繩說，襲用通鑑、大事記。（卷四十六，頁三十二。）不知通鑑臆定，未愜事實，日知錄已辨之。蓋史記之誤，在其前誤漏齊君兩世二十餘年。莊子、鬼谷子，皆足爲紀年旁證。清儒辨此者甚衆。崔述孟子事實錄有一條論此事，文長七百餘字，頗已明洽。瀧川氏極愛引崔書，浮辭虛文，累累滿幅，獨於此一字不及；而顧引俞樾寥寥二十字，欲以抹摋一切；（卷四十六，頁十四。）可謂不知別擇之甚矣。此其三。

又如越世家楚威王伐徐州，適當齊威王時。葉大慶考古質疑據此以證史記之誤，崔述取之，梁玉繩非之。瀧川書獨取梁氏數十字，（卷四十一，頁十七。）又其偏守無識之一證也。此其四。

此特舉其犖犖大者。繼此以往，牽連引伸，凡紀年、史記異同得失，所爭益微而實甚要，所辨益細而實甚大，清儒自崔述、雷學淇、朱右曾諸家，尚未能通體澄澈，我於瀧川氏之書，可無責也。然而瀧川氏此書，其偏守一說，無據輕斷之病，則隨在而發現。請再更端以論。

燕世家：

燕人共立太子平，是為燕昭王。

考證引梁氏志疑一條，凡三百餘字，（卷三十四，頁十七。）謂昭王名平，太子不名平。然志疑原文（見卷九。）尚有小注「孫侍御疑昭王即公子職」十字。瀧川氏縱不檢孫書具引，即不必將此十字删去。洪氏四史發伏亦主從紀年及趙世家燕王爲公子職。輓近北燕戈兵出土，正有「郾王職」名，乃爲孫、洪說作證。此見考證孤主一家，往往而失。

言其無據輕斷，則如魯世家：

煬公築茅闕門六年卒。

考證引錢大昕、洪亮吉、洪頤煊說，謂當從漢書律曆志，「六年」作「六十年」。謂：「梁玉繩駁之，非也。」（卷三十三，頁二十一。）然此二說，特舉史、漢異同，未詳從違之意，則孰是而孰非，何由而判？別有江永羣經補義、林春溥古史紀年、魏源孟子年表、朱右曾紀年存眞，亦論此事，皆舉旁證，而同梁說；瀧川氏何據而非之？

又如孔子生年，有一年之差，國人爭論二千年不決。瀧川氏獨取俞樾一說，錄其文踰五百字，既見於孔子世家，（卷四十七，頁七。）又著於魯世家，（卷三十三，頁四十一。）不厭重出。而俞氏說何以獨是，瀧川別無一言。然則瀧川氏此書，其意固不欲爲比輯，以網羅羣說，備人比觀，而實欲坐堂上進退堂下，判歸一是，自成一家之言；而惜乎其識之不足以副也。

又有兩引而病其錯雜者，如燕世家「劇辛往燕」，引梁玉繩說，謂其來不在此時。（卷三十四，頁一八。）此已得之。其下又引張照說，疑當有兩劇辛。（卷三十四，頁二十三。）則錯雜矣。

又有疏漏當補者，如楚世家「居丹陽」，宋翔鳳過庭錄有楚鬻熊居丹陽武王徙郢考，文長四千字，足以摧破舊說；而考證一仍宿誼，隻字不提。（卷四十，頁六。）

又有見解太舊者，如吳世家季札論樂，謂「晉政將在三家」，瀧川引崔適說而加駁辨。（卷三十一，頁二十。）其意似不信左傳有戰國人語。彼邦有狩野直喜爲左氏辨，（亦見高瀨還曆紀念。）何不節引？又齊世家言「分野」（卷三十二，頁四十。）、宋世家言「分野」（卷三十八，頁四十。），考證皆引周官「分星」，似非徒不認左氏有戰國人語，亦並不認周官爲戰國時書也。又趙世家「趙武靈王變法」，考證謂其議論「全襲商鞅」，（卷四十三，頁五十九。）是若認商君書乃鞅手筆，趙世家語乃武靈王口述也。

其關於考辨史迹者，略舉如上，茲再拈其訓釋字義者。

卷四十九外戚世家，頁四：

甚哉妃匹之愛，君不能得之於臣，父不能得之於子，況卑下乎！

索隱：「以言夫婦親愛之情，雖君父之尊，而不奪臣子所好愛，使移其本意，是『不能得』也。」

正義：言臣子有親愛之情，君父雖尊，猶不能奪。」

考證：「沈欽韓曰：『秦策：父之於子也，曰去貴妻，賣愛妾，此令必行者也。因曰敢毋思也，此令必不行者也。』愚按：（瀧川自稱。）言君父不能使臣子愛己如其妃匹。諸說未得。」（此自為說。）

卷五十七絳侯周勃世家頁十四：

尚公主，不相中。

集解：「如淳曰：猶言不相合當。」

考證：「中井積德曰：不中，謂不和。」（此引彼邦人說。）

亦有與考辨史迹、訓釋字義全無關者。如孔子世家題下引廖登廷（按：即四川廖平。）論一篇，（似是書院課藝，未暇檢證。）文長千字。（卷四十七，頁二。）趙世家引俞樾論屈原傳敍事之中間以議論之文法，踰百字，又自加發揮亦三百字。此類殊不勝舉。然瀧川氏書非無可取。即其用力之勤，已足使吾人慚汗。又如其孔子世家（卷四十七。）題前長文凡千三百字。（頁二、頁三。）論孔子序書二百餘字，（頁六十八。）辨孔子删詩歷引諸家千五百字。（頁六九至七二。）辨易傳後起之說八百字。（頁七十四。）「據魯親周故宋」之義歷引諸家，殿以己見，長四百字。（頁八十三。）論孔子作春秋亦四百字。（頁八十五。）記孔子泗上墓，引孫嘉淦南遊記三百字。（頁八十八。）

又記曲阜孔廟，引孫氏文又二百餘字。（頁八八九。）又記歷代祀典，引陳宏謨說又五百許字。（頁八八九至九〇。）總孔子世家一篇考證之詳，篇幅之多，與晉、趙世家等。其考論内容暫勿問，其殷殷崇仰之意，溢於辭外。異國學者對我先哲，如此嚮往，其情可感。較之國内學人，鄙薄孔子，斥其書不讀，屏其事不問，拒其思想言論不屑一究，意量相去爲何如！又其書於春秋一段，逐事逐節注其出處。何者本左傳，何者本國語，何者本國語與左傳異，何者本左傳與國語異，何者兼採左傳、國語而致自相違異。此固比觀三書卽得。然國内學人，方好揚南海康氏之餘波，以左氏爲劉歆由國語中析出，在太史公時尚無左氏。則瀧川氏此書，已足爲之箴膏肓而起廢疾矣。又其書頗注意古今地望，每一地名，必注其今稱，絕無一漏。又好引顧棟高書，發明其疆理形勢之大要。異國人治吾古籍，用心及此，亦足促吾人之深長思也。

（此稿載民國二十三年二月十日天津大公報圖書副刊十三期，又同年三月北平國立圖書館圖書季刊一卷一期。筆名梁隱。）

評顧頡剛五德終始說下的政治和歷史

顧頡剛先生屢次要我批評他的近著五德終始說下的政治和歷史，爲我在他那文以前，曾有一篇劉向歆父子年譜，（載燕京學報第七期。）和他的議論正好相反，我讀了他的文章，自應有一些異同的見解。只爲久久無暇，未能著筆，最近始草此篇，以答顧先生之雅意。惟此問題牽涉極廣，顧先生原文篇幅甚長，茲所評說祇及大體，簡率處請顧先生及讀者原諒。

曾記梁任公在清代學術概論裏有一番話，大意是說：（手邊無其書，不能直引。）清代一代學術，以復古爲解放；最後到今文學家上復西漢之古來解放東漢鄭、許之學，譬如高山下石，不達不止，爲學術思想上必有之一境。其說良是。惟尚不免自站在今文學家一面，專爲清代學術立說。其實所謂「以復古爲解放」者，至於晚清今文學派，尚未達到最後之一境。自今以往，正該復先秦七國之古來解放西漢，再復東周春秋之古來解放七國，復西周之古來解放東周，復殷商之古來解放西周，復虞夏之古來解放殷商，溯源尋根，把中國從來的文化學術思想從頭整理一過，給與一種較爲新鮮而近眞的認識，對於將來新文化新思想的發展上定有極大的幫助。而且這種趨勢，正如梁氏所謂「高山下石，不達不止」。若從西漢以上一段古史，還是渾混模糊，繳繞不清，無論其是喜新或篤舊的學者，總覺是一件不痛快而亟待解決的事。我想整理古代文化學術思想，雖則文獻無徵，有許多困難存在；而或者還認爲是不急之務；然而在此學術思想新舊交替劇變的時代，又恰承著清儒那種以復古爲解放的未竟之餘波，讓一輩合宜做古史考辨的學者，粗枝大葉地，先整理出一個中國古代文化學術思想的較近眞的面相來，爲此後新文化萌茁生機的一個旁助，實是件至要的事。而或者因種種緣力，在最近五十年、百年之間能達到此種期望，也未可知。

顧先生的古史辨，不用說是一個應著上述的趨勢和需要而產生的可寶貴的新芽。在他刊行古史辨第一、第二兩集裏，便可看出近時一輩學者對此問題的興趣和肯出力討論的情形。至於顧先生自己的見解，有胡適之先生一段話說來最清楚。（古史討論的讀後感，見收古史辨第一集。）他說：

顧先生的層累地造成的古史觀的見解，眞是今日史學界一大貢獻。顧先生自己說：「層累地造成的古史有三個意思：（一）可以說明時代愈後，傳說的古史期愈長。（二）可以說明時代愈後，傳說中的中心人物愈放愈大。（三）我們在這裏，即不能知道某一件事的眞確狀況，也可以知道某一件事在傳說中的最早狀況。」這三層意思，都是治古史的重要工具。顧先生這個見解，我想叫他剝皮主義，這個見解起於崔述。崔述剝古史的皮，僅剝到「經」為止，還不算徹底；顧先生還要進一步，不但剝的更深，並且還要研究那一層一層的皮是怎樣地堆砌起來的。他說：「我們看史跡的整理還輕，而看傳說的經歷卻重。凡是一件史事，應看他最先是怎樣，以後逐步的變遷是怎樣。」這種見解，重在每一種傳說的經歷和演進，這是用歷史演進的見解來觀察歷史上的傳說；這是顧先生這次討論古史的根本見解，也能是他的根本方法。

胡先生的說話如此。我對這個見解和方法，也抱著相當的贊同。不過在此並不想批評這個見解和方法之是非，及其使用的際限；我只預備根據胡先生這一番話來認辨顧先生的古史辨和晚清今文學的異同。

上面已說過，古史辨也是一種以復古爲解放的運動，沿襲清代今文學的趨勢而來；可是其間也確有幾許相異。當乾嘉考證學發展到最高潮的時候，盛極而衰，接著就發現很多反抗的思想，尤著的像章實齋、方植之之類。而名物訓詁的疆土也已墾闢垂盡，於是有一部分人變而考論公羊之所謂「微言大義」。又值外患逼來，變法改制之說興，遂成晚清之所謂「今文學」。今文學的完成，一面承襲著乾嘉經學的舊觀念，要保持孔子和經籍的尊嚴；一面採納了一輩反對派的見解，略於名物訓詁之瑣碎考據，而注重到大義的會通；一面又受了敵國外患的逼唆，急圖變法維新，卻把舊的經學來勉強裝點門面。今文學是如此般完成的。至於顧先生的古史辨，所處時代早已和晚清的今文學家不同。他一面接受西洋新文化的刺戟，要回頭來辨認本國舊文化的眞相，而爲一種尋根究源之追討；一面又採取了近代西洋史學界上種種新起的科學的見解和方法，來整理本國的舊史料。自然和晚清的今文學未可一概而論。即如胡適之先生所指顧先生討論古史裏那個根本的見解和方法，是「重在傳說的經歷和演進」，而康有爲一輩人所主張的今文學，卻說是孔子托古改制，六經爲儒家僞造，此後又經劉歆、王莽一番僞造，而成所謂「新學僞經」。「僞造」與「傳說」，其間究是兩樣。傳說是演進生長的，而僞造卻可以一氣呵成，一手創立。傳說是社會上共同的有意無意而無意爲多的一種演進生長，而僞造卻專是一人或一派人的特意製造。傳說是自然的，而僞造是人爲的。傳說是連續的，而僞造是改換的。傳說漸變，而僞造突異。我們把顧先生的傳說演進的見解，和康有爲「孔子改制」、「新學僞經」等說法兩兩比較，似覺康氏之說有些粗糙武斷，不合情理，不如傳說演進的說法較近實際。而且胡適之先生還說：「崔述的古史剝皮，僅剝到『經』爲止，還不徹底」，而今文學家卻在「經」的裏面，牢牢守著「今文」「古文」的一重關界，較之崔述之不徹底，只有增，沒有減。顧先生的古史剝皮，比崔述還要深進一步，決不肯再受今文學那重關界的阻礙，自無待言。

不過顧先生傳說演進的古史觀，一時新起，自不免有幾許罅漏，自不免要招幾許懷疑和批評。顧先生在此上，對晚清今文學家那種辨僞疑古的態度和精神，自不免要引爲知己同調。所以古史辨和今文學，雖則儘不妨分爲兩事，而在一般的見解，常認其爲一流；而顧先生也時時不免根據今文學派的態度和議論來爲自己的古史觀張目。這一點，似乎在古史辨發展的途程上，要橫添許多無謂的不必的迂迴和歧迷。

五德終始說下的政治和歷史那篇論文，便是一個例子。無論政治和學說，在我看來，從漢武到王莽，從董仲舒到劉歆，也只是一線的演進和生長；而今文學家的見解，則認爲其間定有一番盛大的僞造和突異的改換。顧先生那篇文裏，蒙其採納我劉向歆父子年譜裏不少的取材和意見，而同時顧先生和今文學家同樣主張歆、莽一切的作偽。下面想就顧先生原文，略略提出幾點商榷，敬請教於顧先生，及當代注意此問題的學者。

一　五帝之傳說

「五帝」的傳說確是發生在戰國晚期，然而當時關於五帝傳說似乎沒有公認的一致。至於鄒衍的五德終始之運，當時好像本沒有把五帝按德分配，這一層顧先生已說過。淮南子齊俗訓也可爲顧先生說作證。而同時另有一種像如淳所謂「五行相次轉用事，隨方面爲服」的五帝說，爲呂覽十二紀及月令所載，並不與五德終始相同。（鄒衍書本有兩種，如淳此注指主運，不指終始。原文將如淳主運注誤解終始，似誤。）五德終始，是「五德之次，從所不勝」的，所以說「虞土，夏木，殷金，周火」；（見淮南齊俗訓高誘注。）而「五行相次轉用事，隨方面爲服」，是東方木，南方火，中央土，西方金，北方水，春夏秋冬相次用事的，如呂紀、月令及淮南天文訓及魏相奏議所說。照次序排列，五行始木，而火，而土，而金，而水，恰恰是五行相生，與終始的相勝說正屬相反。而且一年的春夏秋冬，天子所服，應該隨時不同，也和終始的虞土尚黃，夏木尚青，殷金尚白，周火尚赤全異。一說注重在時月的政令，而一說則注重在帝德的運移，兩說本不同。顧先生原文，好似只著眼在五德終始一派，沒有理會另一派的所謂「五行相次轉用事」。顧先生雖說：

呂氏春秋十二紀及淮南子時則訓、天文訓，俱有另一種五帝系統，但此系統決不能出現於秦及漢初。下有詳辨，茲故缺之。（附表注二。）

但在顧先生的「詳辨」未及發表以前，我們只覺顧先生是先否認了上面的呂覽、淮南，才興起下面的辨論。故如少皞在「五行相次轉用事」說的諸家裏早有，而顧先生認其爲劉歆僞造，因而不信「五行相次轉用事」說的諸家。

史記三代世表說：「余讀諜記，黄帝以來皆有年數。稽其歷譜諜終始五德之傳，古文咸不同乖異。」可徵史公所見先秦古文論終始五德之傳，也已「咸不同乖異」，非止一說了。在史公的五帝本紀裏寫定了黄帝、顓頊、帝嚳、堯、舜五人，不能說以前沒有其他與此不同的傳說。最難說的是國語裏也有少昊。今文學家既說劉歆割裂國語，僞造春秋左氏傳；顧先生又説「國語裏的少昊，也是劉歆僞羼」；劉歆何不羼諸左傳，偏又羼入割裂所餘之國語？此層極難說明。今文學家遇到要證成劉歆作僞而難說明處，則謂此乃劉歆之巧。或遇過分矛盾不像作僞處，便說是劉歆之疏或拙。恐不能據此以爲定讞。

以上是說鄒衍的五德終始並不分列五帝。而除史記五帝本紀外，不能斷定更沒有他種五帝的說法。繼此我們也不能說在鄒衍以前的古史傳說沒有超過黃帝以上。

顧先生的世經前古史系統，只從史記鄒衍傳敍起。他根據史記定一鄒衍之世所共術及鄒衍自造的古史系統如下：

鄒衍所造　＝　學者共術

天地未生→天地剖判→黃帝→夏→商→周

其實史記所謂「先序今以上至黃帝，學者所共術」，是史公語，非鄒衍語；黃帝爲「學者所共術」，只是史公加注的他自己的見解，不能據此斷定在鄒衍以前沒有黃帝上面的種種古史傳說。荀子是鄒衍前的人，早已說五帝，又說太皡燧人（正論篇），說伏羲（成相篇）。孟子更在前，有「爲神農之言」的許行。秦策蘇秦說秦惠王，亦稱神農在黃帝前。莊子的人間世、大宗師也都說到伏羲，應帝王說泰氏，成玄英謂卽太皡。這些都在內篇七篇裏，也不在鄒衍之後。（原文於此諸條均未引及。至於趙策引宓羲、神農、黃帝、堯、舜，原文已見。）所以說鄒衍以前古史傳說只至黃帝爲止，也恐未必。

二　五行相勝及五行相生

宋書符瑞志說：「五德遞王，有二家之說：鄒衍以相勝立體，劉向以相生爲義。」其實五行相生，是上舉「五行相次轉用事」的說法；他們本只說時月政令，並不是說五德遞王。用五行相生來配搭上五德遞王的，在董仲舒的春秋繁露裏有過，以前有否不可考。春秋繁露第五十八爲五行相勝，第五十九卽爲五行相生。五行相生篇裏說：「東方木，南方火，中央土，西方金，北方水，天地之氣，判爲四時，列爲五行。」這些話是承呂覽、淮南而來的，便是「五行相次轉用事」的說法。而三代改制質文篇裏則把「相生」、「相勝」兩說一併採用。他說：

> 王者改制作科，當十二色，歷各法其正色，逆數三而復。絀三之前曰五帝，帝迭首一色，順數五而相復。

「逆數三而復」者，如黑統之前爲赤統，赤統之前爲白統，白統之前仍爲黑統。黑、赤、白共三統，黑屬水，白屬金，赤屬火；水克火，火克金，是逆數相勝的。至於「順數五而復」，則如赤帝神農之後爲黃帝，赤帝屬火，黃帝屬土，火生土，是相生的。可徵時則、月令的相生說，和五帝德運的相勝說，在董仲舒的書裏是混幷爲一的了。董仲舒的「三統說」在「行夏之時」的需要裏造成，顧先生已明白指出。然而三統說從周後一代上推至周，更由周上推至商，還恰恰合於五行相勝的次序；而從商上推至夏，便已不合。爲這上不得不使主張三統說的人別尋其他的說法。而且黃帝土德，似乎已是固定的事，難於改動；因此主張「三統說」的人，不得不旁採「五行相次轉用事」說裏的五行相生來彌縫其闕，因此要分爲三王五帝，說逆數三而復，絀三爲五，順數五而復了。這一來早已把時則、月令一派的五行相生和帝德運移的相勝說羼合，全不是五德終始本來的舊觀了。

據上所說，五行相生的排列法，在董仲舒的書裏早已採用，不俟到劉向，更何論於劉歆、王莽。五行始木的議論，在繁露的五行順逆、五行對、五行之義幾篇裏也屢次提到。五德終始說從土數起，而呂紀、淮南的時則、月令則從木數起。（洪範五行，一水，二火，三木，四金，五土，又自不同。）董仲舒書裏講五行，無寧說是呂覽、淮南一路的氣味多些。五德終始說的改造，似乎不用到劉歆時才發動。

三　漢爲火德及堯後

漢初尚赤一層，顧先生疑爲劉歆僞造。其實淮陰侯列傳「拔趙幟，立漢赤幟」一語，是漢初旗章尚赤之的證，不能説這是劉歆僞造的本領強，所以在「拔趙幟，立漢幟」一語裏，又偸偸暗加了一「赤」字。本來把方位配五行顔色之説，在戰國時早已盛行，所以秦襄公自以居西陲而祠白帝，漢高祖起兵，自稱赤帝子殺白帝子。民間只知秦在西方，是白帝子，楚在南方，是赤帝子，不知道朝廷禮制早是改尚水德。顧先生因疑漢初尚赤是劉歆僞造，遂疑及秦本紀、十二諸侯年表、六國表、封禪書「秦祠白帝」的話，全是作僞插入。若果如此，史記各處「秦祠白帝」的話，全是劉歆插入，何以造全史五德終始表的定本，又定秦爲閏水？這又是自造矛盾。劉歆在淮陰侯列傳裏的僞造太精密，而在秦本紀、十二諸侯年表、六國表、封禪書裏的僞造，不免又太拙劣罷？

正爲今文學家先存一個劉歆僞造的主觀見解，一見劉歆主張漢應火德，便疑心到漢初尚赤是劉歆的僞造，再推論到秦人初祠白帝也是劉歆僞造了。又見劉歆説五帝有少昊，便疑心到凡説到少昊的書盡是劉歆僞造，便從此推及左傳、國語、呂覽、淮南、史記全靠不住了。今文學家本承著乾嘉正統經學而來，他們要講家法，他們要上復漢經師專門名家的風氣，他們因此擺脱不了門戶之見，也尚不失爲經學家一種本色；至於顧先生治古史，卻不當再走上這條路。

現在綜括說來，漢廷五德服色之議，前後凡四變：漢初尚赤，只是倉猝起事，承用民間南方赤帝、西方白帝的傳說。（東陽少年的「異軍蒼頭特起」，便是要另組織東方蒼色軍，不和南方赤色軍合作。）到後正位稱帝，因「天下初定，方綱紀大基」，未遑改制，實在也因沒有相當的學者來幹這麻煩的事，故襲秦正朔服色而主水德。這是一變。至漢武帝太初改曆，用夏正建寅，而服尚黃，主土德；因爲秦爲水德，土克水，漢承秦後，用「五行相勝」之說自應尚黃。這是再變。然而從此以後，又有一輩學者出來主張漢爲火德的。直到王莽篡漢，自居土德，火生土，已改用了「五行相生」說，是爲三變。前後共成四變。何以漢武以後一輩學者又要翻新說漢爲火德呢？這裏也有一種原因。

上面說過，董仲舒「絀三爲五，順數五而復」的學說，把五帝編配入五德，而又改用了相生說，早和本來的五德終始不同。史記五帝本紀斷自黃帝，恐也多少受董仲舒的影響。黃帝之前爲神農，便是董仲舒自周起算，上推爲「九皇」的。照五行相生順數，黃帝土德，其前神農，火生土，神農自該屬火德，故說以神農爲赤帝。史記五帝紀裏的「炎帝」，明是董子繁露裏的「赤帝」。顧先生卻把炎帝和神農分開，說神農是黃帝以前的天子，而炎帝大約是當時諸侯中的一個。然而若是諸侯中的一個，便不該稱炎帝。顧先生的辨論本於崔述，上古考信錄謂：「要之自司馬遷以前，未有言炎帝之爲神農者，而自劉歆以後始有之。」顧先生說：「這是一個理直氣壯的駁詰，可惜不能起劉歆於地下而問之。」炎帝是否神農，我們暫勿詳論；然我們不能不懷疑炎帝之即赤帝。秦祠白帝、青帝、黃帝、炎帝，而獨缺一黑帝，似乎炎帝準卽是赤帝了。而以神農爲赤帝，董仲舒春秋繁露早先司馬遷言之。在炎帝決非赤帝的論證未確立以前，崔述的駁詰，劉歆暫可勿負其責。

這是旁枝，再及正文。董仲舒於五帝轉移，早採取五行相生之說，而三王循環，仍主逆數，只因爲遷就子丑寅「三正」，主張漢該行夏時之故，上面也說及。一到太初改曆以後，曆法的爭議既決，對五行轉移的系統上，無所用其順、逆兩數之並行，所以一輩學者自然而然地走上採取一致順數的路了。因爲董仲舒的書裏，也早已似偏向於五行相生的順數一邊。上面也說過，既然採取五行相生順數的一邊，呂覽、淮南之說自當爲一輩學者所引據，而伏羲、少皞自然要加入古史系統裏來。漢書郊祀志說：「劉向父子以爲帝出於震，故包羲氏始受木德。其後以母傳子，終而復始，自神農、黃帝下歷唐、虞、三代，而漢得火。」荀悅漢紀也說：「劉向父子推五行之運，以子承母，始自伏羲，迄於漢，宜爲火德。」這是一致採取相生順數的主張。五行始木，從呂覽、淮南到董仲舒，是一路的。至於漢爲火德，當時甘忠可、谷永一輩人似都這樣說。谷永的奏議有云：「彗星土精所生，兵亂作矣。」五行相生，火生土；彗星土精，正是代漢而起之象，故谷永推爲兵亂作；可證谷永推五行也主相生說。據此在當時據五行相生說而定漢屬火德的，決不止劉向、歆父子一家私議，更不是劉歆一人僞造。

此外還有「漢爲堯後」之說。昭帝時，眭弘上書明說：「漢爲堯後，有傳國之運。」漢是否堯後，自爲另一問題；然在昭帝時已有此說，決非以後劉歆僞造，也可斷然無疑了。總述上論：

一、五德轉移改取相生說，不取相勝說，遠在劉向前。

二、重新主張漢爲火德說，在劉向同時稍前。

三、漢爲堯後說，也起劉向前。

而五行相生，取諸呂覽、淮南一派。既取呂覽、淮南，自可有伏羲、少皞。現在爲之排列如下式：

木（伏羲）	火（神農）	土（黃帝）	金（少昊）	水（顓頊）
（帝嚳）	（堯）	（舜）	（夏）	（商）
（周）	（漢）			

可見承認上三點，則少昊揷入五帝裏已是必然的了。至於漢人不認秦承周而漢承秦，所以秦人不能佔一德位，這也是董仲舒以下幾乎可說是公認的理論。何以今文學家定要說劉向云云盡是劉歆假托，而把劉向以前的一切證據一概抹殺，要歸納成劉歆一人的罪狀呢？遵守今文家法的人如此說，考辨古史眞相的爲何也要隨著如此說呢？

顧先生也說：漢爲赤帝子，在新的五德終始系統裏，應當如此，因爲：

伏羲木　神農火　黃帝土　顓頊金　帝嚳水　堯木　舜火　夏土

商金　周水　秦木　漢自當爲火

這也恐錯了。秦爲木德，漢人絕少說及，並且和「漢爲堯後」一說不能貫通。

以上推論，只說明少昊揷入五德終始裏，決不是到劉歆時無端僞造出來，不過在劉歆手裏才正式大規模地寫定一遍；正如史記的五帝本紀，也只是到司馬遷手裏把以前傳說正式像模像樣地寫定一遍，卻不能說這全是司馬遷偽造。

現在再綜述上陳意見：

一、五帝傳說雖出戰國晚期，然鄒衍以前，古史上的傳說早有遠在黄帝以前的，不能說黄帝前的古史傳說盡出衍後。

二、鄒衍五德終始與呂覽、月令等所說五行相次用事並不同，不能併爲一談。

三、黄帝以下的古帝傳統，先秦古文頗有乖異，不能即據史記一家否認其他的傳說。

四、秦襄公祠白帝，漢高祖稱赤帝子，乃據五方色帝的傳說，與終始五德說無涉。

五、秦尚水德，漢尚土德，始是根據五德終始以相勝爲受的說法。

六、董仲舒春秋繁露裏並採五行相勝、相生兩說，而五帝分配五德，早取相生說，已與五德終始說不同。

七、太初改曆後，學者多趨嚮改用五行相生說的一邊，乃承董仲舒而來，並非劉向創始。

八、五行相生說自呂覽、淮南五方色帝而來，本有少皞，並非劉歆在後横添。

九、以漢爲堯後，爲火德，及主五行相生三説互推，知少昊加入古史系統決不俟劉歆始；劉歆只把當時已有的傳說和意見加以寫定。（或可說加以利用。）

十、劉歆、王莽一切說法皆有沿襲，並非無端偽造。

若根據上列見解，顧先生原文所引各種史料及疑點，均可用歷史演進的原則和傳說的流變來加以說明；不必用今文家說，把大規模的作僞及急劇的改換來歸罪於劉歆一人。

臨了，讓我引一節顧先生自己的說話作結。顧先生在古史辨第二集的自序裏說：

> 我承認我的工作是清代學者把今古文問題討論了百餘年後所應有的工作。就是說，我們現在的工作應比清代的今文家更進一步。從前葉德輝說：「有漢學之攘宋，必有西漢之攘東漢；吾恐異日必更有以戰國諸子之學攘西漢者矣。」我眞想拿戰國之學來打破西漢之學，還拿了戰國以前的材料來打破戰國之學，攻進這最後兩道防線，完成清代學者所未完之工。

這一篇簡率的批評，並不想爲劉歆、王莽做辨護，更不想爲東漢古文學燃死灰。也只想比西漢的今文家更進一步，本著戰國之學來打破西漢之學，（其實還是晚清今文家的西漢之學。）也只想爲顧先生助攻那西漢今文學家的一道防線，（其實還是晚清今文學家的防線。）好讓古史辨的勝利再展進一程。至於顧先生原文幾許積極的貢獻，本篇不想再逐一的稱譽。

（原刊民國二十年四月十三日天津大公報文學副刊第一百七十期。二十四年又收入古史辨第五册下編。）

劉向列女傳中所見之中國道德精神

予曾撰春秋時代人之道德精神篇，此篇則專拈劉向列女傳，取與前文相闡證。

宗教家信仰在人生世界外另有一世界，而此世界又非自然界。宗教家認爲人生界乃由此一世界降生，又須回到此一世界歸宿。中國古人似無此信仰。因認人生只限此一世界。縱信人死有鬼，鬼世界則僅爲人世界之延長或餘波。故孔子曰：「未知生，焉知死。」莊子曰：「善我生者乃所以善我死。」死生一貫之說，爲儒、道兩家之所同。而中國人道德精神之發揮，則爲儒家所獨擅。我所謂中國人之道德精神，亦可謂是一種善我生之精神也。何以善我生？莫要在使心安。但換辭言之，亦可謂善我死即所以善我生。因死之一刹那，同時仍卽是生之一刹那。若使我在此死之一刹那間心得安，豈非善我死仍是善我生乎？若使此一刹那間心得安，此一刹那後我心更無不安，是此一刹那之心安，卽是使我畢生心安也。故曰善我死卽是善我生。死生一以貫之，此卽中國人最深至之一種道德精神也。

抑且自個人言，我之死，我之生命已終。而自大羣言，則人類生命固依然尚在。人之心，亦猶如我之心。我之死，我心雖無知，人之心則猶有知。若使人之生者視我之死而覺其爲不可安，此則仍是我心之未得其所眞安也。故不善其死而死，仍不可認爲得心安。人固不可以苟生，亦不可以苟死。孔子曰：「朝聞道，夕死可矣。」若生不聞道，是苟生也。若死未當道，是苟死也。中國人之道德精神，固不有死生之別，亦曰求吾心之所安而已。則亦曰求我行之不苟而已。

此種精神，固可由學者作甚深之講究。然此種行爲，則並非由學者講究而來。愚夫愚婦，與知能行。故曰此道乃大道，此德乃同德也。我前述春秋時代人之道德精神，首先著眼於死生之際，今試再就列女傳中此等事略論之。

一　魯秋潔妻

此即近代相傳「秋胡戲妻」之故事也。此一故事，在中國社會流傳已逾兩千年，今仍保留於戲劇中，可謂深入人心。在當時，秋潔妻以一死覓心安；而直至近代，吾人對此故事，仍爲之低徊流連，感嘆欣賞而不置；此所謂「於吾心有戚戚」也。否則匹夫匹婦，自經於溝瀆之間者不少矣，何秋潔妻之獨不朽而常在耶？

此故事大略謂：秋胡子納妻五日而去之官。五年乃歸，路見婦人採桑，秋胡子悅之，下車休桑蔭下餐，且解齎中金，欲納之婦，婦拒不納。秋胡子至家，奉金遺母。喚其妻出，乃向採桑婦也。秋胡子大慚。其妻責以大義，遂離去，投河而死。

此故事，若就近代風俗言，似有不可解者。然當知風俗變，道德行爲可以隨而變，而人類之道德心情與道德原理則並無變。古書載異俗有父母死，掛屍林間，令飛鳥啄食之盡，則死者可升天。以今論之，此若大愚。然當知道德無愚智。若略迹論心，懸屍林間，其心亦求死者之升天，此亦一種孝心也。人子之孝其親，其心乃出於天賦，無間智愚。惟文化漸開，智識漸通，風俗轉移，所爲亦變。然亦求能善達此心而已，非有他也。故道德論居心。居心既同，則不得異俗相訾矣。

中國古代，男女婚嫁，不經當事人之自由，然固不得謂當時夫婦間遂無情愛可言也。潔妻嫁夫五日而其夫外出，守之五年，桑織以養姑，其心固日夜盼其夫之早歸。今秋胡子之歸，乃忘其妻而悅及路旁之桑婦，其妻之心傷爲何如乎？

或曰：夫苟不良，何不改嫁？在當時，亦並非無改嫁之俗。潔妻之去，曰：「妾不忍見子之改娶，然妾亦不嫁。」諒秋胡子在當時，何嘗不指天爲誓，自申無他意，以求妻之恕己。抑且秋胡子見桑婦而悅之，心雖不知是其妻，然其心所悅，則確是其妻也。人逢所悅，又知適是其妻，豈不更可悅乎？然秋胡子終不免知是其妻而心生慚疚者，以彼當時所悅，在彼心中，固謂是一路旁婦人也。新婚乍別，已五年矣。方其歸，乃悅及路旁之婦人，此爲心忘其妻矣。則宜乎秋胡子之見其妻而心慚不安也。此一心慚，亦即是一種道德心情矣。

潔妻待其夫五年，行路一男人，悅其貌而獻之金，其心曾不爲動，其心中則僅知有夫耳。及知行路悦己者實卽己夫，若僅就事論，豈非夫之所悦卽是己之自身乎？然若就心論之，在潔妻心中，此五年來，固已若不知有己，而僅認己身爲秋胡子之妻矣。今秋胡子，乃悦一路旁婦人，非悦己妻也。此非潔妻之心之所能受。故論中國人之道德精神者，必於其内心求之，必於其内心之所深切想望期向者求之。中國人既重視此心，乃始有所謂「誅心」之論。潔妻之責其夫，亦一種誅心之論也。

中國人又有所謂「名分」觀。當知名分亦非外在，乃在於認肯此名分者之内心。古語相傳：「忠臣不事二君，烈女不事二夫。」今人不深求其旨義，遂若道德卽由名分而起，亦爲名分所規定。然若就當事人之内心眞情言，則有甚不然者。屈子離騷，每以男女之情擬君臣，夫亦以兩者之間則誠有其相似耳。屈子在當時，亦何嘗不可去而之齊、之趙，而何必憔悴抑鬱，終以沈湘自殺乎？曰：此乃屈原之自無奈其一番對君之至忠，正猶如潔妻之自無奈其一番對夫之至情也。詩有之曰：「我心匪石，不可轉也。」彼兩人既已一往情深，一旦欲其取消己心，其所感之苦痛，乃有甚於取消己生之所受，故遂不惜一死以覓心安也。而後世人之感慨欣賞於此兩人者，夫亦曰至性眞情，自有同感耳。此非宗教，非法律，更非風俗習染；而豈得謂有一人焉，定此名分，制此禮教，而強人以必從乎？故遇此等事，實非謂之爲是一種道德精神而不可。

然此所謂人之眞性至情者，亦不如近人所言之「理性」，復不如近人所言之「感情」。此乃人類行爲之全心而發，而誠見其有不可以已者。又推之人人之心，而復見其有所同然者。故以謂之人類之性情。惟同有此性情，不必同有此行爲；故其至性眞情之流露而表達之於行爲者，遂謂之是一種道德精神也。

二　京師節女

此故事在西漢。其夫有讎，人欲報其夫而不得間。聞女仁孝，乃劫其父，使強女爲譎。女不聽，則殺父。聽之，則殺夫。計惟以身當。乃佯許諾，曰：「旦日，在樓上，新沐東首臥者，則是矣。當開戶牖以待。」還，使其夫臥他所，自沐居樓上，東首開戶牖而臥。夜半，讎家至，斷其頭持去。明而視之，則其妻之頭也。讎人哀痛之以爲有義，遂釋其夫不殺。

此故事乃與清代吳鳳之故事絕相類。吳鳳閩人，僑居臺灣，爲漢人與高山族人作通譯，高山族人絕敬愛之。高山族祖俗相傳，每年必獵人頭以祭。吳鳳戒勸之，謂汝曹所獵人頭尚多，年祭一頭，可勿再殺人。高山族聽其勸，四十餘年不殺人。而舊所獵人頭已盡，欲復殺，告吳鳳。鳳苦勸不可，乃曰：誠不得已，於某日黎晨，見有蒙紅巾行某道上者可殺，餘則慎勿殺。高山族人許之。時吳鳳年已七十餘，蒙紅巾，夜出某道，矢蝟集而死。高山族人取其頭，乃知鳳也，大悲慟。自是獵頭之風遂絕。至今臺中嘉義有廟祀吳鳳。余初履臺，臺人稱道鳳，親往其廟拜焉。

是西漢京師節女之身雖死，其一段至性眞情，實爲人類所共有；機緣觸發，仍得復演。吳鳳之所欲救，與此節女，公私雖異，其心則一。鳳之死，正如節女之復活。此心不死，則此一番道德精神卽常在天壤間。此兩人，平日皆非誦詩書，論仁義，講道德。一在天之角，一在海之涯，相距兩千載，而居心行事有暗合焉；此眞所謂「易地則皆然」也。故曰人類之道德精神，實自人類天賦之至性眞情中來也。

三　郃陽友娣

此亦漢代事。其兄與其夫爲爭葬父事，其夫與友某陰殺其兄。友獨坐死，夫會赦免，以告妻。妻曰：「嘻！今乃語我乎！」問所與共殺兄者。曰：「……已死，我獨當之。汝殺我而已。」曰：「殺夫不義，事兄之讎亦不義。」夫曰：「吾不敢留汝，願盡家中財物，聽汝所之。」妻曰：「與子同枕席，而使殺吾兄，兄死又讎不報，何面目復生。」其夫慚而去。友娣有三子女，告其長女曰：「汝父殺吾兄，義不可留，又終不復嫁矣。吾死，汝善視兩弟。」遂自經。

美國心理學家詹姆士嘗謂人類有軟心腸、硬心腸之別。中國古人所謂「惻隱之心」、「不忍人之心」之一種仁心，卽詹氏所謂軟心腸之類也。友娣不忍其兄之見殺，又不忍手刃其夫，復不忍去夫再嫁，乃終至於忍棄其三子女而自盡。故中國人之道德精神，乃多於仁至中求義盡，亦可謂是一種軟心腸之道德也。孔子曰：「仁者必有勇。」若謂軟心腸卽是弱者，是僅求義盡，不務仁至，而所謂義者亦非義矣。

四　代趙夫人

趙簡子女，襄子姊，代王夫人。簡子既葬，未除服。襄子誘代王，使廚人持斗行斟，擊殺之。因舉兵平代地，而迎其姊。其姊曰：「以弟慢夫，非義。以夫怨弟，非仁。吾不敢怨，然將奚歸！」遂磨笄自殺。此與郃陽友娣事有相類，亦可謂於仁至中求義盡也。

五　魯義姑姊

魯義姑姊者，魯野之婦人也。此事當在春秋時。齊攻魯，至郊，望見婦人抱一兒，携一兒；軍且及，棄所抱，抱所携而走。齊將追及而問之，曰：「所抱，妾兄之子。所棄，妾之子也。力不能兩獲，故棄之。」曰：「母子之親，痛甚於心，何釋己子而反抱兄之子？」曰：「己之子，私愛也。兄之子，公義也。背公義，嚮私愛，幸而得幸，國人不吾與也。子雖痛，獨謂義何！」齊將爲之按兵不攻魯。

余述中國道德精神，多舉死生之際。良以道德者，遇難處事，貴能自我犧牲。自殺，則自我犧牲最極端之例也。獨此事則難之尤難。以一母携兩兒，若自殺，則兩兒皆不保。棄己子，全兄子，較自殺爲尤難矣。中國人最重家庭道德，然當於此等處深細闡究，可悟家庭道德實非出於人類之私心。若僅知以私心關顧家庭，此可謂知有家庭，不可謂便知有道德也。

六　齊義繼母

齊宣王時，有人鬬死於道，被一創。二子兄弟立其傍。吏訊之，兄弟爭自承。吏不能決，言於相。相不能決，言於王。王曰：「皆赦之，是縱有罪。皆殺之，是誅無辜。其母當知子善惡，試召問之，聽其所欲殺活。」母泣而對曰：「殺其少者。」相曰：「少子，人之所愛。今欲殺之，何也？」曰：「少者，妾之子。長者，前妻之子也。其父疾且死，屬之於妾，曰：『善養視之。』妾曰：『諾。』今既受人之託，許人以諾，豈可以不信！且殺兄活弟，是以私愛廢公義也。子雖痛，獨謂行何！」泣下沾襟。相入言於王，皆赦不殺。

兄弟爭死，在中國社會爲屢見。如春秋時之衛二子，如東漢孔融兄弟，皆是也。抑義繼母之難處，又對其已死之夫有不忍之心焉。其夫臨死託孤，非曰愛其兄不愛其弟也。弟有母，兄則無，故以爲託耳。今既不兩全，死弟存兄，此亦一種自我犧牲矣。兄弟名分有異，此亦義繼母之借以自慰耳。苟使己子爲兄，前妻子爲弟，諒義繼母亦不憑此全己子。此亦所謂於仁至中求義盡也。

七　魏節乳母

秦亡魏，殺魏王及諸公子。獨一公子不得，節乳母匿之。秦令，得公子者賞千鎰，匿之者罪至夷。一故臣識乳母而疑焉。乳母抱公子逃於深澤之中，故臣以告秦軍。秦軍追見，爭射之。乳母以身爲公子蔽，矢著身者數十，與公子俱死。

此事與杵臼、程嬰救趙孤有相似。惟二臣有智謀，卒全趙孤，興趙宗。節乳母以一婦人，無可爲計，終以身殉。道德惟問一心，固不論志業之成敗也。

八　梁節姑姊

梁節姑姊者，家屋失火，兄子與己子在火中。欲取兄子，輒得其子，獨不得兄子。火盛不得復入，節姑姊將自趣火。或止之，曰：「爾本欲取兄之子，惶恐卒誤得爾子，中心謂何？何至自赴火。」節姑姊曰：「梁國豈可戶告人曉。被不義之名，何面目見兄弟國人！」遂赴火而死。

昔孟子有「可以死，可以無死」之辨，可見當戰國時，尚義輕死之風已盛，故孟子及之。若梁節姑姊之事，是亦可以無死者。然其慕義強行，要可以風末俗，起懦志。近人好持高論，則此亦所謂「禮教喫人」也。唐昌黎韓氏慨乎言之，曰：「小人之好議論，不樂成人之美有如是。」所謂「欲加之罪，何患無辭」也。

九　陳寡孝婦

此事在漢文帝時。孝婦十六而嫁，未有子。其夫當行戍，囑孝婦曰：「我生死未可知，幸有老母，無他兄弟；我不還，汝肯養吾母乎？」婦諾之。夫果死不還，婦養姑不衰。居喪三年，其父母哀其無子早寡，欲取而嫁之。孝婦曰：「夫且行，屬妾以其老母。既許之，受人之託，豈可棄哉！」養其姑二十八年，姑死。淮陽太守以聞，文帝美其行，賜之黄金四十斤，復之終身，號曰孝婦。

此後世中國節孝婦之先例也。在當時，尚無夫死不嫁之俗。孝婦深愛其夫，不忍死而背之，守節不嫁，養姑二十八年，其本心亦發於對夫之深愛耳。然較之一死以求心安者，其事爲更難矣。漢廷高其義，美其行，而加之以褒賞，此亦無可議者。後世俗薄，强女子以守節，此固不當；然有出於至情眞愛者，亦何得一并譏之乎？

一〇 梁寡高行

此事當在戰國。梁寡婦榮於色，夫死不嫁。梁貴人多欲爭娶，不能得。梁王聞之，使相聘焉。婦曰：「貴人多求妾者，幸而得免。今王又重之。妾聞忘死而趨生，是不信也。貴而忘賤，是不貞也。棄義從利，無以爲人。」乃援鏡持刀割其鼻，曰：「王之求妾，以其色也。今刑餘之人，殆可釋矣。」相以報。大其義，高其行，乃復其身，尊其號曰高行君子。

此事遠在陳寡孝婦前數百年。中國人不忍背死之心，無論君臣、夫婦、朋友，其事不絕書於史。

蓋中國人心理，常視死生如一。故在己往往不惜一死，而對人則往往雖死不背。苟其心中長有夫，則改嫁之事，將爲苦不爲樂。當時固無守寡之禮，則若梁寡高行者，夫亦自求其心之安而已。梁君初慕其色，終大其義，此亦人心之不能無感動，而豈設爲禮教以存心喫人、殺人之謂哉！

一一　魯寡陶嬰

此事當猶在梁寡高行之前。陶嬰者，魯陶門之女。少寡，養幼孤，紡織爲產。魯人或聞其義，將求焉。嬰聞之，作歌明己之不更二也。其歌曰：「黄鵠之早寡兮，七年不雙。鵷頸獨宿兮，不與眾同。夜半悲鳴。想其故雄。天命早寡兮，獨宿何傷。寡婦念此兮，泣下數行。嗚呼哀哉兮，死者不可忘。飛鳥尚然兮，況於貞良。雖有賢匹兮，終不重行。」

此故事更簡單，僅是魯有一陶門女守寡不嫁而已。歌詩或出好事者代詠，然「死者不可忘」一語，實道出此種道德精神之眞源。人苟能重視己心，己心又誠不忘死者，則死者雖死猶生也。故宗教必重神重天，而道德必重己重心。此心豈在遠，亦反求而得之矣。中國古人，蓋因識得此心，種種道德，皆由此心流出；而豈一家之言可以說服人，強人以必從，迫人以難能，陷人於死地，困人於絕境，而能使人從之莫悔耶？抑凡此所舉，亦皆閭巷之眾，匹婦之愚之所爲；亦豈沈溺於一家孤至之高論而不知返者耶？故講究中國人之道德精神，亦貴乎就往事之實，而反求己心之安，而不貴爲甚深之高論，以求絕俗而特出之乃始爲道德也。

又按：三國志曹爽傳注引皇甫謐烈女傳，記曹爽從弟文叔，妻譙郡夏侯文寧之女，名令女。文叔早死，服闋，自以年少無子，恐家必嫁己，乃斷髮以爲信。後家果欲嫁之，令女聞，即復以刀截兩耳。居止常依爽。及爽被誅，曹氏盡死，令女叔父上書，與曹氏絕婚，彊迎令女歸。時文寧爲梁相，憐其少，執義，又曹氏無遺類，冀其意沮，乃微使人諷之。令女歎且泣，曰：「吾亦思之，許之是也。」家以爲信，防少懈。令女竊入寢室，以刀斷鼻，蒙被而臥。其母呼與語，不應。發被視之，血流滿牀席。舉家爲之酸鼻。或謂之曰：「人生世間，如輕塵棲弱草耳，何至辛苦乃爾。且夫家夷滅已盡，守此欲誰爲哉！」令女曰：「聞仁者不以盛衰改節，義者不以存亡易心。曹氏前盛之時，尚欲保終，況今衰亡，何忍棄之！」司馬宣王聞而嘉之，聽使乞子字養，爲曹氏後，名顯於世。

今按：夏侯令女之事，當魏晉之際，所謂「天地閉，賢人隱」之時也。且當時本無夫死守節之俗，即令女亦自知家人必迫之再嫁，斷髮之後，繼以截耳以自守。此其心，亦惟不忘故夫，有其一段無奈己乎之深愛而已。及曹氏族滅，夏侯氏家門尚鼎盛，其父母家人，尚欲望其再嫁，而令女守志不屈，至於斷鼻自毀而無悔。其告人曰：「仁者不以盛衰改節，義者不以存亡易心。」此誠所謂死生一貫而其心皎皎者。雖以司馬仲達之梟桀，亦不能不爲令女而動其敬嘉之心焉。晦盲否塞之中，得此一人，而人心續、大道存矣。然在令女，夫亦曰以深情成其決志耳，非有他也。故曰：「仁，人心也。」

而仁道，則人道也。吾儕生千百年後，苟以心求心，若夏侯令女之所爲，尚復何譏評之可加乎？本文專拈劉向列女傳爲例，姑舉夏侯令女一事，以見此種道德精神之流演中國社會，貫徹於中國史册者，固不能以時代限之。若連類而及，則又不勝其可舉，故亦不再縷述也。

（此稿刊載於一九五八年十一月香港人生雜誌十七卷一期）

東漢經學略論

一

晚清經師，以白虎通爲今文寶典，覈之范曄後書，其事殊不盡然。據楊終傳：

終言：「宣帝博徵羣儒，論定五經於石渠閣。方今天下少事，學者得成其業，而章句之徒，破壞大體。宜如石渠故事，永為後世則。」於是詔諸儒於白虎觀論考同異焉。

是白虎之論，議始於終，而終所謂「章句之徒，破壞大體」者，正指今文博士言。前書夏侯勝所謂「章句小儒，破碎大道」，蓋章句始起於是時；迄於東漢之初，十四博士慮無勿有章句者。獨惟古文諸經爲無章句耳。

章紀建初四年十一月詔曰：

蓋三代導人，教學為本。漢承暴秦，褒顯儒術，建立五經，為置博士。其後學者精進，雖曰承師，亦別名家。孝宣皇帝以為去聖久遠，學不厭博，故遂立大、小夏侯尚書，後又立京氏易。至建武中，復置顏氏、嚴氏春秋，大、小戴禮博士。此皆所以扶進微學，尊廣道藝也。中元元年詔書：「五經章句煩多，議欲減省。」至永平元年，長水校尉（樊）儵奏言：「先帝大業，當以時施行。」欲使諸儒共正經義。

此詔口吻，與前書劉歆移書讓太常博士儼然相似。「雖曰承師，亦別名家」，則家法與師傳本有別。若盡依師傳，歐陽尚書之後，何來復有大、小夏侯？而先帝所以猶立爲博士者，不過「扶進微學，尊廣道藝」之意。不圖諸博士專己守殘，拒絕古文諸經，使不得立於學官。而猶復不務大體，碎義逃難，章句日增。王莽時，一面增立古文諸經，一面力求減省五經章句，凡以求經學之匆趨絕途耳。東漢君臣所有志改進者亦復在是。觀楊終之奏，章帝之詔，君臣相應，其意昭然可知矣。考章帝所以然者，由其亦受古文經師之薰陶也。賈逵傳：

肅宗立，降意儒術，特好古文尚書、左氏傳。建初元年，詔逵入講北宮白虎觀、南宮雲臺。帝善逵說，使發出左氏傳大義長於二傳者。逵於是奏曰：「三代異物，損益隨時，故先帝博觀異家，各有所採。易有施、孟，復立梁丘。尚書歐陽，復有大、小夏侯。今三傳之異，亦猶是也。」帝嘉之，令自選公羊嚴、顏諸生高才者二十人，教以左氏。逵又數為帝言古文尚書與經傳、爾雅訓詁相應，詔令撰歐陽、大、小夏侯尚書、古文同異；逵集為三卷，帝善之。復令撰齊、魯、韓詩與毛氏異同，並作周官解詁。八年，詔諸儒各選高才生受左氏、穀梁春秋、古文尚書、毛詩，由是四經遂行於世。

據此，則章帝對經學上之見解，不拘拘守先漢之今文家法，豈不甚顯白乎！

章紀八年詔曰：

五經剖判，去聖彌遠；章句遺辭，乖疑難正。恐先師微言，將遂廢絕。非所以重稽古，求道眞也。其令羣儒選高才生受學左氏、穀梁春秋、古文尚書、毛詩，以扶微學，廣異義焉。

此詔亦載於袁宏後漢紀，云：「章句傳說，難以正義，恐先師道喪，微言遂絕。」此證博士有章句，乃末師之業，至於先師並不然。如歐陽尚書本無章句，尚書章句始起於小夏侯，時大夏侯尚不以爲然也。稍後以利祿之途所在，章句競起，劉歆所謂「是末師而非往古，信口說而背傳記」也。故夏侯勝明謂「章句小儒，破碎大道」，而晚清經師則謂今文章句爲大義所萃。漢章帝詔明謂「章句乖疑，微言遂絕」，而晚清經師則謂今文章句乃微言所傳。彼等妄意臆說如此，則何怪其奉白虎通爲今文寶典也！

晚清今文經師之所以張大其說者，尤恃何休之春秋公羊解詁，以爲今文博士微言大義所賴以存。今按：何休公羊序云：

傳春秋者非一，本據亂而作，其中多非常異義可怪之論。說者疑惑，至有倍經任意，反傳違戾者。是以講誦師言，至於百萬，猶有不解；時加釀嘲辭，援引他經，失其句讀，甚可閔笑者，不可勝記也。是以治古學貴文章者，謂之俗儒。至使賈逵緣隙奮筆，以為公羊可奪，左氏可興。斯豈非守文持論敗績失據之過哉！余竊悲之久矣。往者略依胡毋生條例，多得其正。故遂隱括，使就繩墨焉。

此序何休自述注公羊之緣起。其謂「守文持論敗績失據」者，賈逵受詔列公羊、穀梁不如左氏四十事奏之，名曰左氏長義，（此出經典釋文敍錄，范傳云三十事。）章帝至使自選公羊嚴、顏高才生習左氏；故曰「敗績」也。講誦師言至於百萬，此正當時今文博士章句家法所盡然，不獨嚴、顏公羊。何氏之注公羊，特欲求勝於其時之古文經師，而彼固已爲不守今文博士家法之人矣。

范書何休傳記休爲學途轍極明晰，謂休：

精研六經，世儒無及。作春秋公羊解詁，不與守文同說。又與其師博士羊弼追述李育意以難二傳，作公羊墨守、左氏膏肓、穀梁廢疾。

清儒江藩作公羊先師考說之云：

胡母生與董仲舒同治公羊，前漢嚴、顏之學盛行，皆董學也。胡之弟子為公孫弘一人，餘無聞焉。爰及東漢，多治嚴氏春秋，范書儒林傳有六人，治顏氏者惟一人。至於李育，雖習公羊，不知其為嚴氏之學歟？顏氏之學歟？休與羊弼追述李育意，則無所謂嚴氏、顏氏矣。其為解詁，依胡母生條例，至於嚴、顏則曰「甚可閔笑」，則李育之學本之子都矣。董子繁露，其說往往與休不合。繁露言二端十指，亦與條例之三科九旨迥異。仲舒推五行災異之說，漢書五行志備載焉。休之解詁不用，而取京房之占，其不師仲舒可知矣。

是清儒在乾、嘉時，尚知何休公羊與董仲舒不同。晚清以何休解詁上附董氏繁露，何不一讀兩漢儒林傳與何氏之自序耶！

今考何氏之學所由與嚴、顏不同者，由其能「精研六經」，不顓顓守文，拘博士一家之法也。李育亦然。范書謂育：

> 少習公羊春秋，博覽書傳，深為同郡班固所重。頗涉獵古學。嘗讀左氏傳，雖樂其文采，然謂不得聖人深意。後拜博士。建初四年，與諸儒論五經於白虎觀，育以公羊義難賈逵，往返皆有理證，最為通儒。

是李育爲學，亦兼通古今，不顓顓一家章句，故能與賈逵相往復也。班固傳稱固：

> 博貫載籍，九流百家之言無不窮究，所學無常師，不為章句，舉大義而已。

其重李育，亦因其學能博涉貫通故也。則江藩疑李育公羊乃胡母子都之傳者疑亦失之。其實嚴、顏兩家何嘗全是董仲舒之傳統！若兩家能守仲舒傳統勿失，則公羊有董氏可矣，何乃有嚴、顏。博士章句，皆所謂「末師」耳。豈得以末師之章句上推先師之微言大義，以爲果如是哉！嚴、顏非盡董氏學，李育、何休亦非盡胡母氏學也。惟一爲專家，一爲通學，其不同如此而已。

當時爲博士者，專家多，通學少，而亦未嘗無通學之士，即如李育是也。又如張玄：

少習顔氏春秋，而兼通數家法。拜為博士。數月，諸生上言玄兼説嚴氏，不宜專為顔氏博士。光武且令還署。

爲博士弟子者，習一家章句尚患不能熟，若爲之博士者兼説數家，博士弟子一年輒科，恐不易得高第，故不樂之。光武不得不且徇諸生之意，令其還署。此可以知光武所以雖欲立左氏春秋，而以諸博士喧譁，不得不姑置勿立矣。晚清經師乃謂兩漢十四博士家法爲孔學眞傳，眞可怪也。

東漢諸儒學最通博者，必推鄭玄。玄著發墨守、鍼膏肓、起廢疾，何休見而嘆曰：「康成入吾室、操吾戈以伐我乎！」此説良允。卽李育、何休之難賈逵，攻左氏，亦入室操戈也。不通其學，豈得相往復哉！故西漢博士之於劉歆，直「以不誦絕之」而已。李育不以不誦絕賈逵，而何休亦謂當時博士之學「甚可閔笑」，宜其「敗績失據」，斯二人之所由異夫章句小儒也。竊謂當時經學分野，惟博士章句家法與博通大義之兩途。而大抵治今學者，以守博士章句者爲多。通古學者，以不守章句舉大義者爲多。至白虎通德論，明明主通，其有異於諸家之章句明矣。若謂會十四家博士章句而通之，此則晚清經師之狂言，漢儒無此事也。

二

晚清經師又謂東漢今古文家法絕不相混，至鄭玄注經而今文家法始失。此亦非也。大抵東漢儒生多尚兼通，其專治一經章句者頗少，而尤多兼治今古文者。此亦據晚清分今、古言之，當時本不嚴格分別也。卽以儒林傳徵之，如孫期，「兼京氏易、古文尚書」。張馴，「能誦春秋左氏傳，以大夏侯尚書教授」。尹敏，「初習歐陽尚書，後受古文，兼善毛詩、穀梁、左氏春秋」。此皆以一人兼治後世所謂今古文之證也。其他如賈逵，「從劉歆受左氏、國語、周官，又受古文尚書於塗惲，學毛詩於謝曼卿，而以大夏侯尚書教授」。張楷，「通嚴氏春秋、古文尚書」。劉陶，「明尚書、春秋，推三家尚書及古文，是正文字三百餘事，名曰中文尚書」。此皆明文見於列傳。至所謂「博通五經」者，尚多有之。不聞今古文相水火也。若謂今文十四博士道一風同，則五經何爲乃有十四家？且不聞治京易者必通梁丘，治歐陽書者必通大、小夏侯也。若謂古文諸經自成一系統，與今文諸經判然兩事，則何以治嚴氏公羊、京氏易者乃兼習古文尚書，治左氏春秋者又兼事大夏侯尚書乎？

然則當時固爲有今文、古文之別乎？曰：據漢人之自道，則惟尚書稱「古文」，以別於歐陽、大、小夏侯。此外如左氏春秋、毛詩皆不稱古文。杜林傳稱「於是古文遂行」，此專指古文尚書也。

賈逵傳稱「由是四經遂行」，則合左氏、穀梁春秋、古文尚書、毛詩四經言之。「古文」不能並包左氏、毛詩諸端，皎然彰著矣。此外惟費直傳易號古文易，然亦不聞並稱古文尚書、古文易爲古文。由兩者各有傳授淵源，無可並合，猶之京氏易、嚴氏春秋不能並合而稱今文也。

然諸經雖不並稱，而治此諸經者，往往均稱曰「古學」。此杜林、衛宏、賈逵諸傳皆言之。「古學」者，指其異於今學，猶後世古文之別於時文矣。在東漢言之，則「今學」卽博士章句之學也。謂之今學，正猶後世之言時文。今學之必爲章句，猶之時文之必寫八股矣。何以謂今學必章句乎？孔僖傳：

自安國以下，世傳古文尚書、毛詩。長彥好章句學，季彥守其家業。

連叢子云：

長彥頗隨時爲今學，季彥壹其家業，兼修史、漢，不好諸家之書。孔大夫昱謂季彥曰：「今朝廷以下，四海之內，皆爲章句內學，而君獨治古義；治古義則不能不非章句；非章句內學，則危身之道也。」

此證章句爲今學矣。論衡程材篇所謂「世俗學問者，不肯竟經明學，深知古今，急欲成一家章句」也。故家法與章句，特異辭言之。名家者，卽自成一經章句，稱某氏學；而此惟博士有之。徐防傳謂：

詩、書、禮、樂定自孔子，發明章句始於子夏。漢承秦亂，經典廢絕。本文略存，或無章句。故立博士十有四家。

此證博士、家法、章句之三者爲一體矣。然其事實始石渠議奏以後，發端於小夏侯。徐防謂章句始子夏，則無根俗說也。

章句今學出於博士，博士爲官學，故治章句者必媚上諛政。光武好圖讖，諸博士章句盡言圖讖，乃曰「章句內學」；此猶元、明以來朝廷科舉一遵朱子，則爲八股者自必闡述朱義也。而東漢治古學者則不言讖。光武問鄭興，鄭興曰：「臣不爲讖。」尹敏謂：「讖書非聖人所作，其中多近鄙別字，頗類世俗之辭。」桓譚亦言：「臣不讀讖。」三人皆治古學，皆以不言讖幾罹罪辜。故賈逵云：

光武皇帝奮獨見之明，興立左氏、穀梁。會二家先師不曉圖讖，故令中道而廢。

此孔大夫所以言「非章句內學則危身之道也」。光武圖讖，導源於王莽之符命，而王莽符命則由西漢博士諸家。公羊通三統，即是符命眞源矣，王莽何必別僞古文而後可以言符命？至禮樂制度，則莽之措施，頗有取於周官、左氏者。故若以晚清經師今古文分派之說繩之，則莽之受命代漢，大有賴於公羊今文。其變法復古，則左氏、周官古文家之意見爲多。若謂莽僞造符命，又僞造古文經，已屬矛盾。且何以東漢初年治圖讖者皆今文家，而治古學者多不與耶？

方術傳云：

> 王莽矯用符命，及光武尤信讖言，士之赴趨時宜者，皆馳騁穿鑿爭談之。自是習為內學，尚奇文，貴異數，不乏於時矣。

然則治讖必「尚奇文」，正尹敏所謂「其中多近鄙別字」也。光武令尹敏校讖，敏因其闕文增之，曰「君無口，爲漢輔」。帝召問，對曰：「臣見前人增損圖書，竊幸萬一。」故爲圖讖者每每改造字體，此正古文家所深惡也。當時所謂今學、古學之分野，率具如是，安有如晚清經師之所稱道乎？

然則治古學不爲章句，彼當何務？曰訓詁通大義是已。訓詁通大義，此不徒治古學者然，今學博士初立，未有章句，亦曰訓詁舉大義也。且古學家亦不終於訓詁舉大義而止，迄於馬融、鄭玄，亦章句矣。鄭傳謂：「鄭氏注經凡百餘萬言。質於辭訓，通人頗譏其繁。」此之「通人」，亦如大夏侯之斥小夏侯爲「章句小儒，破碎大道」矣。范氏之論曰：

東京學者亦各名家。守文之徒，滯固所稟，異端紛紜，互相詭激，遂令經有數家，家有數說，章句多者或乃百餘萬言。學徒勞而少功，後生疑而莫正。鄭玄括囊大典，網羅衆家，刪裁繁誣，刊改漏失，自是學者略知所歸。

范氏此論，極得鄭學眞趣。蓋鄭氏於經，成章句而不守家法。章句之勝於訓詁者，以訓詁闊略而章句完密也。家法之不如古學者，以古學會通，而家法偏守也。若謂鄭氏興而後世只有古學不知孔學，則異乎吾所聞。

（原題未學齋讀史隨筆，刊載於民國二十五年九月二十四日天津益世報讀書週刊第六十七期，筆名未學齋主。）

略述劉卲人物志

今天我要約略講一部將兩漢學術思想開闢到另一新方向之書，此卽劉卲之人物志。此書僅有兩卷，十二篇。劉卲之時代已下至三國，此書以前向少爲人注意，直至最近，始有提及。我們一看其書名，卽知此書是專討論人物的。我嘗謂中國文化傳統特別注重於人文主義，因此也特別著重講人物。如在論語中，卽曾批評自堯舜以下直到孔子當時之各類人物；孟子書亦然。中國人一向甚重視對人物之批評，此乃中國思想一特點。

因講政治教化皆需人。在漢代，政府用人必以讀書人爲條件，讀書必以通經爲條件，非讀書通經卽不得從政。此在孔孟當時，可謂僅存有此一理想；而到漢代，卻已眞在制度上實現了。政教合一，政治上之人物卽是學術上之人物，此項制度，可謂是根據了經學中之最高理論而來。但後來漢代亦趨衰亂，終至於不可收拾，此中原因何在，豈不深值時人猛省？在漢代開始時，講黃老無爲，但亦須有理想適合之人來推行，不是隨便講黃老學的都能勝任愉快。爲何到東漢末年，產生了黃巾、董卓之亂，終於導致三國分裂？不容得當時人不覺悟到政治上之失敗，其理由卽因於政治上用人之不够理想。故退一步先從人物方面作研究，庶可希望在政治上能用到合理想、合條件之人。此亦可謂是一個反本窮源的想法。劉卲人物志卽根據此一時代要求而寫出。

人物志主要在討論人物。「物」是品類之義。將人分成許多品類，遂稱之爲「人物」。西方人常依職業或知識來分人物，如宗教家、醫生、律師或某類專門學者，這些都從外面職業知識分。中國人卻重在從人之內面品性道德分。此一態度，顯然與西方不同。中國人向來看重人的道德、性情，如論語中講「仁、孝」，講「聖、賢」，講「君子、小人」，此等皆是道德上字眼。漢人最講求道德，及漢代中央政府崩潰後，曹操卻提出了新鮮口號，他說：「平時尚德行，有事尚功能。」他把才幹看重在德行之上。若論曹孟德自己，就其道德論，實在太差了；然其人甚能幹，正是亂世之奸雄。在此一風氣下，更激起有思想者之鄭重注意，於是方有劉卲人物志之出現。

孟子曾云：「窮則獨善其身，達則兼善天下。」孔子亦曾說過：「道不行，乘桴浮於海。」又說：「用之則行，舍之則藏。」從個人立場講，當世界陷於絕望時，只有退避一旁，採明哲保身之一法。但自另一方面講，世道否塞，終需要物色人才來扭轉此局面。劉卲寫人物志，並非站在私人立場著想，而是站在政府立場著想。他的意態是積極的，非消極的。因此他衡評人物，一講德性，一重才能，務求二者兼顧。換言之，衡評人物，不能不顧到其對當時人羣所能貢獻之功利一方面。若要顧到人羣功利，卽需講才智。若無才智，如何能在此社會上爲人羣建立起功利？故劉卲人物志極重人之才智，但也並未放棄道德。而他書裏，也並未提到隱淪一流。這是此書一特點。

今問人之才智何由來？劉邵以爲人之才智乃來自自然，此卽所謂「人性」。孟子亦是本「才」以論「性」。當三國時，才性問題成爲一大家愛討論的問題。因在東漢時，社會極重「名教」，當時選舉孝廉，孝廉固是一種德行，但亦成了一種「名色」。當時人注重道德，教人定要作成這樣名色的人，教人應立身於此名色上而再不動搖，如此則成爲「名節」了。惟如此推演，德行轉成從外面講。人之道德，受德目之規定，從「性」講成了「行」，漸漸昧失了道德之內在本原。現在世局大壞，人們覺得專講當時儒家思想，似乎已不够；於是又要將道家思想摻入，再回到講自然。認爲人之才能，應來自自然。但一講到自然，又會牽連講到鄒衍一派之陰陽家言。在先秦以前，各家思想本可分別來講；但漢以下各家思想已漸匯通，不能再如先秦般嚴格作分別。當時人把自然分成爲「金、木、水、火、土」五行，人性亦分別屬之。卽如近代命相之說，也仍把人分「金性」、「木性」等。當時人把儒家所講仁、義、禮、智、信配入五行，變成了五性。那一性的人，其所長在何處，如木性近仁、金性近義等。直到宋代理學家們，也還作如此的分別。

但劉邵人物志並不看重那些舊德目，他書中提出了許多新意見。他說：人才大概可分爲兩等：一是「偏至之材」，此乃於一方面有專長者。如今稱科學家、藝術家等，在劉邵說來，應都屬此偏至之一類。第二是「兼材」，卽其材不偏於一方面，而能有兼長者。依近代人觀念，其人果是一文學家，若定要同時兼長科學，豈不甚難？然此等本屬西方人側重職業與知識的分法，中國人則不如此看人。人品不以知識、職業作分別。今天的我們，都已接受了西方人說法，多將人分屬於某項知識、某項職業之下，乃對劉邵所提兼材一項，驟難瞭解。

我們試再就此講下。劉邵在人物志中將人分成十二「流」。中國人所謂流品，亦卽是品類之義。此十二流乃依其人之性格言。人之「才」皆自其「性」來。如有人喜講法律，有人喜臧否人物，有人善文辭，此皆所謂才性不同。劉邵所分十二類中之第一類，稱爲「淸節家」。他說如吳季札、齊晏嬰等是。因此類人稟此性，便宜做此類事，卽其才之專長在此也。其第二類稱「法家」。此非指先秦諸子中之法家學派言。法家學派指的是一套思想，而劉邵所指則是某一類人之性格。如管仲、商鞅等，此一類人，性喜講法律制度，因此其才亦於此方面見長。第三類稱爲「術家」。如范蠡、張良等是。因於人性不同，而其所表现之才能亦不同。如管仲、商鞅，他們每能建立一套制度或法律，然遇需要權術應變處，卽見他們之才短。

前三類皆是所謂「偏至之材」。但亦有其人不止在某一類事上有用，而其才可多方面使用者。此所謂「兼材」，卽其才不限於某一方面、某一類事。劉邵言：如此之人，卽具兼材之人，乃可謂之「德」。依照劉邵如此說来，「德」自在「才」之上。但其所用德字之涵義，顯與指仁、義、禮、智爲德者有辨。劉邵又謂：若其人又能「兼德」，此種人則可謂之「聖人」。故劉邵心中之聖人，應是一全才之人，至少應是一多才之人。劉邵主張在偏至之才之上，更應注重兼材，此種人始是有德。如曹操不可託以幼主，而諸葛孔明則可以幼主相託。此因孔明兼有淸節之才，而曹操不能兼。若照我們普通說法，只說曹操無道德；依劉邵講法，卽論其人有無此類之材，或說是否具有此一方面之性格。此乃劉劭思想之獨特處。

劉劭又謂：若「兼德而至」，謂之「中庸」。此處所謂之中庸，亦不同於儒家所謂之中庸。劉劭之所謂中庸者，實是兼備衆才，使人不能以一才目之，甚至不能以兼才目之。因此劉劭將人物分爲三類，卽「聖人」、「德行」與「偏材」。中庸則是聖人。復下有「依似」，此乃勉強學之於人，而並非出自其人之本性者。此下又有「閒雜」與「無恆」。如其人今日如此，明日又不如此，便是閒雜、無恆。「依似」與「無恆」，皆不從其人之本性來，只從外面強學，故有此弊。蓋因東漢重名教，人漸向外效慕，劉氏特加矯正。然劉劭仍將德行置於才智之上。他的意見，德行應由內發，而仍必兼有才智。謂其本原乃出於人之天性，因此主張要「觀人察質」。他意謂要觀察一個人，必注重觀察其性格。此處察質之「質」字，其涵義猶不止是「性質」義，且兼有「體質」義。直至今日論人，猶有相骨、相面之說，此卽觀人之體質也。其人或厚重、或輕薄、或謹愼、或粗疏，皆從其人之體質與性質來。此種意見，實亦流傳迄今，仍爲一般人所信奉。

但「觀人察質」更有一重要處。劉劭說：看人「必先察其平淡，而後求其聰明」。此兩語實有深意。若論聖人，本卽是一聰明人，目能視，耳能聽，所視所聽又能深入玄微，這便是其人之聰明。又如同讀一書，各人所得不同，此卽其人之聰明不同。聖人便是聰明之尤者。但在看一人之聰明之外，更應察其性格之能平淡與否。此語中極涵深義。從前儒家多講仁、義、禮、智、信，把美德漸講成了名色；至劉劭時便不再講此，轉移重點，來講人之性格與其用處。人之性格與其用處之最高者，劉劭謂是「平淡」一格。此如一杯淡水，惟其是淡，始可隨宜使其變化，或爲鹹，或爲甜。人之成才而不能變，卽成一偏至之材，其用卽有限。故注意人才而求其有大用，則務先自其天性平淡處去察看。

所謂「平淡」，應可有兩種講法：一指其人之內心講，卽其人之所好、所願望。如人都喜歡在某一方面有所表現，此人卽是不平淡。以其不平淡，因而亦只能依其所好、所想望而成一偏至之材。又如人好走偏鋒，急功近利，愛出鋒頭，此等皆是不平淡。必大聖如孔子，始是一眞平淡者。惟其平淡，故可大受，而當大任。如孔子之「毋意、毋必、毋固、毋我」及其「無可、無不可」，此卽孔子之平淡也。劉卲說：「中庸之德，其質無名。」此卽或人批評孔子所謂「博學而無所成名」也。亦可說平淡卽是不好名，不求人知。劉卲此番理論，正是針對東漢人風氣，亦可謂其乃來自道家。如老子說：「名可名，非常名。」人若成爲一個「名色」，其人亦卽只可有一種用，不能再作他用；此卽違背劉卲所謂之中庸之德矣。故劉卲意乃謂：人之至者，須能「變化無方，以達爲節」。此所謂「達」，卽是達成我們之所希望與其到達之目標之謂。我們之目標與希望，惟有其人性格到一平淡境界時，始可達到。蓋平淡之人，始能不拘一格，因應變化，故能達成其任務也。劉卲所用「平淡」二字，明是莊老思想；但其用「中庸」二字，則自儒家來。劉卲將此儒、道二家思想配合而自創一新說，此在漢儒中甚少見。

以上講的是「聖人」，此乃承傳統觀念來。在三國時，一般人又多喜歡講「英雄」，因亂世需英雄也。如曹操嘗語劉備曰：「今天下英雄，惟使君與操耳。」卽時人尚英雄之證。據劉卲人物志意見，

「英」，乃指其人之聰明；「雄」，乃指其人之膽力。如張良柔弱似婦人女子，乃英而不雄；韓信則是雄而不英。然英才之人不能使用雄才，雄才之人亦不能使用英才。必求其人聰明、膽力相兼，方可謂之英雄。若不得已而必須分別論之，則英才較雄才爲高。然必兼英與雄，始可用天下英雄之才，而得建成大業也。

劉卲又從功利觀點來講人之德性，謂其最可寶貴者，應在「愛」與「敬」兩項。因凡人皆喜歡得他人之「愛」與「敬」，故此二者乃人之最高道德性格也。因若任何人能愛敬人，則能動獲人心，道無不通，如此自然所遇無不順利。故劉卲講道德主要乃兼功利觀點講。他說如「仁」字，在單獨講時是好的；但合起來講，則仁不如「明」。若其不明而僅有仁，則成無明，此說實亦有理。故孔子講「仁」必另加上一「智」字。後人太偏講道德，便失卻孔子仁、智兼重之義。仁、智必相兼，聰明與平淡二者亦必相兼，此皆劉卲論人物之重要點。

再說「平淡」二字。平者如置放任何一物，放平處便可安頓，放不平處則不易得安頓。淡則能放進任何物，而使其發生變化，不致拘縛在一定格上。總之，平淡之性格可使人之潛在性能獲得更多之發現與成就。劉氏因此又說：「學」雖可使人成材，然成於此，即失於彼。此顯然是道家義。劉氏又頗看不起「恕」字，彼意若其人自己心上有了毛病，如何能「推己及人」？故說「學不入道」，又說：「恕不周物」。這是他對儒家義之修正。

劉卲人物志一書，其中所涵思想，兼有儒、道、名、法諸家，把來會通，用以批評、觀察人物。

依劉卲理論，把道德、仁義、才能、功利、諸觀點都會通了，用來物色人材以爲世用。此種講法，頗與宋、明儒所講德性之學只注重在個人內部之正心、誠意方面者並不全相同。所惜是後人沒有將劉卲此一套學問更向前推進。此在劉卲思想本身，自然也有缺點：一是劉卲只注意觀察人物，卻不注意在各人之修養方法上。二是劉卲所講，專注意在政治場合之實用上，他的眼光，已就陷於一偏。這可證明劉卲還是兩漢以來單注意政治實用一方面的思想傳統。

我自己很喜愛劉卲此書，認爲他提出「平淡」二字，其中卽有甚深修養工夫。在我年輕時讀人物志，至「觀人察質，必先察其平淡，而後求其聰明」一語，卽深愛之，反覆玩誦，每不忍釋；至今還時時玩味此語，彌感其意味無窮。

（一九六一年在香港大學講）

葛洪年譜

病中讀抱朴子，聊譜其年歷行事。時民國三十五年春客成都。

晉武帝太康四年　葛洪生

按：抱朴子外篇：「吳失，余生於晉世。」據後太安二年洪年二十一，推知應生在此年。

又按：晉書葛洪傳：「洪父悌，吳平後入晉爲邵陵太守。」抱朴子外篇自敍：「卒於官。洪者，君之第三子。生晚，爲二親所嬌饒。」

惠帝元康五年　洪年十三

按：自敍：「年十有三而慈父見背，饑寒困悴，躬執耕穡。又累遭兵火，典籍蕩盡，負笈行假，伐薪賣之，以給紙筆。」

元康八年　洪年十六

按：自敍：「年十六，始讀孝經、論語、詩、易，貪廣覽，於衆書乃無不覩。」

太安元年　洪年二十

按：晉書葛洪傳：「從祖玄，吳時學道得仙，號葛仙公。以其鍊丹秘術授弟子鄭隱。洪就隱學，悉得其法。」抱朴子內篇金丹：「昔左元放於天柱山中精思，而神人授之金丹仙經。會漢末亂，不遑合作，而避地來渡江東，志欲投名山以修斯道。余從祖仙公又從元放受之。凡受太清丹經三卷，及九鼎丹經一卷，金液丹經一卷。余師鄭君者，又於從祖受之，而家貧無從買藥。余親事之洒掃，積久，乃於馬蹟山中立壇盟受之。幷諸口訣訣（下訣字疑衍。）之不書者。江東先無此書，書出於左元放。元放以授余從祖，從祖以授鄭君，鄭君以授余，故他道士了無知者也。然余受之已二十餘年矣，資無擔石，無以爲之，但有長歎耳。」又抱朴子內篇遐覽：「昔者幸遇明師鄭君，於時雖充門人之洒掃，既才識短淺，又年尚少壯，意思不專，俗情未盡，不能大有所得，以爲巨恨。鄭君時年出八十，性解音律，善鼓琴，閒坐。他弟子皆親僕使之役，採薪耕田，唯余尪羸，不堪他勞，常親掃除，拂拭牀几，磨墨執燭，及與鄭君繕寫故書而已。鄭君本大儒士，晚而好道，猶以禮記、尚書教授，弟子五十餘人，惟余見受金丹之經。太安元年，知季世之亂，江南將鼎沸，乃負笈持仙藥之撲，將入室弟子東投霍山，莫知所在焉。」據此，知洪受學鄭隱，當在二十以前十六以後之數年中。鄭隱善鼓琴閒坐，此乃當時修道者所共，如嵇叔夜信長生亦擅琴是也。至洪所受之丹術，自左元放以來四傳，既云「不遑合作」，又稱「家貧無從買藥」，又曰「資無擔石，無以爲之」，則雖有其書，迄無親驗之者。後人傳左元放、葛仙翁故事，證以葛書，知皆不實矣。

太安二年　洪年二十一

按：晉書洪傳：「石冰作亂，吳興太守顧秘爲義軍都督，與周玘等起兵討之，檄洪爲將兵都尉。攻冰別率，破之，遷伏波將軍。」自敍：「昔太安中，石冰作亂，義軍大都督邀洪爲將兵都尉。累見敦迫，遂募合數百人，別戰斬賊小帥，多獲甲首，於是大都督加洪伏波將軍。」又御覽三百二十八引抱朴子外篇：「昔太安二年，京邑始亂，石冰屯於建業。宋道衡說冰求爲丹陽太守，到郡，發兵以攻冰，召余爲將兵都尉。余年二十一，見軍旅，不得已而就之。宋侯不能用吾計，數敗。吾令宋侯從月建，住華蓋下，遂收合餘燼，從吾計，破石冰焉。」今按：據御覽此條，知本年洪二十一。

永興元年　洪年二十二

按：晉書洪傳：「冰平，洪不論功賞，徑至洛陽，欲搜求異書，以廣其學。」自敍：「事平，洪投戈釋甲，徑詣洛陽，欲廣尋異書。正值大亂，半道而還。」今按：石冰平在今年。

光熙元年　洪年二十四

按：晉書洪傳：「洪見天下已亂，欲避地南土，乃參廣州刺史嵇含軍事。及含遇害，遂停南土多年。征鎮檄命，一無所就。」自敍：「洪詣洛陽，正遇上國大亂，北道不通；陳敏又反於江東，歸途隔塞。會有故人譙國嵇居道，見用爲廣州刺史，乃表請洪爲參軍。利可避地於南，黽勉就焉。見遣先行催兵，而居道於後遇害，遂停廣州。頻爲節將見邀，用皆不就。」

今按：嵇含爲廣州刺史，未赴，遇害在今年。晉書嵇含傳，含字「君道」，此作「居道」，乃字譌。

又按：晉書洪傳：「洪又師事南海太守上黨鮑玄。玄亦內學，見洪，深重之，以女妻洪。」洪傳玄業，兼綜練醫術，不知在何年。晉書敍於石冰亂前，今姑改繫於此。或尚稍後，未可知。

愍帝建興三年　洪年三十三

按：晉書洪傳：「後還鄉里，禮辟皆不赴。元帝爲丞相，辟爲掾，以平賊功，賜爵關內侯。」

今按：元帝爲丞相在今年。洪不知何年自廣川還，其爲元帝掾屬，當在此年。

元帝建武元年　洪年三十五

按：自敍：「洪年十五六時，所作詩賦雜文，當時自謂可行。至於弱冠，更詳省之，殊多不稱意。洪年二十餘，乃計作細碎小文，妨棄功日，未若立一家之言，乃草創子書。會遇兵亂，流離播越，有所亡失。連在道路，不復投筆。十餘年，至建武中，乃定凡著內篇二十卷，外篇五十卷，碑頌、詩賦百卷，軍書、檄移、章表、箋記三十卷，又撰俗所不列者爲神仙傳十卷。又撰高尚不仕者爲隱逸傳十卷。又抄五經七史百家之言，兵事方伎短雜奇要三百一十卷。別有目錄。」又曰：「既洪著自敍之篇，或人難曰：『昔王充年在耳順，道窮望絕，懼身名之偕滅，故自紀終篇。先生以始立之盛，值乎有道之運，何憾芬芳之不揚，而務老生之彼務。』洪答云云。」又自敍：「江表書籍不具，昔故詣京師，正值大亂，半道而還，每自嘆恨。今齒近不惑，素志衰頽，但念損之又損，爲乎無爲。」據諸上引，知洪撰抱朴子，殆在此時。故既曰「以始立之盛」，又曰「齒近不惑」也。清四庫提要謂洪乞爲勾漏令後退居羅浮山所作，誤矣。

又按：抱朴子金丹：「洪受書於鄭君，已二十餘年矣。」若以洪十八、九歲受書，再過二十餘年，當逾四十。是其所爲自敍，雖在三十五歲時，而其內、外各篇文，則容有隨後增成者。又據其神仙傳自序，則在內篇既成之後，因其弟子滕升問神仙有無而作。

又按：自敍：「洪考覽奇書，既不少矣。率多隱語，難可卒解。道士弘博洽聞者寡，而意斷妄說者衆。至於時有好事，欲有所修爲，倉卒不知所從，而意之所疑，又無足諮。今爲此書，粗舉長生之理。其至妙者，不得宣之於翰墨。蓋粗言較略以示一隅。世儒莫信神仙之書，不但大而笑之，又將謗毁眞正。故予所著子，言黄白之事，名曰內篇。」今按：洪著內篇既在盛年，特因多覽奇書，故乃粗言其理，非謂親有所試，確有所驗也。神仙黄白又與長生之理不同，洪蓋信有此術而姑記其所得於考覽者而已。後世乃以爲洪果尸解得仙，其妄可知。

又按：自敍：「洪少有定志，決不出身。念精治五經，著一部子書，令後世知其爲文儒而已。後州郡及車騎大將軍辟，皆不就。薦名瑯琊王丞相府。昔起義兵，賊平之後，了不修名詣府論功。晉王應天順人，撥亂反正，結皇綱於垂絕，修宗廟之廢祀，念先朝之滯賞，並無報以勸來。洪隨例就彼，庚寅詔書，賜爵關中侯，食勾容之邑二百戶。」今按：此處稱「晉王」，又稱「先朝」，可證洪封關內侯必在元帝時。元帝在位六年，建武元年丁丑，大興三年庚辰，此云「庚寅」，或是「庚辰」之譌。

成帝咸和元年　洪年四十四

按：晉書洪傳：「咸和初，司徒導召補州主簿，轉司徒掾，遷諮議參軍。干寶深相親友，薦洪才堪國史。選爲散騎常侍，領大著作。洪固辭不就，以年老欲煉丹以祈遐壽，聞交阯出丹，求爲勾漏令。帝以洪資高不許。洪曰：『非欲爲榮，以有丹耳。』帝從之。洪遂將子姪俱行，至廣州，刺史鄧岳留不聽去。洪乃上羅浮山煉丹。岳表補東官太守，又辭不就。在山積年，優遊閒養，著述不輟。後忽與岳疏云：『當遠行尋師，尅期便發。』岳得疏往別，而洪坐至日中，兀然若睡而卒。岳至，遂不及見。時年八十一。」今按：此記洪應王導之辟而卒敍之云云也。

又按：道藏本關尹子有葛洪序，云：「洪體存蒿艾之質，偶好喬松之壽，知道之士，雖微賤必親也，雖夷狄必貴也。後遇鄭君思遠，屬洪以尹眞人文始經九篇，洪親受之。」下題咸和二年五月朔。今考洪幼師鄭隱，豈得云「後遇」。隱之去霍山，下至咸和二年，亦已二十五年矣。關尹旣僞書，此序亦後人僞撰也。鄭思遠，洞仙傳謂其師葛孝先，入廬江馬蹟山，蓋卽鄭隱之字。

咸和五年　洪年四十八

按：通鑑：今年五月，鄧岳始領廣州刺史。洪之乞爲勾漏令，將子姪南行，尚當在後。

咸康二年　洪年五十四

按：晉書鄧岳傳：「咸康三年，岳遣軍伐夜郎，破之。加督寧州，進征虜將軍，遷平南將軍，卒。弟逸監交、廣州，建威將軍，平越中郎將，廣州刺史假節。」今考帝紀，伐夜郎事在咸康二年十月，非三年。鄧岳卒年史不著。惟查通鑑，康帝建元元年，以庾冰都督荆、江、寧、益、梁、交、廣七州。穆宗永和三年春，林邑王文攻陷日南，殺日南太守夏侯覽，檄交州刺史朱蕃，請以郡北横山爲界。文去，蕃使督護劉雄戍日南。秋，林邑復陷日南，殺劉雄。四年，林邑寇九眞。五年，桓溫遣督護滕畯帥交、廣之兵擊林邑王文於盧谷，爲文所敗，退屯九眞。似鄧岳之卒，尚在康帝前，其弟逸亦不久去位。若如洪傳，洪壽八十一而卒，應在哀帝興寧二年，鄧岳决不至是尚在。今既知洪先鄧岳卒，則其壽殆不出六十也。寰宇記一百六十引袁彦伯羅浮記作葛洪卒時年六十一，若果可據，應爲康帝建元元年；其時鄧岳殆已卒，洪决不在人世。此亦本晉書本傳譌「八」爲「六」耳，未足據。後人以洪治養生神仙之術，故晉書本傳謂其「八十一而卒」，又謂其既死，「顔色如生，體亦柔軟，舉屍入棺，甚輕如空衣，世以爲屍解得仙云」。然要之其壽最高當不過六十，則絶無疑者。至其煉丹未就，則傳已明言之，可不復詳論也。

（此稿成於民國三十五年春，載於一九六九年三月大陸雜誌三十八卷五期。）

魏晉玄學與南渡清談

政治無出路，激起莊老個人思想的復活。但個人思想盛行，則政治更無出路。因此儒學衰而道學盛，濟其偏者必爲法家。西漢初年高、惠、文、景，號爲治本黄老，然蕭何造律，一本秦之九章。曹參承其前規。文帝亦好刑名，景帝更然。故太史公以老子、韓非同傳，正係指對當時之實相而發也。東漢末葉，朝野競趨個人主義，權謀勢詐，乘之紛起。政府若求整飭社會，則必用嚴法峻刑以爲繩束。然當政者重法治，在野者趨消極，依然是道、法平分天下之局勢。東漢之法家思想，可以崔寔政論爲代表，道家則以仲長統樂志論爲代表。曹操、諸葛亮等承崔寔，而阮籍、嵇康等則承仲長統。一方是循名責實，一方是樂志肆意。當時經學大師亦受道、法影響。馬融絳帳傳經，弟子集帳前，家伎居帳後，歎息謂友人曰：「古人有言：左手據天下之圖，右手刎其喉，愚夫不爲。所以然者，生貴於天下也。今以曲俗咫尺之羞，滅無貲之軀，殆非老莊所爲。」是馬融已顯然爲一位道家化的經學家，而鄭玄則是一法家化的經學家。

及孔融起，遂確然開了一種新風氣。雖仍守儒家面目，實際是以道、法爲底裏。時當天下大亂，個人主義益奔放不可收拾，曹操、諸葛亮皆不得不以嚴刑峻法爲規束；直到兩晉，法家思想整個支配了政治的上層。但政府儘管尚法治，在野知識份子仍是各行其道，道家思想則支配了整個文化界。曹操、司馬懿兩家，以權術詐謀取天下，在上者既不能光明磊落，大服人心，愈講法治，愈足以激起在下者之消極與放蕩，從此玄學遂大盛。王弼、何晏倡於前，阮籍、嵇康繼其後，向秀、郭象承其末。此爲魏晉之際玄學演進之三大宗。

何晏、王弼，乃魏晉之際玄學開始的大學者。何晏曾作論語集解。晏乃曹家外戚，同曹爽死於司馬氏之手。今傳史籍，對何晏頗多詆毀，殆其政敵之誣辭。何晏實並不是一壞人，清儒錢大昕潛研堂集曾爲辯護。今即據論語集解一書研究其思想，亦尚不失儒者榘矱，此後乃列入十三經注疏中，歷代相承。看輕其人格，卻不能排斥其著作。實則此書亦非何晏一人所作。除何晏外，尚有鄭冲、荀顗、曹羲、孫邕四人。曹羲爲曹爽弟，曾作三書戒諸弟驕縱；史稱其諷刺曹爽，亦史書曲筆，如此始能加深曹爽之罪惡，其實並無明據。且當時史臣，亦只能說曹爽壞話，仍不得不承認曹羲是一正人君子。荀顗爲荀彧之子，史稱其「性至孝」，又稱其「明三禮」。又其弟荀粲，時稱「粲諸兄並以儒術論議」，則可見荀顗確是一儒者。荀顗曾與鍾會辨易無互體說，又與扶風王駿辨仁孝孰先。論語：「孝弟也者，其爲仁之本與。」若以「爲」作「是」字解，此爲孝先而仁後。若解作「孝弟爲行仁之本」，「爲」作「做」字解，則是仁居孝先。當時爭論在此。可見顗議論亦全關於儒學。後爲晉代開國大臣，史稱其「無質直之操，爲當時所輕」，又稱其「意思縝密」。可見其私人道德高，而在政治上則謹小慎微，苟合取容。鄭冲乃一平民出身，史稱其「清恬寡欲，耽玩經史」，可見其亦是一純粹學者。史又稱其「雖位階臺輔，而不與世事」，又可見其做大官而不與聞政事。只孫邕不知其詳。今疑曹羲、荀顗、鄭冲諸人私德均不壞，何晏共此諸人同事論語集解，「集諸家訓詁之善者，義有不安，輒改易之」，若果晏之私德，如今傳史籍所載，何能與此諸人爲友，共成此儒學大業？何晏見殺，正以其預聞政治。司馬氏作風，一面極力尊崇仁孝之士，借重其私德，以籠絡人心，如王祥、鄭冲一流是也；另一面則務要此等人不干預政治，俾其一家恣意篡竊。鄭冲、荀顗得守令名以終，何晏蒙惡名而死，皆由此故。三國志乃晉代人所作，受當時政潮影響，歪曲史實，未可輕信。今觀論語集解，議論去取多平允，尚不失爲儒學功臣。與其認何晏爲道家，不如認其爲儒家，還較允愜。

王弼之學，細加研究，亦可說其是一儒家。他的易注，更是儒學大功臣，與何晏論語集解同列十三經註疏，而影響功績更爲遠大。後人稱：「王、何之罪，浮於桀紂。」此亦有爲而發，不足爲定評。裴徽謂王弼曰：「無者，誠萬物之所資，然聖人莫肯致言，而老子申之無已者何？」王弼曰：「聖人體無，無又不可訓，故不說。老子是有者，故恒言無，所不足。」此言孔子聖人，已到「無」的境界，只因「無」不可以爲訓，故不肯正言。老子尚未能達「無」的境界，故恒講「無」，正是他之所仰慕。可見王弼評量老子，置於孔子之下。何晏嘗謂：「聖人無喜怒哀樂。」史稱其論甚精。王弼則與何晏持異見，以爲：「聖人茂於人者，神明也；同於人者，五情也。神明茂，故能體冲和以通無。五情同，故不能無哀樂以應物。然則聖人之情，應物而無累於物者也。今以其無累，便謂不復應物，失之多矣。」此一見解，實與宋儒程明道定性篇相差不遠。根據上引兩節，知王弼並不專崇莊老。莊老不要喜怒哀樂，孔子雖有喜怒哀樂，但應物而無累於物，所以孔子境界尤高於莊老。王弼爲一代大學者，惟從莊老方面去瞭解孔學，此亦有故。儒家本不免偏重於人生現實部份，對於宇宙萬物，人生以外的大環境，未免少注意些。莊老思想正可彌補儒家這一面的缺點。漢代經學家雜糅儒、道，把陰陽五行來分析宇宙萬物，其說漫衍無歸宿，直到鄭玄不免。自經王充論衡，對此等附會迷信之談，大加攻擊，在此方面早有另闢新途徑之必須，但又不能避卻宇宙萬物而不談。王弼則擺脫漢儒舊纏縛，回到戰國，本莊老初意來說宇宙萬物之起源，故曰：「無者開物成務，無往不存。陰陽恃以化生，萬物恃以成形，賢者恃以成德，不肖恃以免身。」從此理論上便擺脫了兩漢四百年經學五天帝主宰天運的舊說。王弼特地註周易，正爲要把周易的宇宙論來代替前漢經學家五天帝主宰的宇宙論。因此王弼認爲只有莊老思想轉與周易相近，只有從莊老入手轉可入得孔學。這是王弼特地講莊老「無」的哲學之微意。此等見解，從兩漢經學傳統言，實發前人所未發。因此不僅王弼的周易註出世而漢易遽衰，實是王弼的新宇宙論出世而兩漢經學上舊的宇宙論亦告解體。此乃王弼在學術思想史上的大貢獻。前漢人以陰陽家學說講孔學，現在王弼、何晏則以莊老思想講孔學。此事王弼開端，而何晏承流贊揚，我們不妨稱之爲魏晉時代之新儒學。此下向、郭解莊，依然承襲王、何。直到東晉孫盛著老聃非大賢論，尚謂：「唐虞不結繩，湯武不揖讓，因時制宜也。老子執古之道，以御今之有，執今之有，以絕古之風。」這又完全以歷史學家的眼光來批評老子，可說他仍是王、何學的餘響。故由王、何以下，如郭象、孫盛，都非全尊莊老，都置莊老於孔子之下。此爲魏晉學術的正宗思想。後人一誤於史書之歪曲事實，以正爲邪；二誤於讀書不精，橫議先賢，以王、何爲道家張目；其實都錯了。

王、何開始以莊老學來講孔子，流風所被，卻不免叫人推挹莊老在孔子之上，這就成爲魏晉之玄學。嵇康、阮籍是此種轉變之主要人物。當時司馬氏政權，一面籠絡私德很高的賢士，來隱蔽其惡化政治的醜相；一面又不願正人君子干預政事，以便為所欲為；因此逼得一般學者都意態消極，趨向莊老。此非王、何之罪，而實是司馬氏之罪。司馬氏當時提倡私人道德，實際不啻提倡人藏頭、掩面、虛僞，做假君子。阮籍、嵇康在這種虛僞空氣籠罩下激發，使他們決意轉向莊老。莊老本來反對儒家之禮。老子說：「禮者，忠信之薄而亂之首也。」他們認禮爲文飾虛僞，而尚質樸，尚率眞。東漢以來，社會早走上虛僞文飾之途。曹氏、司馬氏篡竊相承，醜態百出，更令有心人深惡痛疾。又自郭泰、許靖提倡人倫，臧否人物，社會上交朋接友，彼此推尊，漸成風氣，因此朋黨交遊虛文末節，更充滿了整個社會。朱穆絕交論，劉梁破羣論，都想針對其弊而施匡救；但積重難返，直到魏晉之際，上下虛僞成習。阮籍目擊此種狀況，遂要破棄禮法，放浪人間，自稱「禮法豈爲吾輩設」。其言論行迹，容有過激；其心情懷抱，實亦可悲，而且可敬。史稱阮籍：「性至孝，母死，適與人弈，不輟如故。及葬，尚食一蒸豚，飲斗酒，直言窮矣，嘔血數升。」蓋是誠孝，而不肯崇守儒禮。因他痛惡當時那些假孝子，外守喪禮，而內心不戚，與世同汚，所以故意吃酒吃肉，不遵服制。其實他內心非常哀痛，並非涼薄不孝。此處阮籍亦似有些不免誤解儒家制禮本意處。儒家制禮，本不爲虛文假飾。孝子毁不滅性。古禮有云：「朝一溢水，夕一溢米，食無算。」又曰：「親死，水漿不入口。」所以者何？由其當時悲不思食。但決不能因親喪而廢食。悲痛之餘，再不好好保養，豈不毁了身體，則更非孝道。但在悲傷時，當然不想吃。待悲傷稍過，不妨便少吃些。如此，不致餓壞身體。亦不多吃，免得悲來傷胃。只能吃即吃，而每頓吃不使多，亦没有一定的時間限制，如此纔不致因悲傷而害了健康。故儒家制禮，實爲求合人情物理，並不爲粉飾虚假。阮籍認爲虚禮可厭，臨葬其母，尚故意大吃酒肉。不知儒家喪忌酒肉正恐悲來傷胃。阮籍就吃了這虧，一時悲從中來，正因多吃了酒肉，遂致嘔出血來。此乃因不遵禮而毁身傷性，究非中庸之道。但阮籍畢竟可算是當時一個狂者。阮籍謂「禮法豈爲吾輩設」，不知儒家之禮，正爲大忠大孝之人而設。故曰：「人而不仁如禮何，人而不仁如樂何。」現在阮籍心恨那輩不仁的假君子，自己又是一位熱心腸人，卻偏不肯講禮法，就規矩；設使孔子遇之，決不會加以非罪，反而會要加以引進的。同時阮籍又是一個不忘情於政治的人，不過目擊何晏、夏侯玄諸人受戮，內心灰頽，想作一個明哲保身之士，只好不上政治舞臺，閉口不臧否人物。但他父親又是魏氏親信。那時世方亂離，遠避都會，又不可能。故使阮籍逼成此種狂態。其所爲詠懷詩，寓意精微，爲千古文學絶唱。其內心之憤激，誠非局外人所知也。

嵇康與阮籍，性格不同，他只是一個狷者。所爲養生論，寓有極濃重的道家思想，亦可説是一篇很近科學的長生論，與一般神仙思想不同。其與山巨源絶交書，自謂「非湯武而薄周孔，會顯世教所不容」，亦見他對現政治不滿，遂竟為晉朝所誅。但阮籍、嵇康雖與當時政府不合，他們的文采風流，則爲世所重，蔚然成風。此後玄學興盛，嵇、阮兩人實有大功。現在再將阮、嵇與王、何一比，則其間已有很大的不同。王、何只就莊老通儒學，阮、嵇則棄儒舉就莊老。嵇、阮以後，向秀、郭象便專來註釋莊子，顯然是專尚玄虛，與王弼注易，何晏解論語，態度意境絕不同。但嵇、阮都是至情人，都是眞君子，他們的頹廢放蕩，實是受了政治和社會的影響，有激而然。我們若認王、何爲儒家，則嵇、阮雖薄周孔，崇莊老，而思想意趣仍未出儒家範圍。只因他們放蕩不羈，破壞了僅存的一點虛禮教，私人道德遂致毫無維繫；政府、社會公私俱弊，而晉室亦隨之以亡。

向秀、郭象爲人，便不能與王、何、嵇、阮相提並論。郭象注莊，多承向秀。今向書無傳，而郭注則頗完好。大體仍以儒學來糾正莊子之過偏過激。如莊子逍遙遊，明明分別鷃鵬、學鳩大小境界不同，但郭象偏要說鵬、鳩大小雖異，自得則一。莊子明明輕堯舜而譽許由，但郭象偏要說堯舜是而許由非。可見向、郭注莊，明非莊子本義。從前王、何以莊老通儒學，現在向、郭則以儒學糾莊老。然而王、何猶可，向、郭則非。何以故？莊老精義，本在對政治社會文化流弊有深刻之譏評，而能自己超然世外。嵇、阮並不能如莊老之氣魄大，對政治社會整個大體下攻擊，但他們還有超然絕俗之概。現在向、郭則自引近人，卻把儒家理論來自掩飾，自逃遁。既不能學儒家對政治社會積極負責，又不能如莊老對政治社會超然遠避。這是兩面俱不到家。故王、何還是有規矩，還是積極的。嵇、阮雖放蕩，還是有性情；雖消極，還能超然遠俗，至少於世無大礙。向秀、郭象則是無性情的放蕩，抱着消極態度，而又不肯超然遠俗，十足的玩世不恭，而轉把儒家的理論來掩飾遁藏。當時像王夷甫一輩人，便在這種理論下自滿自得。向、郭實不足爲莊子之功臣，卻不免爲兩晉之罪人。這是元康以下向、郭時代的風氣，與正始王、何時代截然不同。世說注：「竹林諸賢之風雖高，而禮教尚峻。迨元康中，遂至放蕩越禮。」可見正始、元康應有分別，當時人是知道的。後人推本窮源，遂把王、何、嵇、阮連類同譏了。

向、郭在當時，還自有他們的一番理論。及東晉南遷，大家索性在放蕩上自娛自怡，連像向、郭般的理論也沒有了，這就成了東晉之「淸談」。淸談家還要講究自己的眞性情，而蔑視世俗之僞。他們看不起功利，不肯做一切事前事後的打算，他們認爲如是才算率眞。他們僅有這樣一種意境，也懶得組成理論寫文章。我們現在只有由世說新語中，看他們當時朝野名人的行事態度來推想他們的理論或意想。例如：「王子猷性好竹，行過吳中，見一士大夫家有好竹。主人已知子猷當往，乃灑掃施設，在聽事坐相待。王肩輿徑造竹下，諷嘯良久。主已失望，猶冀還當通，遂直欲出門。主人大不堪，便命左右閉門不聽出。王更以此賞主人，留坐盡歡而去。」王徽之此等態度，便是當時人所謂的「率眞」。愛竹賞竹，是我眞正目的，是天性所好。但爲欲達此目的而去造訪主人，敷衍款接，這就是俗套虛僞。王子猷講究率眞，所以想看竹便徑去看竹，竹看了便走，再不願和主人相委蛇。主人先慕子猷大名，灑掃恭候，這還未免俗套虛禮，正爲子猷所不取。以後主人不堪，命左右閉門，這卻也是一番眞性情之表現，是率眞，是放達，子猷因此賞識他。這事便够代表淸談家的意味。但此種意味，淸而不深，如一潭秋水，沒有波瀾壯闊魚龍出沒之觀。還不能像嵇康、阮籍，還有火烈的眞性情。淸談家如盆景花卉，雖亦有生命，有意態，只根盤不大，培壅太薄，沒骨幹，沒氣魄，不好算是眞性情，因此也經不起大風浪，不能奮鬬，易爲外物所累。強要任情，反轉成爲矯情，不够眞，不够率。這是清談家直接向、郭以來之毛病。而且清談家的骨子裏，也還是未必眞够清。世說注引中興書：「王徽之卓犖不羈，欲爲傲達，放肆聲色頗過度。時人欽其才，穢其行。」這恐不是王徽之一人如此，乃是當時清談家之共同面相，共同格調。如此般的莊老，如此般的玄學，實不足以滿足時人內心之眞要求，於是只有讓出佛教來指導人生。

（民國三十四年七月六日重慶中央週刊七卷二十六期）

袁宏政論與史學

一

袁宏，字彥伯，東晉人，與桓溫、謝安同時；晉書入文苑傳，以文章名世，而史學尤卓絕。宏以孤貧自拔，與並世清談學派，風趣標致，多有扞格。蓋宏乃一儒、道兼融之學者，而確然可謂其承續儒家之大統。茲粗爲摭述其思想如次，亦足代表晉代學風之一格也。

宏文最爲後世傳誦者，厥爲三國名臣頌。其開始卽曰：

夫百姓不能自牧，故立君以治之。明君不能獨治，則為臣以佐之。

此乃中國儒家傳統之政治職分論。晚明黃梨洲明夷待訪錄原君、原臣兩篇要旨，此數語正已涵括。宏之論史，其大體精神，亦由此引端。惟宏乃一衰世人物，又沉浸於當時清談學派之氛圍中，故其思想，多融會莊老道家，而究不失爲以儒術爲其思想體系之主幹。如云：

夫江湖所以濟舟，亦所以覆舟。仁義所以全身，亦所以亡身。然而先賢玉摧於前，來哲攘袂於後，豈非天懷發中，而名教束物者乎？

此謂「仁義亡身」，即莊子外篇駢拇之旨也。然宏雖承認莊老一派所陳仁義亡身之事實，而其人生態度，則確然仍宗儒家，乃謂「天懷發中，名教束物」，是即仁義發於天懷，名教本之性眞也。故使內外夾持，殺身成仁，舍生取義，其人其事，遂得不絕迹於斯世。斯正人道之可貴，不得以此轉譏於仁義。此卽中庸「天命之謂性，率性之謂道，修道之謂教」之遺意也。故宏又曰：

身雖可亡，道不可隕。（世說文學篇注引晉陽秋）

則其取捨從違之間，辭旨凜然矣。

然宏畢竟處衰世，乃不能無取於莊老。故曰：

時方顛沛，則顯不如隱。萬物思治，則默不如語。是以古之君子，不患弘道難，患遭時難。遭時匪難，遇君難。故有道無時，孟子所以咨嗟。有時無君，賈生所以垂泣。夫萬歲一期，有志之通塗。千載一遇，賢智之嘉會。遇之不能無欣，喪之何能無慨。

史稱宏生性彊正亮直，「雖被桓溫禮遇，至於辯論，每不阿屈，故榮任不至。」斯其所以寄慨之尤深歟？

二

自晚漢以來，人物臧否，特爲時尚。宏有詠史之作，惜已不傳。世說文學篇注：「宏以夏侯泰初、何平叔、王輔嗣爲正始名士，阮嗣宗、嵇叔夜、山巨源、向子期、劉伯倫、阮仲容、王濬沖爲竹林名士，裴叔則、樂彥輔、王夷甫、庾子嵩、王安期、阮千里、衛叔寶、謝幼輿爲中朝名士。」惜其所評論，文俱不傳；隻鱗片爪，偶見於後世類書所引，(御覽四百四十七，七賢序。)仍不足以見其評騭進退之大意。史稱宏爲大司馬桓溫府記室，爲東征賦，賦末列稱過江諸名德，而獨不載桓彝。伏滔先在溫府，與宏善，苦諫之，宏笑而不答。溫甚忿，不欲顯問。游山飲歸，命宏同載，眾爲之懼。行數里，問宏：「聞君作東征賦，多稱先賢，何故不及家君？」又宏賦不及陶侃，侃子胡奴，嘗於曲室抽刃問宏：「家公勳跡如此，君賦云何相忽？」宏雖仗捷譎，皆獲避禍，然其不能直情徑辭，事亦可想。故又曰：

仁義不可不明，則時宗舉其致。生理不可不全，故達識攝其契。相與弘道，豈不遠哉？

故宏之自表見，僅在文史；而用心尤至者，則爲其後漢紀。至其對於當世臧否，則無可得而深論也。

三

宏之後漢紀，特多論贊，可以備見其論史之宗指。扼要言之，厥有兩端：一曰名教，二曰性理。「名教」二字，近起於晉，樂廣所謂「名教中自有樂地」也。宏之論史，於名教尤所重視。其後漢紀自序有云：

夫史傳之興，所以通古今而篤名教也。丘明之作，廣大悉備。史遷剖判六家，建立十書，非徒紀事而已。信足扶明義教，網羅治體。然未盡之。荀悅才智經綸，足為嘉史，所述當世，大得治功，已矣。然名教之本，帝王高義，韞而未敍。今因前代遺事，略舉義教所歸，庶以宏敷王道，彌前史之闕。

則宏之重視名教之意可見。宏又稱名教爲「義教」，名卽義也。孟子曰：「惻隱之心，仁之端也。羞惡之心，義之端也。」若援宏說，則惻隱羞惡，卽「天懷發中」也；立名仁義，本以爲教，卽是「名教束物」矣。故立名所以見義，而名之由立，實本人心。宏又說之曰：

夫名者，心志之標榜也。故行著一家，一家稱焉。德播一鄉，一鄉舉焉。故博愛之謂仁，辨惑之謂智，犯難之謂勇。因實立名，未有殊其本者也。太上遵理以修實，理著而名流。其次存名以為己，故立名而物懟。最下託名以勝物，故名盛而害深。故君子之人，洗心行道，唯恐德之不修，義之不高。崇善非以求名，而名彰於外。去惡非以邀譽，而譽宣於外。夫然，故名盛而人莫之害，譽高而世莫之爭。

此節最可注意者有兩語：一曰「名者心志之標榜」，可見一切人文社會名義之建立，推求本原，皆出於人類心志之自然，卽所謂「天懷發中」也。其次，宏謂「太上遵理以修實，理著而名流」，則

「理」者，卽是天懷發中之本。中庸曰：「天命之謂性，率性之謂道，修道之謂教。」魏晉以下，喜用「理」字，而宏此處「理」字所指，卽猶是「天命」與「性」。故遵理在前，流名在後。如「博愛之謂仁」，博愛卽人之天性，亦卽是天之所命，是卽理也。遵此博愛之理，見之實事實行，乃因實立名，始謂之仁。則理卽自然，名亦自然。仁義旣出於自然之性理，仁義亦何害？魏晉時人思想，大體頗求參酌莊老，而匯歸之於孔孟。宏之此說，正見當時風氣。惟宏之所造詣，較之同時，特尤見爲深美耳。

四

觀於上引，闡述宏意，可由「名教」而貫通於「性理」。蓋性理卽名教之本，亦義教所歸也。宏又曰：

夫生而樂存，天之性也。困而思通，物之勢也。愛而效忠，情之用也。故生苟宜存，則四體之重，不可輕也。困必宜通，則天下之欲，不可去也。愛必宜忠，則北面之節，不可廢也。此三塗者，其於趣舍之分，則有同異之辨矣。統體而觀，亦如天人之理也。

夫生必樂存，困必思通，愛必效忠，此皆人性自然。性出天賦，故此樂存、思通、效忠之事，皆即「天人之理」。宋儒謂「性即理」，此義魏晉人遠已言之，如宏亦其證矣。故如宏之說，即謂一切人事，一切歷史演變，皆由天理、人性爲之本原，固無不可。先秦莊老道家，特揭自然的歷史觀，反議儒家，謂儒家主張一切人文建設，皆違背自然；宏變其說，重建一種性理的歷史觀，爲儒家迴護，謂性理即自然；若人文建設一皆本之性理，即無背自然也。郭象注莊，亦特申此旨。惟象特玄言之，而宏之論史則實言之，然其蘄於匯通儒、道則一也。

宏又綜貫性理與名教而一言之，以推極於治道。其言曰：

夫稱至治者，非貴其無亂，貴萬物得所而不失其情也。言善教者，非貴其無害，貴性理不傷，性命咸遂也。故治之興，所以道通羣心，在乎萬物之生也。古之聖人知其如此，故作為名教，平章天下。天下既寧，萬物之生全也。保生遂性，久而安之，故名教之益萬之情大也。當其治隆，則資教以全生。及其不足，則立身以重教。夫道衰則教虧，幸免同乎苟生。教重則道存，滅身不為徒死。所以固名教也。汙隆者，世時之盛衰也。而教道不絕者，任教之人存也。夫稱誠而動，以理為心，此情存乎名教者也。內不忘己，以□為身，此利名教者也。情於名教者少，故道深於千載。利名教者衆，故道顯於當年。統體而觀，斯利名教之所取也。

此處兼言「性理」與「性命」。「命」爲性之所由始，「理」爲性之所由見，非「命」則性無所稟，非「理」則性無可見，故以性理、性命並言。所貴於治道者，卽貴其不傷性理，使羣生性命咸遂，而名教則由性理而作。「保生遂性」，乃莊老所喜言，顧不知名教之與治道，卽所以使人得保生遂性也。「稱誠而動，以理爲心」，卽「率性之謂道」也。「情名教」與「利名教」，則「生知安行」與「學知利行」之別也。莊老言自然率性，其流至於反對政治與教化。在宏之意，則治與教之緣起，皆本自然天性；而其呈效於人文社會者，亦卽所以保遂其自然與天性也。

宏又一貫性理與名教而暢言之，其言曰：

> 夫君臣父子，名教之本也。然則名教之作，何為者也？蓋準天地之性，求之自然之理，擬議以制其名？因循以弘其教，辨物成器，以通天下之務者也。未有違夫天地之性，而可以序定人倫；失乎自然之理，而可以彰明治體者也。

然則「名」與「教」，正準之「理」與「性」而立。立君臣、父子之名而教忠教孝，人文社會之有君臣、父子之倫，正自自然生，正是因循於生理之自然也。

五

宏之爲說，又有專本於「理」字以言治化者。如曰：

夫物有方，事有類。陽者從陽，陰者從陰。本乎天者親上，本乎地者親下，則天地人物，各以理應矣。故干其一物，是虧其氣；所犯彌衆，所以寒暑不調，四時失序，蓋由斯也。古之哲王，知治化本於天理，陶和在於物類，故道之德禮，威以刑戮，使賞必當功，罰必有罪；然後天地羣生，穆然交泰。故斬一木，傷一生，有不得其理，以為治道未盡也，而況百姓之命乎？

「天理」二字，本始樂記，而魏晉人屢言之，不俟宋儒始盛言天理也。宏謂「治化本於天理」，此即就莊老治化當本自然之旨而轉深一層說之，斯確然見其爲儒義矣。

宏亦有專本於「性情」以言治化者。其言曰：

夫人生，合天地之道，感於事動，性之用也。故動用萬方，參差百品，莫不順乎道、本乎情性者也。故因其所弘則謂之風，節其所託則謂之流。自風而觀，則同異之趣可得而見。以流而尋，則好惡之心於是乎區別。是以古先哲王，必節順羣風而導物，為流之塗而各使自盡其業，故能班敍萬物之才以成務，經綸王略，直道而行者也。中古陵遲，斯道替矣。上之才不能以至公御物，率以所好求物。下之人不能博通為善，必以合時為貴。故一方通而羣方塞矣。夫好通惡塞，萬物之情也。背異傾同，世俗之心也。中智且猶不免，而況常人乎？故欲進之士，靡然嚮風，相與矯性違眞，以徇一時之好；故所去不必同而不敢暴，則風俗遷矣。

宏之此節，蓋謂一切治化本原，皆當順於人之性情而善爲節導，俾使各盡所業，以共成天下之務。故治化本於天理，卽是直道而行。若背於此義，「在上者不以至公御物，而以所好求物」，此乃一種權力政治；而在下者乃仰覘上之所好而揣摩趨附以求合，此乃一種功利世習。此莊子外篇在宥所謂「將使天下之人淫其性，遷其德，而不安其性命之情」者。然此非謂人文社會卽可根本不需治化，乃謂治化之失其本原大義而致然也。

六

宏乃繼此而言爲治立法之大義，其言曰：

自古在昔，有治之始，聖人順人心以濟亂，因去亂以立法。故濟亂所以為安，而兆眾仰其德；立法所以成治，而民氓悅其理。是以有法有理，以通乎樂治之心，而順人物之情者。豈可使法逆人心，而可使眾兆仰德；治與法違，而可使民氓悅服哉？由是言之，資大順以臨民，上古之道也。通分理以統物，不易之數也。商鞅設連坐之令以治秦，韓非論捐灰之禁以教國，而修之者不足濟一時，持之者不能以經易世。何則？彼誠任一時之權利，而不通分理之至數也。故論法治之大體，必以聖人為準格。聖人之所務，必以大道通其法。非理分而可以成治者，未之聞也。推此以治，雖愚悖凶戾者，猶知法治所以使之得所而安其性者也。故或犯法逆順、亂倫反性者，皆眾之所疾，而法之所以加。是警一人而千萬人悅，則法理之分得也。夫然則上下安和，天下悅服，又何論於法逆於理、理與法違哉？

宏意謂一切法制，皆當順人情，通分理。所謂「分理」者，即是人之才性各異，情趣分別，職業多歧。若能本此立法，則法固可以濟亂，可以安眾。是則非法不當重，乃逆情違理之法之不可有也。

宏既論法，又論刑，其言曰：

夫民心樂全而不能常，蓋利用之物懸於外，而嗜慾之情動於內也。於是有進取陵競之行。希求放肆不已，不能充其嗜慾，則苟且僥倖之所生，姦偽忿怒之所興。先王欲救其弊，故先以德禮陶其心。其心不化，然後加以刑辟。德、刑之設，參而用之者也。夫殺人者死，而相殺者不已，是大辟可以懲未殺，不能使天下無殺；黥劓可以懼未刑，不能使天下無刑。故將欲止之，莫若先以德禮。夫罪過彰著，然後入於刑辟，是將殺人者不必刑也；縱而不死，則陷於刑辟矣。故刑之所制，在於不可移。禮教則不然。明其善惡，所以潛勸其情，消於未然也。示以恥辱，所以內化其心，治之未傷也。故過微而不至於著，罪薄而不及於刑也。終入辜辟，非教化之所得也，故雖殘一物之生，刑一人之體，是除天下之害，夫何傷哉？率斯道也，風化可以漸淳，刑罰可以漸少，其理然也。苟不化其心，而專任刑罰，民失義方，動陷刑網，求世休和，焉可得哉？

魏晉學者，精言刑法，宏之此論，彌見粹深。昔司馬遷謂：「申韓卑卑，循名責實，原於莊老。」若如宏所指，先之以禮教，而德、刑參用，則何致流於申韓之慘酷乎？宏亦深通莊老道家精神，乃能挽而會通之於儒術，則其識超出於韓非之徒遠矣。

宏又本此旨而言禮，其言曰：

禮，古之帝王所以篤化美俗，率民為善者也。因其自然而不奪其情，民猶有不及，而況毀禮止哀，滅其天性乎？

宏謂禮亦因乎自然，本乎天性，所見卓矣。則又焉有所謂「禮者忠信之薄而亂之首」，而又復何有乎「禮法豈爲吾輩設」之說乎？

宏又本此以言樂。其言曰：

樂之為用，有自來矣。末世制作，不達音聲之本，感物乖化，失序乎情性之宜，故雖鐘鼓不足以動天地，金石不足以感人神；因輕音聲之用，以忽感導之方，豈不惑乎？善乎嵇生之言音聲曰：古之王者，承天理物，必崇簡易之教，仰無為之理，君靜於上，臣順於下，大化潛通，天下交泰；羣臣安逸，自求多福，默然化道，懷忠抱義，而不覺其所以然也。和心足於內，則美言發於外。故歌以敍志，舞以宣情。然後文之以采章，昭之以風雅，播之以八音，感之以太和。導其神氣，養而就之；迎其悅情，致而明之；使心與理相順，言與聲相應，合乎會通，以濟其美。故曰：「移風易俗，莫善於樂。」然樂之為體，以心為主，故無聲之樂，民之父母也。夫音聲和，此人情所不能已者也。是以古人知情不可放，故抑其所通。知慾不可絕，故因以致殺。故為可奉之禮，制可遵之聲也。口不盡味，耳不極音，揆始之中，為之檢則，使遠近同風而不竭。亦所以結忠信，著不遷也。

然則禮樂皆出於自然，皆本乎情性，爲言治化者所不可忽。尤其引嵇康叔夜之言，聲無哀樂，以心爲體，和樂之興，上通天理；此皆魏晉人嘉言旨論，固不得與清談放蕩一概輕之也。

七

宏又本禮樂而言風俗，別華夷。其言曰：

夫民之性也，各有所稟。生其山川，習其土風。山川不同，則剛、柔異氣。土風乖，則楚、夏殊音。是以五方之民，厥性不均。阻險平易，其俗亦異。況乃殊類絕域不賓之族，以其所稟受有異於人，先王故分其內外，阻以山川。夫中國，德禮陶鑄，為日久矣。有一士一民，不行先王之道，必投之四裔，以同殊類。今承而內之，以亂大倫，違天地之性，錯聖人之化，不亦弊乎？昔伊川之祭，其禮先亡，識者觀之，知其必戎。況西羌、北狄，雜居華土？嗚呼！六夷之有中國，其漸久矣！

此條因孝明納西羌降種而發。宏生值五胡侵佔中原，故言此尤沈痛。然其謂禮樂治教，當一本民性，而民性互異，則由於山川殊域，土風異宜；此皆深爲明通之論，固非如莊老所謂建德之邦、赫胥氏之世，僅馳玄想，所能比擬矣。先秦莊老道家，一本其尊重自然之說，於治化、禮樂、法制，皆所輕反，徒遊心於有史以前無證之幻想。今宏則切據史事，既承襲莊老尊重天性自然之旨，而一一爲治化禮法開陳新義，挽以重反之於儒術。兩漢以來，剴切深明，蓋未有也。

宏又進而言政治上之物質建設，儀文節制之事。其言曰：

昔聖人興天下之大利，除天下之大患，使天下之民，各安其性命，而無夭昏之災。是以天下之民，親而愛之，敬而尊之。故為之宮室，衞以垣牆。為之旗旌，表以服章。自民之心，而天下所欲為，故因而作制，為之節文。始自衣裳，至於車服，各有品數。盡其器用，備物而不以為奢，適務而不以為儉。末世之主，行其淫志，崇屋而不厭其高，玄黃而未盡其飾。於是民力殫盡，而天下咸怨。

此其爲說，頗近荀卿。惟荀卿立論，似偏就政治體制言，宏則就爲政者之興利除害，得民尊親而樂爲以爲言，則較荀尤深允矣。蓋荀主性惡，旨重戡天，矯枉過正，力求反道家之說，而不悟其轉陷於褊狹也。

宏又進而論治道之不能以無主，其言曰：

書稱「協和萬邦」，易曰「萬國咸寧」，然則諸侯之治建於上古，未有知其所始者也。嘗試言之，曰：夫百人聚，不亂則散；以一人為主，則斯治矣。有主則治，無主則亂，故分而主之，則諸侯之勢成矣。總而君之，則王者之權定矣。然分而主之，必經綸而後寧。總而君之，必統體而後安。然則經綸之方，在乎設官分職，因萬物之所能。統體之道，在乎至公無私，而天下均其欲。故帝王之作，必建萬國而樹親賢，置百司而班羣才，所以不私諸己，分其力任。雖富有天下，綜理不過王畿。故眾務簡而才有餘，所任輕而事不滯。秦有天下，毀廢五等，傾天下之珍，以奉一身之欲。舉四海之務，以關一人之聽。故財有餘而天下分，怨不理而四海叛。由此觀之，五等之治，歷載彌長。雖元首不康，諸侯不為失政。一國不治，天下不為之亂。故時有革代之變，而無土崩之勢。郡縣之立，禍亂實多。君無常君之民，尊卑迭而無別，去來似於過客。人務一時之功，家有苟且之計。機務充於王府，權重弁於京師。是以閭閻不淨，四海為之鼎沸。天綱一弛，六合為之窮兵。夫安危之勢著於古今，歷代之君，莫能創改，欲天下不亂，其可得乎？

此因政治必戴元首，而特推衆建諸侯之美。蓋有鑒於秦、漢以來，王室積禍，故鮑敬言有「無君」之論，而宏則不爲偏激，深觀史變，而主封建。封建卽分權，卽宏之所謂「經綸」也。此後晚明大儒顧炎武、顏元之流，亦有鑒於明室之驟亡而議主封建。尋其爲論，亦無以踰乎宏之所陳也。宏既主衆建諸侯，因亦主「弗勤遠略」。然此實非老子「小國寡民」之説，乃儒家傳統「内中國而外夷狄」之遺旨也。其言曰：

古之有天下者，非欲制御之也，貴在安静之。故修己不求於物，治内不務於外。自小至大，自近及遠，樹之有本，枝之有葉，故郊畿固而九服寧，中國實而四夷賓。夫唐虞之盛，正朔所及，五千而已。三代建國，弗勤遠略。岐、邠、江、淮之間，習其故俗。朔野遼海之域，戎服不改。君臣泰然，不以區宇為狹。故能天下乂安，享國長久。至於秦、漢，開其丘宇，方於三五之宅，故以數倍矣。然顧瞻天下，未厭其心。乃復西通諸國，東略海外。故地廣而威刑不制，境遠而風化不同。禍亂薦臻，豈不斯失？故域外之事興，僥倖之人至矣。

此節因論班超而發。晚近西歐帝國主義之勃興，若以中國儒家義繩之，斯亦「徼倖之人」鼓動生事，爲王道所不取。而帝國基業，亦終不可久。豈非以「地廣而威刑不制，境遠而風化不同」之所限乎？

八

宏論政權分合，國制大小，義具上引。又論君權轉移，深闡禪讓與革命之皆出於自然。其言曰：

夫君位，萬物之所重，王道之至公。所重在德，則弘濟於仁義。至公無私，故變通極於代謝。古之聖人，知盛衰有時而然，故大建名教以統羣生，本諸天人而深其關鍵。以德相傳，則禪讓之道也。暴極則變，則革代之義也。廢興取與，各有其會。因時觀民，理盡而動。有德之興，靡不由之。

就政治職分論其大義，則君位亦一職也。失職自當易位，此正治化之天理。在中國，固無君權神聖、萬世一統之說；然君位既萬物所重，則君理不盡，固未可輕率而擬議之。宏之此節，因魏文代漢而發。雖曰：「君理既盡，雖庸夫得自絕於桀紂。」而謂：「漢德未衰，以不可取之實，而冒揖讓之名。因輔弼之功，而當代德之號。欲比德堯舜，豈不誣哉？」自今平心論之，宏所云云，要是當時正議，不得以近代人見解，謂其助長君權也。

宏論君位君權之轉移，其說具如上述。又論舉賢，謂：

夫帝王之道，莫大於舉賢。舉賢之義，各有其方。班爵以功，歷試而進，經常之道也。若大德奇才，可以光昭王道，弘濟生民，雖在泥塗，超之可也。

既論舉賢，又論任賢，其言曰：

夫金剛水柔，性之別也。員行方止，器之異也。故善御性者，不違金水之質。善為器者，不易方圓之用。物誠有之，人亦宜然。故肆然獨往，不可襲以章服者，山林之性也。鞠躬履方，可屈而為用者，廟堂之材也。是以先王順而通之，使各得其性，故有內外隱顯之道。為末世陵遲，治亂多端，隱者之作，其流眾矣。或利競滋興，靜以鎮世。或時難迍邅，處以全身。或性不和物，退以圖安。或情不能嘿，卷以避禍。有道之君，皆禮而崇之，所以抑進取而止躁競也。嗚呼！世俗之賓，方抵掌而擊之，以為譏笑，豈不哀哉！

宏生於衰亂，特倡崇隱之說。伯夷之淸，伊尹之任，其有關世道一也。中國史上乃特有隱士一流，其於亂世，所以維繫世運，保全生民之元氣者，貢獻實大。若爲治者僅知任賢，而忽於尊隱，是猶知其一而昧其一耳。隱淪之風，若汲於莊老道家言爲多。宏之斯論，會通儒、道，斟酌兩盡，厥識卓矣。至於嵇康被禍，嵇紹復出，凡此之類，居亂世而不獲遂其隱退之情，而終以遭殺身之禍者，斯尤宏之所以致深慨也。

宏論舉賢，又論選善，其言曰：

> 夫稱善人者，不必無一惡。言惡人者，不必無一善。善不絕惡，故善人務去其惡。惡不絕善，故惡人猶貴於善。夫然，故惡理常賤，而善理常貴。苟善理常貴，則君子之道存也。善義之積，一人之身耳，非有萬物之助，而天下莫敢違，豈非道存故也！古之帝王，恐年命不長，懼季世之陵遲，故辨方設位，明其輕重，選羣臣之善，以為社稷之寄；蓋取其道存，能為天下正。嗚呼！善人之益，豈不大哉！

論語：「政者正也。」莊子曰：「受命於天，惟舜獨也正。幸能正生，以正衆生。」宏主爲政者選善以爲天下正，此亦其眞能會通儒、道以立說之一端也。

九

凡宏論政，其犖犖大端，粗備上引。宏又綜論上古以迄季漢歷代政治風俗之利弊得失，而具陳其理想。其言曰：

古之為政，必置三公以論道德，樹六卿以議庶事。百司箴規諷諫，閭閻講肄，以修明業。於是觀行於鄉閭，察議於親隣，舉禮於朝廷，考績於所蒞。使言足以宣彼我，而不至於辯也。義足以通物心，而不至於為佞也。學足以通古今，而不至於為文也。直足以明正順，而不至於為狂也。野不議朝，處不談務，少不論長，賤不辯貴，先王之教也。傳曰：「不在其位，不謀其政。」「天下有道，庶人不議。」此之謂矣。苟失斯道，庶人干政，權移於下，物競所能，人輕其死，所以亂也。

此節乃有感於季漢黨錮之禍而發。誠主政治職分論者，其理想之政府，固必至此，斯在下者自將無所議於上。庶人之議，亦在上之失職有以致之。即如近代西方民主政治之興起，苟使彼時爲政者，不失其應盡之責任，亦何致舉國騷動，王侯尊貴，一時齊上斷頭臺；而社會羣眾死者，舉國量若蕉乎？是則所謂「庶人不議」，僅以測政府盡職之所至，固非阻抑物情，禁防輿論，以便專制暴政之得以長肆於民上也。

莊老言自然，其所貴者有二：首在「順安性命之情」，次則「因應時會之變」。此二義者，雖懸百世，莫可與易。宏之論政，大率本此兩義。順性之說，前引具詳。其論因時隨變，亦有卓識。其言曰：

會通異議，質文不同。何邪？所遇之時異也。夫弈者之思，盡於一局；聖人之明，周於天下。苟一局之勢未嘗盡同，則天下之事豈必相襲哉？經籍者，寫載先聖之軌迹者也。聖人之迹不同如彼，後之學者，欲齊之如此，焉可得哉？故曰：「詩之失愚，書之失誣，易之失賊，禮之失煩，春秋之失亂。」不可不察。聖人所以存先代之禮，兼六籍之文，將以廣物慣心，通於古今之道。今去聖人，幾將千年，風俗民情，治化之術，將數變矣，而漢初諸儒，多案春秋；春秋之中，復有同異；是非之倫，不可勝言。六經之道不可得詳，而治體云為遷易無度矣。昔仲尼沒而微言絕，七十子喪而大義乖。諸子之言，紛然殽亂。太史公談判而定之，以為六家。班固演其說而明九流。觀其所由，皆聖王之道也。支流區別，各成一家之言。夫物必有宗，事必有主，雖治道彌綸，所明殊方，舉其綱契，必有所歸。尋史談之言，以道家為統；班固之論，以儒家為高。二家之說，未知所辨。嘗試論之曰：先王教化之道，居極則玄默之以司契，運通則仁愛之以教化。故道明其本，儒言其用，其可知也。陰陽，名，法，墨，斯乃隨時之迹，總而為治者也。後之言者，各演一家之理，以為天下法，儒、道且猶紛然，而況四家者乎？夫為棺椁，遂有厚葬之弊；喪欲速朽，亦有棄尸之患。因聖人之言迹，而為支辯之說者，焉可數哉？

蓋古之良史，莫不賅貫古今，兼通百家，然後可以立一定見，而憑之進退人物，臧否治道，以勒成一代之信史，而懸爲後世之龜鑒。孔子春秋尚矣。繼此有述，如司馬氏論六家要指，班氏述九流得失；此皆良史之才，夫豈偶焉而已。宏之此節，蓋自附於孔子、馬、班之遺意，所謂「道明其本，儒言其用」，一部東漢紀，卽本此作。凡本篇所稱引，其論議評騭，皆此二語可以賅之。此亦袁氏一家之言也。范曄後漢書，特汲其餘緒。而陳壽三國志，則距此尤遠。後世特以宏書有紀無傳，不獲預於正史之列，遂忽而輕之。然此乃著書體製，非關史識也。其論經籍，謂是「寫載先王之軌迹」，此卽後世所謂「六經皆史」，莊子所謂「古人之糟粕」。又曰：「六經先王之陳迹，而非其所以迹。」以此較之漢儒尊經，豈不卓出遠甚乎？夫尚論古代學術者，必先六經，次百家。司馬遷著史記，自謂聞之董生，本原春秋，其意在以史代經，而發明其所以迹。故班氏分別九流，司馬史記列六藝春秋略。則經卽舊史，史卽新經，此惟馬、班下迄於宏，抱此宏旨，而後無嗣響矣！爰就宏言，粗爲部勒。欲治中國政治思想史、中國史學史者，皆可取材。至於尚論魏晉學術思想，此尤卓然成一家之言，不當忽而不顧也。

（此稿成於一九五五年，刊載於是年十一月民主評論六卷二十二期。）

讀文選

一

建安時代在中國文學史上乃一極關重要之時代，因純文學獨立價值之覺醒在此時期也。詩書以下迄於春秋乃及諸子百家言，文字特以供某種特定之使用，不得謂之純文學。純文學作品當自屈子離騷始。然屈原特以一政治家，忠愛之忱不得當於君國，始發憤而爲此。在屈原固非有意欲爲一文人，其作離騷，亦非有意欲創造一文學作品。漢代如枚乘、司馬相如諸人，始得謂之是文人；其所爲賦，亦可謂是一種純文學。然論其作意，特以備宮廷帝王一時之娛，而藉以爲進身之階，仍不得謂有一種純文學獨立價值之覺醒存其心中也。

我所謂純文學獨立價值之覺醒，當於魏文帝曹丕之典論論文得其證。典論論文之言曰：

> 蓋文章，經國之大業，不朽之盛事。年壽有時而盡，榮樂止乎其身，二者必至之常期，未若文章之無窮。是以古之作者，寄身於翰墨，見意於篇籍，不假良史之辭，不託飛馳之勢，而身名自傳於後。

此始可謂是文學獨立價値之覺醒。試以陳思王曹植與楊德祖書所言較之，便見意境迥不相侔。書謂：

> 辭賦小道，固未足以揄揚大義，彰示來世也。昔揚子雲，先朝執戟之臣耳，猶稱壯夫不為也。吾雖薄德，位為蕃侯，猶庶幾戮力上國，流惠下民，建永世之業，流金石之功；豈徒以翰墨為勳績，辭賦為君子哉！若吾志未果，吾道不行，將采庶官之實錄，辯時俗之得失，定仁義之衷，成一家之言。雖未能藏之於名山，將以傳之於同好。

此乃一種傳統意見，惟認經史百家言爲有價値，不認純文學作品之同樣有價値也。楊德祖答書，頗持異議，謂：

> 今之賦頌，古詩之流，不更孔公，風雅無別耳。脩家子雲，老不曉事，彊著一書，悔其少作。若此，仲尼、周旦之疇，為皆有諐耶？君侯忘聖賢之顯迹，述鄙宗之過言，竊以為未之思也。

若乃不忘經國之大美，流千載之英聲，銘功景鐘，書名竹帛，斯自雅量素所蓄也，豈與文章相妨害哉？

足徵文章一觀念，其時已漸臻獨立，堪與功業著作鼎峙匹對矣。

文章觀念既漸臻獨立，斯必進而注意文章之獨特體性與其獨特技巧；此亦在魏文帝典論論文始發其旨。其言曰：

夫文，本同而末異。蓋奏議宜雅，書論宜理，銘誄尚實，詩賦欲麗；此四科不同，故能之者偏也。唯通才能備其體。

又曰：

文以氣為主。氣之清濁有體，不可力彊而致。譬諸音樂，曲度雖均，節奏同檢，至於引氣不齊，巧拙有素，雖在父兄，不能以移子弟。

此分文章爲四科，曰奏議，曰書論，曰銘誄，曰詩賦，是卽後世所謂散體文與詩歌辭賦之兩大類；而自詩、書以下，春秋、史記諸子百家言顧皆不預。此非文章觀念漸臻獨立之又一明證乎？文章既有獨特之體，斯必有其獨特之性，魏文帝專拈一「氣」字說之，又以音樂爲譬，於是文章遂成爲一種獨特之藝術，有其獨特之技巧。此義前人所未道，故曰純文學獨特價値之覺醒在此時也。

故魏文帝典論論文在中國文學史上，實具有莫大貢獻。文學本身具有不朽價値之明白主張，一也。開始提出文章之分體觀，又指出各體文章之主要體性，即間接提供文章技巧之主要秘密，而遂確切奠定文學之藝術意義，二也。然建安文學之所以成其爲一種開創，亦必至是而始得以純文學作品目之者，則尚有故，請更引伸而備論之。

二

蓋建安文學之所由異於其前者，古之爲文，則莫不於社會實際世務有某種特定之應用，經史百家皆然，故古有文章而無文人。下逮兩漢，前漢有儒林，無文苑。賈、董、匡、劉皆儒生也。惟鄒、枚、司馬相如之徒，不列儒林。是先已有文人之格，而尚無文人之稱。文苑立傳，事始東京，至是乃有所謂文人者出現。有文人，斯有文人之文。文人之文之特徵，在其無意於在人事上作特種之施用。即如上舉奏議、書論、銘誄、詩賦四者，亦多應事成篇，尚非專一純意於爲文，亦尚非文人之文之至者。其至者，則僅以個人自我作中心，以日常生活爲題材，抒寫性靈，歌唱情感，不復以世用攖懷。是惟莊周氏之所謂「無用之用」，荀子譏之，謂其「知有天而不知有人」者，庶幾近之。循此乃有所謂純文學。故純文學作品之產生，論其淵源，不如謂其乃導始於道家。如一遵孔、孟、荀、董舊轍，專以用世爲懷，殆不可有純文學。故其機運轉變，必待之東漢。至建安，乃始有彰著之特姿異采呈現也。

所謂建安文學之特姿異采，可舉魏武帝曹操述志令爲例。詔令一體，其在兩漢，莊嚴樸重，辭不風華，語忌佻易，此帝王廟堂體製也。至魏武作述志令，論其當時之地位，既已身爲丞相，三子封侯，貴冠羣倫；其作爲令，亦以告其僚屬，正猶古者詔誥之體；而魏武乃自述平生志願身世，辭繁不殺，宛轉如數家常，自稱「欲傳道我心」，又曰「懇敍心腹，所言皆肝鬲之要」。此始成其爲一種文人之文。雖亦用之於政令，而文體實屬新創。此蓋其時風尚意態之變之影響於文運則然耳。

其次可徵建安文學之特姿異采者，可舉王粲登樓賦爲說。漢人作賦，其先特承襲戰國縱橫策士遺風，鋪張形勢，誇述榮強，所以歆動人主，別有期求。其下者，又濟之以神仙長生，歌舞醴醪，馳騁畋獵之娛，狗馬聲色之奉。大體不越於是矣。漢之初興，天下未定，其時則有蒯通之徒。逮及文、景，諸侯王驕縱，吳、梁、淮南盛招賓客，乃有鄒陽、枚乘之輩。司馬相如由蜀赴梁，遂承其風而通其術，而爲之更益閎麗。武帝嘗讀其子虛賦而善之，訪求相問，相如曰：「此諸侯之事，不足觀，請爲天子遊獵之賦。」於是乃賦上林。蓋由列國策士，轉成宮廷清客。其所爲，主要在爲皇朝作揄揚鼓吹，爲人主供怡悅消遣；僅務藻飾，不見內心。揚雄亦蜀人，慕效其鄉先輩司馬長卿之所爲，聿來漢廷，賦甘泉，賦長楊；然已時移世易，成、哀之衰微，豈能與武帝一朝如日中天之比？無怪子雲晚而悔之，既閣筆不復爲辭賦，乃下簾寂寂，模論語作法言，效易草太玄。是徵子雲雖擅文人之筆，而乏文人之趣。彼似不知文人之自有天地，自有園囿。章如愚羣書考索謂：「雄之太玄、法言，蓋亦長楊、校獵之流，而粗變其音節。」此評可謂苛而深矣。

東漢班孟堅繼起，時當漢室重光，乃賦兩都，其言曰：

今論者但知誦虞夏之書，詠殷周之詩，講義文之易，論孔氏之春秋，罕能精古今之清濁，究漢德之所由。

又曰：

賦者，古詩之流也。昔成康沒而頌聲寢，王澤竭而詩不作。大漢初定，日不暇給。至於武宣之世，乃崇禮官，考文章，內設金馬、石渠之署，外興樂府、協律之事，以興廢繼絕，潤色鴻業。言談侍從之臣，若司馬相如、虞丘壽王、東方朔、枚皋、王褒、劉向之屬，朝夕論思，日月獻納；而公卿大臣御史大夫倪寬，太常孔臧，太中大夫董仲舒，宗正劉德，太子太傅蕭望之

> 等，時時間作。或以抒下情而通諷諭，或以宣上德而盡忠孝。雍容揄揚，著於後嗣，抑亦雅頌之亞也。故孝成之世，論而錄之，蓋奏御者千有餘篇，而後大漢之文章，炳焉與三代同風。

班氏所言，意求提高漢賦地位，欲使上娩雅頌，洵所謂「攄懷舊之蓄念，發思古之幽情」矣；而究其所爲，亦不過曰揚緝熙，宣皇風，下舞上歌，蹈德詠仁，僅以爲時王昭代張大光美耳。故班氏之自稱曰：

> 義正乎揚雄，事實乎相如。

子雲仕衰微之朝，而虛騁頌美之辭，故曰義不正。長卿當盛德之世，而徒壯上林之樂，故曰事不實也。

繼班氏而作者，有張平子之賦兩京。尋其意趣，亦不過曰一反陋今榮古之俗，求躋大漢之德馨於上古三代之盛而已。如班、張二人之所爲，姑無論其當否，要之時過境遷，太平不復覩，則頌聲難爲繼。班、張所唱，事必中竭，無可常續，斷不能與雅頌之輔治道者相娩矣。

抑班、張之作，雖曰思古懷舊，力追昔人之前軫，而實有其開新之一面。前漢諸賦，大體多在鋪張揄揚，題材取諸在外；至於班、張，始有敘述自我私生活與描寫一己之內心情志者，如孟堅幽通賦，平子思玄賦；此皆體襲楚騷，義近靈均，此乃班、張作賦之另一面也。而平子歸田一賦，尤爲傑出。在其前者，有班叔皮之北征，曹大家之東征，亦以作者自我私生活爲題材。漢書敍傳稱：桓譚欲借班嗣家書，嗣報曰：「漁釣一壑，則萬物不奸其志。栖遲一丘，則天下不易其樂。」敍傳又稱嗣性好老莊。叔皮嗣之從弟，實亦染道家言。北征之亂曰：

夫子固窮，遊藝文兮。樂以忘憂，惟聖賢兮。達人從事，有儀則兮。行止屈申，與時息兮。

所陳雖本儒訓，情趣實兼聃、周。此風直至建安，乃無弗然。吳質答東阿王，所謂「鑽仲父之遺訓，覽老氏之要言」也。

惠姬承其家學，其東征之亂曰：

君子之思，必成文兮。盍各言志，慕古人兮。先君行止，則有作兮。雖其不敏，敢不法兮。

又曰：

貴賤貧富，不可求兮。正身履道，以俟時兮。脩短之運，愚智同兮。靖恭委命，唯吉凶兮。故慎無怠，思嗛約兮。清靜少欲，師公綽兮。

班氏一門，既薰陶於莊老者至深，故能遊藝述志，蕭然自申於塵俗之外而無所於屈。以此較之馬揚之所爲，亦所謂昂首天外，遊神物表，清濁既別，霄壤斯判。故曰中國純文學之興起，論其淵源，當上溯之於道家言，即此亦其證也。

孟堅幽通賦屢及「道」字，曰：「道混成而自然兮。」又曰：「矧耽躬於道眞。」則孟堅亦承其家學，而沉浸於道家言。其亂曰：

天造草昧，立性命兮。復心弘道，惟聖賢兮。渾元運物，流不處兮。保身遺名，民之表兮。

此亦道家言也。沈約宋書謝靈運傳論，謂：「自漢至魏，四百餘年，辭人才子，文體三變：相如工爲形似之言，二班長於情理之說，子建、仲宣以氣質爲體。」此亦以班氏父子爲前漢至建安中間一過渡也。

平子題標思玄，其宗老子更顯。故曰：

御六藝之珍駕兮，遊道德之平林。結典籍而為罟兮，敺儒、墨而為禽。玩陰陽之變化兮，詠雅頌之徽音。嘉曾氏之歸耕兮，慕歷阪之嶔崟。

其亂曰：

天長地遠歲不留，俟河之清祇懷憂。願得遠渡以自娛，上下無常窮六區。超踰騰躍絕世俗，飄飄神舉逞所欲。天不可階仙夫稀，柏舟悄悄吝不飛。松喬高峙孰能離，結精遠遊使心攜。迴志朅來從玄謀，獲我所求夫何思。

時命迍邅，儒術難施，遂逃而從玄，情趣顯然矣。其尤皎著者在歸田賦。五臣李周翰曰：

衡遊京師，四十不仕。順帝時，閹官用事，欲歸田里，故作是賦。

其辭曰：

遊都邑以永久，無明略以佐時。徒臨川以羡魚，俟河清以未期。諒天道之微昧，追漁父以同嬉。超埃塵以遐逝，與世事乎長辭。仲春令月，時和氣清。原隰鬱茂，百草滋榮。王鴡鼓翼，倉庚哀鳴。交頸頡頏，關關嚶嚶。於焉逍遙，聊以娱情。爾乃龍吟方澤，虎嘯山丘。仰飛纖繳，俯釣長流。觸矢而斃，貪餌吞鉤。于時曜靈俄景，繼以望舒。極盤遊之至樂，雖日夕而忘劬。感老氏之遺誡，將迴駕乎蓬廬。彈五絃之妙指，詠周、孔之圖書。揮翰墨以奮藻，陳三皇之軌模。苟縱心於域外，安知榮辱之所如。

此殆如陶彭澤歸去來辭。沈約宋書謝靈運傳論稱之，曰：「平子豔發，文以情變。絕唱高踪，久無嗣響。」可證文章本乎意境，意境隨乎時事。世運既衰，莊老斯興。用世之情歇，而適己之願張。不供廟堂作頌，乃爲自我抒鬱。作者一己之心情變，而文運亦隨而變。班、張兩家，同在其一身先後之間，而意氣之盛衰，文辭之豐清，可以迥然不同。而莊老道家言，其於此下新文學之關係，亦其證鑿鑿矣。

然大體言之，班、張兩家，題材已新，文體猶舊。藻重則情不彰，辭麗而景不切。馬、揚繁縟，僅求形似，本乏內心；班、張效其體，猶之瓔珞稠披，難於妙舞；鏗鍧雜陳，掩其清音。此正莊生之所譏「文滅質而博溺心」也。故知歸田一賦之清新灑落，如溽暑之候而涼風徐拂之尤爲爽人心脾也。

逮及建安，王仲宣登樓賦一出，而始格貌全新，體態異舊。此猶美人罷宴，卸冠佩，洗芳澤，輕裝宜體，顰笑呈眞。雖若典重有減，而實氣韻生動。自此以降，田野重於廟堂，閨房光於殿閣，題材意境，辭藻體氣，一切皆變。此風一暢，不可復止。昔人亦有言：歡樂之辭難精，憂虞之言易工。梧桐葉落，潭水始清，此亦時代之影響心情、心情之激發文辭者則然也。

抑又有進者。尋班、張二家之作，不意存雅頌，即心冀玄曠。究其識趣所極，不曰詩書，則曰老氏。古人著述，六藝、百家，途轍分明，存著其胸懷間。其辭則倣揚、馬，其情則追孔、老，固未能空所依傍，豁見己眞也。王粲登樓則不然。即就目前之景色，直抒心中之存抱，非經非子，不老不孔，而粹然惟見其爲文人之文焉。宜乎魏文特稱之，曰「仲宣獨自善於辭賦」矣。故曰文學獨立之覺醒，必至建安而始然。因建安爲文，心中若無古人，此尤其長也。章實齋文史通義，必謂著作衰而後有文集；此亦一偏之見，未爲公允之論。然此亦非謂班、張才情於此有不逮，而建安之造詣乃始獨出也。蓋文運之遞變，移步換形，方其未達，雖極智難於強窺；及其旣到，而當時有不知其已然者。此中甘苦，苟能略曉一二，亦庶可以稍息狂瞽者之妄爲主張而輕肆譏評焉耳。

三

然論建安文體，固尚不以此爲極則。竊謂當時新文佳構，尤秀出者，當推魏文、陳思之書札。此等尤屬眼前景色，口邊談吐，極平常，極眞率；書札本非文，彼等亦若無意於爲文，而遂成其爲千古之至文焉。至是而文章與生活與心情，三者融浹合一，更不見隔閡所在。蓋文章之新穎，首要在於題材之擇取，而書札有文無題，無題乃無拘束，可以稱心欲言也。古人書札，亦有上乘絕頂之作，如樂毅之報燕惠王，司馬子長之報任少卿，皆是也。然皆有事乃發，雖無題而有事。建安書牘，乃多並事無之，僅是有意爲文耳。無事而僅爲文，所以成其爲文人之文。文人之文而臻於極境，乃所以成其爲一種純文藝作品也。

然建安諸子，誠已到此境界，卻仍未鮮明擴開此意識。不僅陳思王如此，卽魏文帝亦復如此。故其典論論文，終曰：「惟徐幹能著論成一家言。」又其與吳質書亦曰：「偉長著中論二十篇，成一家之言，辭義典雅，足傳於後，此子爲不朽矣。」魏文屢稱徐幹，又深惜應璩，曰：「德璉常斐然有述作之意，其才學足以著書。美意不遂，良可痛惜。」是魏文心中所追向，亦仍以古人著書成一家言者爲其最高之準則。彼固未嘗確認彼當時所隨意抒寫，傾吐心臆，薄物短篇，若無事爲文者，而終能爲文章之絕唱，亦可與古者一家之言同傳於不朽也。

故建安以下作者繼起，終是結習難祛。爲文以賦爲大宗，爲賦仍自以漢人爲極則。左太沖賦三都，構思十稔，洛陽爲之紙貴，是其證也。陸機文賦有云：

> 誇目者尚奢，愜心者貴當。言窮者無隘，論達者唯曠。詩緣情而綺靡，賦體物而瀏亮。

亮哉斯言。蓋賦以體物，正貴窮言誇目。詩本緣情，乃求曠懷愜心。所謂曠者，乃指心中無事物，無存藏，乃可直覩心眞；而本以爲言，乃有所謂愜心而得當也。陸氏又言之，曰：

課虛無以責有，叩寂寞而求音。函緜邈於尺素，吐滂沛乎寸心。

凡茲所言，皆妙發詩人之深致。若操毫爲賦，何待課虛無、叩寂寞乎？若馬、揚之爲，累牘盈篇，惟堆浮艷，更復於何處覓其方寸之所蘊蓄乎？至如平子歸田，仲宣登樓，正以緣情而有作，豈在象事體物之必窮形而盡相乎？文心不同，題材亦別，後之作者，猶相競以賦體爲之，此所謂舊瓶盛新酒也。

四

然則爲建安文風開先者，當在詩，而非賦。瞭於此義，乃可以論「古詩十九首」之年代。古詩十九首應出東漢，其事確鑿有內證。如曰：

驅車策駑馬，游戲宛與洛。洛中何鬱鬱，冠帶自相索。

又曰：

驅車上東門，遙望郭北墓。

此等詩明出東漢，昔人多已言之矣。至云：

明月皎夜光，促織鳴東壁。玉衡指孟冬，衆星何歷歷。白露霑野草，時節忽復易。秋蟬鳴樹間，玄鳥逝安適。

李善曰：

春秋運斗樞曰：北斗七星，第五曰玉衡。淮南子曰：孟秋之月，招搖指申。然上云促織，下云秋蟬，明是漢之孟冬，非夏之孟冬矣。漢書曰：高祖十月至灞上，故以十月為歲首。漢之孟冬，今之七月矣。

此條若確證此詩應在漢武太初改曆之前。然太初以前，雖以十月爲歲首，而四季之名實未改，此事清儒王引之考之甚詳；則此詩之「孟冬」，蓋是「孟秋」字譌耳。又如曰：

凜凜歲云暮，螻蛄夕鳴悲。涼風率已厲，游子寒無衣。

李善曰：

禮記曰：孟秋之月涼風至。

或者又疑：七月涼風至而云歲暮，似亦太初前以十月爲歲首故云。不悟此詩並不言涼風初至，而云「涼風已厲」；涼風至爲七月，涼風厲豈亦在七月乎？又如曰：

迴風動地起，秋草萋已綠。四時更變化，歲暮一何速。

此若秋草緊接歲暮，而細審仍未是。五臣注呂向曰：

秋草既衰，復盛綠。萋，盛貌。

蓋草衰在秋，復盛萋綠在冬，而草長則在春。此皆不足證古詩十九首有出武帝太初改曆前者。徐陵玉臺新詠以行行重行行、青青河畔草、西北有高樓、涉江采芙蓉、庭中有奇樹、迢迢牽牛星、東城高且長、明月何皎皎八首皆枚乘作。或曰：子又烏以見玉臺新詠之必無據，而此八詩之必非枚乘作乎？曰：治文學史者，首貴能識別時代，又貴能直探各時代作者之文心。西漢正是辭賦時代，世運方隆，作者多氣浮情誇，追慕在外，曾未觸及一己內心深處，又於人生悲涼面甚少體悟。劉勰文心雕龍云：漢成帝品錄樂府詩三百餘篇，不見有五言。竊謂縱云西漢可有五言詩，亦終不能有古詩十九首。古詩十九首乃衰世哀音，迴腸盪氣，感慨蒼涼，鍾嶸詩品謂其「驚心動魄，一字千金」者是也。方其時，絢爛已過，木落潭清，凡屬外面之藻飾鋪張，既已無可留戀，乃返就眼前事，直吐心中話；其意興蕭颯，寄託沈鬱，已開詩人之時代，遠與西漢辭賦蹊徑隔濶。且西漢人心中僅知有黃老，而古詩十九首則轉途向莊老，此又絕不同也。枚乘尚在漢武前，厠身吳、梁游士賓客間，於吳濞驕悖，梁王奢縱，皆有諍諷。景帝曾拜爲弘農都尉。及武帝卽位，又蒲輪徵之，死於道路。此人畢生在政治場中，關心世事。玉臺新詠所隸八詩，皆與其身世經涉社會情況有不類。且乘於當時文士圈中負盛名，爲魁傑。其子枚皋，又入武帝內廷，一時辭賦之士，皆所交游。若乘生前吟此八詩，新體別創，偉辭獨鑄，何其後絕無人焉慕而傚之，埋藏冷落兩百年；必待東漢季世，此種五言詩體乃又一時崛興，與此枚乘八詩，遙相應接乎？此又無説以處者。

朱彝尊曝書亭集書玉臺新詠後，謂：

古詩十九首，以徐陵玉臺新詠勘之，枚乘詩居其八。至驅車上東門，載樂府雜曲歌辭。其餘六首，玉臺新詠不錄。就文選本第十五首而論，「生年不滿百，常懷千歲憂，晝短苦夜長，何不秉燭遊」，則西門行古辭也。古辭：「夫為樂，為樂當及時，何能坐愁怫鬱，而復待來兹」，而文選更之曰：「為樂當及時，何能待來兹。」古辭：「貪財愛惜費，但為後世嗤」，而文選更之曰：「愚者愛惜費，但為後世嗤。」古辭：「自非仙人王子喬，計會壽命難與期」，而文選更之曰：「仙人王子喬，難可與等期。」裁剪長短句作五言，移易其前後，雜糅置十九首中，沒枚乘等姓名，概題曰古詩，要之皆出文選樓中諸學士之手也。

朱氏此辨，極爲無理。一文體之新創，往往可出於幾許不知名人之手，乃益證其天籟心聲，妙出自然。文選所載詩篇，無不備詳作者主名，何獨於枚乘八詩必加以掩沒乎？若謂生年不滿百一首自古辭來，此可謂五言詩與樂府古辭有關係，不知何人裁剪此篇成五言，事亦可有，何必定出文選樓中諸學士乎？至近人梁啟超辨之則曰：

西門行古辭，樂府詩集引古今樂錄，謂據王僧虔技錄古西門一篇，今不傳。然則僧虔時其詩已佚，詩集所錄，乃據樂府解題。但其辭意淺薄，似采古詩十九首添補而成，非古辭。此亦可備一疑，然未見其必然也。

文選又有蘇、李河梁贈別詩，因謂五言始蘇、李。然此諸篇，非蘇、李作，昔人辨者亦多；其辭與蘇、李當時情節甚不符，讀者可以自見，不煩一一詳論。漢書載李陵作歌曰：

行萬里兮渡沙漠，為君將兮奮匈奴。路窮絕兮矢刃摧，士衆滅兮名已隤。老母已死，雖欲報恩將安歸。

以此與河梁詩相較，遠爲近眞。又有班倢妤怨歌行，亦五言，文選李善注引歌錄但稱古辭，故劉勰文心雕龍謂「李陵、班倢妤見疑於累代」也。然則謂五言詩當起東漢，事蓋無疑。

劉勰文心雕龍又曰：

建安之初，五言騰踴。文帝、陳思，縱轡以騁節；王、徐、應、劉，望路而爭馳。

又曰：

> 造懷指事，不求纖密之巧。驅辭逐貌，惟取昭晰之能。是其所同。

故知建安文學，論其精神，實當自當時新興之五言詩來，而並不上承漢賦。「緣情」與「體物」爲代興，亦卽此可證矣。鍾嶸詩品謂：「古詩十九首中去者日以疎、客從遠方來二首，舊疑建安中陳思王所製。」竊謂此實較玉臺新詠以行行重行行等八詩歸之枚乘，遠爲近情也。

五

抑余謂建安詩體驟興，其事與古樂府有關，尚可舉文選所收魏武帝樂府詩兩首爲證。一短歌行四言，其辭曰：

> 對酒當歌，人生幾何。譬如朝露，去日苦多。
> 慨當以慷，憂思難忘。何以解憂，唯有杜康。

青青子衿，悠悠我心。但為君故，沈吟至今。
呦呦鹿鳴，食野之苹。我有嘉賓，鼓瑟吹笙。
明明如月，何時可掇。憂從中來，不可斷絕。
越陌度阡，枉用相存。契濶談讌，心念舊恩。
月明星稀，烏鵲南飛，繞樹三匝，何枝可依。
山不厭高，海不厭深，周公吐哺，天下歸心。

李善注引魏志曰：

武帝從軍三十餘年，手不捨卷，晝則講軍策，夜則思經傳。登高必賦，乃造新詩。被之管弦，皆成樂章。

今按：魏武此詩，乃傚小雅鹿鳴而作也。詩中亦明引鹿鳴舊句。蓋此詩分主客相對敘述。前兩章共八句，乃設爲諸賢居亂世，多抱憂思，故勸其不如飲酒。次三四章共八句，乃武帝自述思賢若渴，故曰「但爲君故，沈吟至今」；今諸賢既集，故鼓瑟吹笙以喜樂之也。下五章四句，又重言居亂世之多憂。六章四句，故貴談讌相存，以恩義相結也。七章述諸賢良禽擇木之意。八章述作者優賢禮士之心。讀者試設身處地，若親入魏武幕府，飲讌之次，聽此樂歌，能無知己感激之意，懷恩圖報之心乎？

又苦寒行五言，其辭曰：

北上太行山，艱哉何巍巍。羊腸阪詰屈，車輪為之摧。樹木何蕭索，北風聲正悲。熊羆對我蹲，虎豹夾路啼。谿谷少人民，雪落何霏霏。延頸長歎息，遠行多所懷。我心何怫鬱，思欲一東歸。水深橋梁絕，中道正徘徊。迷惑失故路，薄暮無宿栖。行行日已遠，人馬同時飢。擔囊行取薪，斧冰持作糜。悲彼東山詩，悠悠使我哀。

此詩乃傚豳風東山，詩中亦明引之。讀者試設身如自在行伍中，親歷此諸苦，軍中主帥，作此歌辭，相與同唱，豈不使三軍一時有挾纊之感乎？

魏武此兩詩，亦我所謂眼前事，口頭話，而心中一片眞情；所謂直接歌詠人生，與人以同感，而其詩又自樂府來，可被弦管。如此，始可謂其確有深得於古詩風雅之遺意矣。上較司馬相如、班孟堅，僅騁辭墨，浮誇不實，豈堪相提並論哉！

文選樂府收魏武兩詩外，尚有魏文帝兩首，陳思王四首。氣度風骨，已見遠遜，然亦師倣父意而作也。魏文四言善哉行，五臣張銑曰：「山林之人，節行危苦，欲其入仕以取逸樂。」此猶魏武之短歌行也。其七言燕歌行，五臣呂延濟曰：「此婦人思夫之意。」竊疑此首作意，亦猶魏武之苦寒行，蓋借閨婦之怨思，以慰羈宦之久曠，一反東山詩之筆法語意而善用之者也。陳思王四首，箜篌引言樂飲，名都篇言射獵，美女篇喻賢士難屈，猶魏武之歌「繞樹三匝」也。白馬篇言壯士捐軀赴國難，則仍師魏武苦寒行之意而微變焉者也。

然則曹氏父子所爲樂府，在其當時，亦皆有對象用意。一爲賓客僚從飲宴而作，一爲軍旅行役勞苦而歌。循此思之，二曹書札，所以敍朋舊，憶歡娛，道契濶，念死亡，亦有魏武短歌行之用心，固非盡無端而發者。魏文令諸臣同作阮瑀寡婦賦，亦卽燕歌行之意也。此皆所以通上下之情志，結羣士之懽心。而建安諸臣公讌贈答諸什，亦由此而起。文學之於時代，時代之於心情，心情之於生活，沆瀣一氣，皆於詠歎淫佚中洩發之。而此種流風餘韻，遂以影響後代，久而彌盛，開文苑之新葩。推原其始，亦可謂由魏武一人啟之也。杜甫詩：「將軍魏武之子孫。」以唐之詩聖，而盛讚魏武之爲人，亦見其別有會心矣。

綜觀建安一代之文風，實兼西漢賦家之誇大奢靡，與夫東漢晚期古詩十九首中所表達之頹廢激盪，縱橫家言與莊老思想相間雜出，宮廷文學與社會文學融鑄合一，而要爲有一種新鮮活躍之生命力貫徹流露於其間；此則爲以下承襲者所不能逮也。

六

建安以降，文學遂分兩大宗：一曰體物之賦，一曰緣情之詩。而緣情之風終勝於體物。蓋前者特遺蛻之未盡，後者乃新芽之方茁。而其同爲趨向於一種純文學之境界而發展則一也。其有別者，「體物」重於外照，「緣情」重於內映。外照者，謂其以外面事物爲對象，而加以描述，作者本身則超然文外。此種文學，亦可發展爲神話，爲寓言，爲小說、戲劇。而在中國，此一支成熟殊晚。其時所得謂之外照文學者，則惟賦之一體。沈約所謂「相如工爲形似之言」者是也。惟其重在外照，故其描述必求特殊而具體。內映者，主以一己之內心情感爲中心，使作品與作者相交融。此體惟詩最適，而其抒寫必抽象而空靈。蓋事物在外，可由客觀；而文學上之描寫，則必以表出每一事物之獨特之別相爲能事，否則即不見所描寫之眞實也。心靈在內，限於主觀；而文學描寫，則以揭發人心普遍之共相爲能事，否則亦無以獲讀者之共鳴也。故體物不嫌纖密，用字貴多藻飾，藻飾所以窮極其形相；謀篇貴能展張，展張所以具備其體段。此正賦體所長。而抒情之作，則貴直湊單微，把捉此最敏感、最深刻之心靈活動之一刹那，而與人以共曉共喻。此既無事於麗采，亦復甚忌作曼衍。故詩體尚單純，尚涵蓄，頗上三毫，傳神阿堵，少許可以勝多許，所謂「不著一字，盡得風流」。而建安以下之風氣，於此兩途似未能明晰劃分。雖尚緣情之作，仍重藻飾之工。既喜建安之清新，仍守兩漢之窟穴。歷史進展，每有半明半昧之勢，而要之，建安以下，我所謂純文學獨立價值之覺醒之一端，則可謂已臻於一種昭朗之境界矣。今試據梁昭明太子文選之序目，不憚委悉詳說之，以重申我上文之所論。

文選序：

> 式觀元始，眇覿玄風，冬穴夏巢之時，茹毛飲血之世，世質民淳，斯文未作。逮乎伏羲氏之王天下也，始畫八卦，造書契，以代結繩之政，由是文籍生焉。

今按：古人言文質，並不指文籍與文學言。古人言文學，亦非後世所謂之文學也。昭明此序，始以後世文學家眼光敍述歷史，此古人所未有也。

> 易曰：「觀乎天文以察時變，觀乎人文以化成天下，文之時義大矣哉。」若夫椎輪為大輅之始，大輅寧有椎輪之質。增冰為積水所成，積水曾微增冰之凛。何哉？若踵其事而增華，變其本而加厲，物既有之，文亦宜然。隨時變改，難可詳悉。

今按：建安以降，不斷能對文學抱新觀念，有新創造，故昭明此序，乃能以變動的歷史眼光敍述文學，此亦前人所未有也。

嘗試論之曰：詩序云：「詩有六義焉，一曰風，二曰賦，三曰比，四曰興，五曰雅，六曰頌。」至於今之作者，異乎古昔。古詩之體，今則全取賦名。荀、宋表之於前，賈、馬繼之於末。自茲以降，源流實繁。述邑居則有憑虛、亡是之作，戒畋遊則有長楊、羽獵之制。若其紀一事，詠一物，風雲草木之興，魚蟲禽獸之流，推而廣之，不可勝載矣。

此述賦體來源及其演變。

又楚人屈原，含忠履潔，君匪從流，臣進逆耳，深思遠慮，遂放湘南。耿介之意旣傷，壹鬱之懷靡愬。臨淵有懷沙之志，吟澤有憔悴之容。騷人之文，自茲而作。

此述屈子離騷，下開詩境。以其同屬言志抒情，故連類而及，以示別於上述紀事詠物之賦也。宋玉與荀卿並舉，列之在前，顧獨以騷體歸之屈子，不與荀、宋爲伍；此一分辨，直探文心，有闡微導正之功矣。其前皇甫謐三都賦序，已發其旨，曰：

賢人失志，詞賦作焉。孫卿、屈原之屬，存其所感，咸有古詩之意。皆因文以寄其心，託理以全其制，賦之首也。及宋玉之徒，淫文放發，言過於實，誇競之興，體失之漸，風雅之則，於是乎乖。

昭明之序，即承士安此旨也。隋書經籍志論文賦之體，乃深美乎屈、宋、鄒、嚴、枚、馬；又謂永嘉以後，玄風既扇，辭多平淡，文寡風力，降及江東，不勝其弊。此乃唐初人意見，衡評標準，遠爲膚淺，漫失屈、宋騷、賦之辨，不足以語乎前人之深旨矣。

詩者，蓋志之所之也，情動於中而形於言。關雎、麟趾，正始之道著。桑間、濮上，亡國之音表。故風雅之道，粲然可觀。自炎漢中葉，厥塗漸異，退傅有在周之作，降將著河梁之篇，四言、五言，區以别矣。又少則三字，多則九字，各體互興，分鑣並驅。

此述漢以後之詩篇。雖固上承風雅，亦復近師屈騷而與賦分途，可謂卓切之論。惟謂五言源於河梁，則不可信。要其單拈情志以言詩，是實透宗之見也。

頌者，所以游揚德業，褒讚成功。吉甫有「穆若」之談，季子有「至矣」之歎。舒布為詩，既言如彼。總成為頌，又亦若此。

此下總述賦與詩以外之各體文而首及於頌。以上述文學淵源專舉詩三百，頌體顯自詩來，故先及也。

次則箴興於補闕，戒出於弼匡。論則析理精微，銘則序事清潤。美終則誄發，圖像則讚興。又詔、誥、教、令之流，表、奏、牋、記之列，書、誓、符、檄之品，弔、祭、悲、哀之作，答客、指事之制，三言八字之文，篇、辭、引、序，碑、碣、誌、狀，衆制鋒起，源流間出。譬陶匏異器，並為入耳之娛。黼黻不同，俱為悦目之翫。作者之致，蓋云備矣。

自頌以下所述各體，皆屬上文所謂於社會實際世務有某種特定之使用者。故昭明此序，連類而及，而復以陶匏黼黻爲譬也。若論文章正宗，則惟賦與詩，故昭明之書首列之。故以謂之乃一種文學獨立價值之觀念之覺醒也。

余監撫餘閒，居多暇日，歷觀文囿，泛覽辭林，未嘗不心遊目想，移晷忘倦。自姬、漢以來，眇焉悠邈。時更七代，數逾千祀。詞人才子，則名溢於縹囊。飛文染翰，則卷盈乎緗帙。自非略其蕪穢，集其清英，蓋欲兼功，太半難矣。

此自述文選緣起。

若夫姬公之籍，孔父之書，與日月俱懸，鬼神爭奥，孝敬之准式，人倫之師友，豈可重以芟夷，加之剪截？老、莊之作，管、孟之流，蓋以立意為宗，不以能文為本。今之所撰，又亦略諸。

此以著作與篇章分席，因此經、子皆不入選。亦可謂不以經、子列於純文學之類也。魏文尚混家言於集部，以此較之，其對純文學之觀點，可謂尤更清澈矣。

若賢人之美辭，忠臣之抗直，謀夫之話，辯士之端，氷釋泉涌，金相玉振，所謂坐狙丘，議稷下，仲連之卻秦軍，食其之下齊國，留侯之發八難，曲逆之吐六奇，蓋乃事美一時，語流千載，概見墳籍，旁出子、史。若斯之流，又亦繁博。雖傳之簡牘，而事異篇章。今之所集，亦所不取。

此謂辭令言語亦異於篇章，故亦不入純文學之選也。

至於記事之史，繫年之書，所以褒貶是非，紀別異同，方之篇翰，亦已不同。

此謂史部記事，復非純文學也。

若其讚論之綜緝辭采，序述之錯比文華，事出於沉思，義歸乎翰藻，故與夫篇什，雜而集之。

此謂史書中惟「論贊」一體，可以視同篇什，故獨以入選。所謂「序述」者，如范蔚宗東漢書宦者傳論、逸民傳論之類，此仍「論贊」也。何以曰「事出於沉思」？蓋姬、孔之經，所以明道。莊老百家，重在立意。記言記事，各有標的，而特以文字表而出之，則文章僅成爲工具。亦可謂此等乃經史百家之文，非文人之文也。文人之文，以文爲主。獨具匠心，別出杼軸，經營布置，並無外在之束縛。蓋文人之文，意重卽在文。文中所包，皆供我文之運使，給我文以備用而已。故文人爲文，特重於「思」。此所謂思，乃一種文思也。文思者，此卽文之技巧，文之藝術之所由見，而亦文之高下精粗美惡之所由判也。陸士衡文賦已屢言及「思」字，其言曰：「其始也，皆收視反聽，耽思旁訊。精騖八極，心游萬仞。」又曰：「罄澄心以凝思，眇眾慮而爲言。」又曰：「言恢之而彌廣，思按之而愈深。」又曰：「藻思綺合，清麗芊眠。」又曰：「思風發於胸臆，言泉流於脣齒。」又曰：「攬營魂以探匵，頓精爽而自求。理翳翳而愈伏，思軋軋其若抽。」此所謂思，即「沉思」也。言，即「翰藻」也。文學既有獨立之體性，斯必有其獨特之技巧，此亦昭明選文所獨具之標準也。清代如阮芸臺等，乃專以駢偶之辭爲文學，是又失之矣。

遠自周室，迄于聖代，都為三十卷，名曰文選云爾。凡次文之體，各以彙聚。詩賦體既不一，又以類分。類分之中，各以時代相次。

以上備引昭明文選序，略陳其指歸。此下復就其目錄，於其所分文章之體類先後而逐一闡說之。

七

一、賦。

京都，郊祀，耕籍，畋獵。

今按：若就歷代文學發展順序言，當先詩，次騷，乃及賦；然昭明之選，以賦爲首。良以當時人心目中，賦爲文學大宗也。若專就賦言，則荀、宋在前，賈、馬次之；而昭明此選，又於賦體中分類，而「京都」一類褒然居首，故開卷第一篇乃爲班固兩都賦，次爲張衡兩京賦。窺昭明之意，特取孟堅兩都賦序，「賦者雅頌之亞」之說，故以兩都、兩京爲冠冕也。如是，則雖主文學有獨立之價值，而仍必以文附經，故劉勰文心雕龍亦以宗經爲其開宗明義之首篇焉。次「郊祀」，次「耕籍」，次「畋獵」，始及司馬長卿之子虛、上林。今試問當長卿賦子虛、賦上林時，又何嘗心中有雅頌爲師法乎？後之賦家繼起，靡不慕效相如，尊奉如高曾。卽孟堅之賦兩都，其果爲詩三百雅頌之遺體，抑亦長卿子虛、上林之舊軌乎？內襲茂陵之神思，外攀豐鎬裝門面，仍是賦家浮誇之一徵而已。

紀行，遊覽。

爲文首要在擇題。題材變，文體亦隨而變，而文學之意義與使命亦將變。若以京都、郊祀、耕籍、畋獵爲雅頌之亞，則「紀行」、「遊覽」當爲國風之遺矣。此兩類題材，主要在以作者自我入文中，並以自我作中心，而尤必以作者自我當境之心情作中心。於外面鋪陳之中，而兼內心之抒寫。若以前四類爲賦體之正，則此二類乃賦體之變。循此以往，終於轉落詩境。此乃文心之由外轉內，卽由其題材而可見矣。故此種題材，亦可稱之爲交替題材，因文體轉變，乃因此等題材而交替也。

宮殿，江海。

此二類仍以體物爲主，則亦賦之正體也。相傳蔡邕嘗欲賦魯靈光殿，十年不成，見王延壽賦，遂輟不作。張衡賦兩京，左思賦三都，亦皆十年，後人遂有「研京練都」之語。西京雜記謂相如爲子虛、長林賦，意思蕭散，不復與外事相關，幾百日而後成。桓譚新論云：「揚子雲賦甘泉，思精苦倦，小臥，夢五臟出外，以手收而納之。乃覺，病喘悸少氣。」蓋爲賦重在獵取辭藻，堆垛費時，豈若行旅遊覽，情景當前，轉瞬卽逝，如東坡詩所謂「作詩火急追亡逋，清景一失後難摹」乎？或問裴子野爲文何速？子野云：「人皆成於手，我獨成於心。」然豈有無心而能成文者？蓋其心盡傾在外，不知遊心內運反本之於方寸，故謂之成於手也。

物色，鳥獸。

此二類雖亦體物，而實兼宣情。「物色」一類，所收自宋玉風賦以下，如潘岳秋興，二謝雪、月，皆此下詩人所愛用之題材也。「鳥獸」一類，始賈生鵩鳥賦。揚子雲有言：「如孔氏之門用賦，則賈誼升堂，相如入室矣。」漢賦皆乏內心，惟賈生所作，直承屈騷，而鵩鳥一賦尤爲卓絕。緣情託興，可觀可怨。孔門重詩教，文如屈、賈，何以見其不用乎？子雲徒震讋於相如，及其悔之，乃曰「童子雕蟲篆刻，壯夫不爲」。不悟此可以譏相如，不得以譏賈生也。惟皇甫士安於漢賦獨推賈誼，可謂深識矣。抑賈生之賦鵩鳥，實深得於莊周。故余謂中國之有純文學，當導始於道家言，此亦其一例也。賈鵩以下，如禰衡賦鸚鵡，張華賦鷦鷯，皆寄託有詩人之致。乃顏延之賦白馬，鮑照賦舞鶴，雖亦尚然，抑辭采重矣。以下此種題材，乃盡歸詩境，少以作賦。

志，哀傷。

此兩類皆詩境也。「志」之一類，如孟堅幽通，平子思玄、歸田，先已論之。次爲潘岳之閒居，自稱以歌事遂情。情志入賦，此亦一種交替題材也。潘岳於賦前有序，文長近四百言，實散體文之高品，在先惟二曹書札有此氣韻，入後惟唐、宋古文家能彷彿其神味。蓋擴大短序，減削長賦，卽成唐宋古文矣。此等題材，顯然以入詩文爲宜；潘氏以之作賦，亦是以新酒裝舊瓶也。

「哀傷」一類，首司馬長卿長門賦。南齊書陸厥傳已云：「長門、上林，殆非一家之賦。」五臣呂延濟曰：「陳皇后復得親幸。」案諸史傳，並無此文，恐敍事之誤。顧炎武亦曰：「相如以元狩五年卒，安得言孝武皇帝？」今按：序曰：「聞蜀郡成都司馬相如，天下工爲文。奉黃金百斤，爲相如、文君取酒，而相如爲文以悟主上。」此亦與狗監楊得意進相如事不類。果武帝先讀長門，而爲感動，又何待讀子虛而始訪問其人乎？何焯亦疑「其辭細麗，不似相如，殆後之好事者妄託也」。此下收向秀思舊，陸機歎逝，潘岳懷舊，此皆建安以後作品。哀傷入賦，亦舊瓶裝新酒，我所謂交替題材之一例也。又潘岳寡婦賦有序，謂昔阮瑀既沒，魏文悼之，並命知舊，作寡婦之賦。魏文之序曰：「作斯賦以敍其妻子悲苦之情。」潘序亦曰：「余擬之以作，敍其孤寡之心焉。」此皆主抒寫心情，豈雕蟲篆刻之比乎？厥後有江淹恨、別二賦，內實無情，外渲辭藻；文運至此，又告衰落矣。而別賦之結尾有曰：

雖淵、雲之墨妙，嚴、樂之筆精，金閨之諸彥，蘭臺之羣英，賦有淩雲之稱，辯有雕龍之聲，詎能摹暫離之狀，寫永訣之情者乎？

此數語卻道出爲宮廷作賦之人，初不知敍及尋常民間之幽怨也。

論文，音樂。

典論有論文篇，而陸士衡繼之爲文賦，此亦見文學獨立觀念之既臻成熟矣。「音樂」一類，作者滋多。陳思王與吳質書，謂：「君子而不知音樂，古之達論，謂之通而蔽。」馬融好音律，能鼓琴吹笛，然融亦喜治莊老。嵇康治莊老，而亦少好音聲。蓋喜莊老，擅音樂，此二者，皆與建安文風有關。莊老開文章之意境，音樂助文章之藝趣。此亦可見一時之風會也。

情

昭明專設此類，似無義趣。所收除宋玉高唐、神女、登徒子三篇外，尚有曹子建洛神賦。殆以專託於男女之間者而謂之「情」也。惟子建洛神，實是緣情而作，當上承屈騷，不當與宋玉相倫類。屈子離騷曰：「吾令豐隆乘雲兮，求宓妃之所在。」此子建作賦之所本也。

八

二、詩。

補亡，述德，勸勵。

就於上引，建安以下，賦題皆已侵入詩境。故知詩體，實當時文學大統所係也。昭明此集，取名文選，而詩之卷帙，乃占全書三分一以上，可見其重視矣。其以補亡、述德、勸勵爲首，正如賦之首京都、郊祀，特取以爲冠冕。若詩人之風會精神，則固不在此。

獻詩

以此上承補亡、述德、勸勵三類，皆所謂體面也。以上四類，除謝靈運述祖德兩首外，餘皆四言；亦因題材陳舊，故未能脫詩三百之牢籠耳。

公讌，祖餞。

此兩類所收極多。飲食宴樂之餘，繼以歌詠，悲懽離合，皆當前人生最眞實處，雖若無事可舉，而詩情正從此中出。文學用入於飲讌，此等意境，此等風氣，則皆自建安開之也。至於自劉宋以下，性情隱而聲色盛，乃又爲詩運一大轉關。善讀詩者，固不以其詩題之僅在飲讌而輕之，亦如善讀賦者，不當以其賦題之在京都、郊祀而重之也。

詠史

賦以體物象事，詩以抒情言志。「詠史」一類，借古陳今，正是最好詩題。此亦創自建安。

百一

應璩爲百一詩以當諷諫，蓋有古小雅詩人之意焉。然似以舊釀入新瓶，故後人不之效。

遊仙，招隱。

身涉亂世，寄情仙隱，此尤見莊老思想與建安以下新文學之關係。「招隱」之題，由淮南王劉安招隱士而來，亦可證詩體之承騷而起也。

遊覽

此類亦始建安，作者絶多。既以入詩，回視王粲登樓，轉形辭費矣。

詠懷，哀傷。

此猶賦體中之有「志」與「哀傷」二類也。陸機文賦有云：「或文繁理富，而意不指適。極無兩致，盡不可益。立片言而居要，乃一篇之警策。」悟此，知詩之爲體，卽賦之警策耳。故詩體盛而賦體衰，皆由文心之由外轉內成之也。

贈答

此類始於建安，後起作者特多。「不學詩，無以言」，故此尤爲新詩之主幹。

行旅，軍戎。

「軍戎」一類，惟收王仲宣從軍詩五首，其實亦猶「行旅」也。晉人以行旅作賦，惟見潘岳西征一篇，而見於詩者實繁；亦題材變則文體必變之一例。

郊廟

惟收顔延年郊祀歌兩首，然以較之揚子雲甘泉賦，卻似得體多矣。故知以漢賦上媲雅頌，僅孟堅一家之私言耳。

樂府，挽歌，雜歌，雜詩，雜擬。

樂府與五言詩之關係，及「雜詩」一類中所收古詩十九首及蘇、李河梁詩皆非西漢人作，已申論在前。魏文、陳思、王粲、劉楨多以雜詩名題。李善曰：「雜者，不拘流例，遇物卽言，故云雜也。」五臣李周翰曰：「興致不一，故云雜詩。」蓋雜詩乃詩之無題者。詩體當自樂府來，而雜詩繼之，皆無題也。其實一切詩皆無題，詩之有題，猶此詩之序耳。惟「詠史」一類，若爲有題；然詠史特借古詠今，實非詠史，故有題仍無題也。惟如顔延之秋胡詩，以詩詠事，乃爲有題。有題斯有拘束。無拘束故無窮極，惟其無窮極，故貴涵蓄而不盡。有拘束則有窮極，有窮極，則必以能達其所當窮極者爲止境。此皇甫謐三都賦序所謂「欲人不能加」也。如孔雀東南飛，如木蘭當戶織之類，皆當起於顔延之秋胡詩之後。然循此則成爲長篇敍事詩。長篇敍事又是一種交替題材，因其已侵入散文境域也，由此遂發展出唐人之傳奇。如白居易長恨歌，卽有陳鴻之傳奇作配；元微之會眞記，卽有李紳之長詩作配；可徵此中消息矣。

又按：顧亭林亦有言：「古人之詩，有詩而後有題。今人之詩，有題而後有詩。有詩而後有題者，其詩本乎情。有題而後有詩者，其詩徇乎物。」竊謂詩而有題，斯詩情失，詩道衰矣。而韓、柳以下之古文，顧多無題者。何謂有題，何謂無題，學文者由此細參之，可悟文章之深趣矣。

三、騷。

文選首列「賦」「詩」兩體，奉爲文學之大宗，此意上承陸機文賦；自下卽以「騷」體緊承之，以詩體卽承騷而來也。玉篇有云：「今謂詩人謂騷人。」試問如辭賦家言，亦得謂之詩人或騷人否？此一分別，惟當直探文心而始得之。然則縱謂韓、柳唱爲古文，乃爲善讀文選者，亦無不可也。

四、七。

「七」之爲體，創自枚乘。此下有傅毅七激，張衡七辯，崔駰七依，皆不收，惟收陳思王、張協兩篇。其實七卽賦體，苟有所賦，何必以七自限乎？故昭明亦不多取也。

以上關於純文學者，此下乃及其他各體。

九

五、詔。六、册。七、令。八、教。九、文。

凡此諸體，皆政府文字，皆由上達下者。昭明僅收西漢詔兩首，此下皆收魏晉以下。魏文帝、陸士衡論列文體，不及詔令，因此諸體，政治性之拘碍過重，不當以文逞長也。獨魏武作令，擺脫上下體制成格，稱心抒寫，如對朋儕，如話家常；尤其述志一令，此乃散文中絕高妙品也，而文選顧獨見遺。蓋昭明之意，仍重藻采，若謂無藻采即不足爲文。不悟緣情述志，豈待藻采。昭明有見於詩，而無見於散篇之文，此其失也。故此所收，皆屬無内心之作。豈可居政府之高位，儼然下詔，而一無内心可覓，此復成何文字乎？昭明一選，爲後世詬病，正在此等處。從知文人乃人中之一格，文人之文亦文中之一格耳。陸機文賦有云：「體有萬殊，物無一量。」今專據文人意境作文選文，奉爲惟一之標格，亦是所見不廣，因之文運衰，而世運亦衰矣。人心、世運、文風三者，相關合一。建安以下，文人之文獨盛，其爲功罪，固未可一概論也。

十、表。十一、上書。十二、啓。十三、彈事。十四、牋。十五、奏記。

以上諸體，亦皆政府文字，而皆由下達上者。昭明所選，亦皆專主麗采，因無內容，此諸體中遂無奏議；即西漢如賈、晁、董生，皆所不錄；此大病也。魏文言：「奏議宜雅。」陸士衡亦云：「奏平徹以閑雅。」然「雅」字義何所指？若僅在辭藻中求雅，則如虎賁中郎，又若衣冠儼然而土木爲軀，其可乎？惟魏文衡文以「氣」爲主，此始無病。漢人奏議，浩氣流轉，昭明不錄，是其識窄。然後代奏議，竟亦甚尠佳者。蓋以拘碍於事，此等題材，終爲與新興之文學觀念有所距離耳。陸士衡文賦有云：「或辭害而理比，或言順而義妨。離之則雙美，合之則兩傷。」清代曾國藩亦言：「古文無施不可，惟不宜說理。」奏議貴盡事理，亦說理也。蓋自有文人之文，而「文」之與「筆」終於分鑣。魏晉以下，病在重文輕筆，宜於筆者而仍強以爲文，此所謂合之兩傷也。惟唐陸贄以儷偶爲奏議，辭雅氣暢，理無不盡，可謂難能矣。

十六、書。十七、檄。

「書」體爲建安文學一大貢獻，已論在前。文運進展，貴能增新體。文體廣，斯文心暢，可以無所不達。陸機文賦又云：「謝朝華於已披，啟夕秀於未振。」此不僅遣辭琢句爲然，蓋尤貴於能創題而製體也。齊書張融傳謂：「文豈有常體，但以有體爲常。」若僅求創新，乃成無體，則又失之更遠矣。

十八、對問。十九、設問。二十、辭。

此三體淵源楚辭。如東方朔答客難，揚雄解嘲，班固答賓戲，文中非無我，而仍乏内心，則依然宋玉、司馬相如之流派耳。獨陶淵明歸去來辭，乃能上接屈騷，爲千古上乘文字。文章之高下，試參於此，可得其中三昧矣。故文人之文之尤可貴者，仍在其人。而人之可貴，在其文心之幽微。而豈可強求於外哉！

二十一、序。

著書有序，其起甚後。此類所收，首爲卜子夏毛詩序，相傳係東漢衛宏作。或其時已有五言詩如古詩十九首之類，正值文風將變之際，故詩序之言風詩，尤重於雅頌也。

詩序又曰：

詩者，志之所之也。在心為志，發言為詩。情動於中而形於言，言之不足故嗟歎之，嗟歎之不足故永歌之。永歌之不足，不知手之舞之、足之蹈之也。

今按：荀子曰：「詩，言是其志也。」虞書：「詩言志，歌永言，聲依永。」小戴記樂記曰：「故歌之爲言也，長言之也。長言之不足，故嗟歎之，嗟歎之不足，故不知手之舞之足之蹈之也。」詩序似合此三文爲言。然古人謂詩言「志」，不兼「情」字。樂記又云：「樂者，人情之所不能免。」「情」以言樂，不以言詩。衛宏此序，情、志、聲、詩，合一而言，引樂記以通之詩，可以轉經學爲文學矣。詩序又曰：

變風發乎情，止乎禮義。發乎情，民之性也。止乎禮義，先王之澤也。

此言尤爲深允。竊疑衛宏作序，其心中縱不知有古詩十九首，亦當知有樂府。故鄭玄箋毛，猶守經生之家法；而衛宏序詩，實拓文人之新宇。此亦所當舉而出之也。惟若一依聲音之說，往而不返，如劉彥和文心雕龍所謂「無韻者筆，有韻者文」，重文輕筆，斯又失之。惟魏文言氣體，其道始廣。蓋氣體可以通聲韻，聲韻不足以盡氣體。衛宏專以言詩，則無病耳。

詩序下有孔安國尚書序，杜預左氏傳序，此亦以尊經爲冠冕。此下乃爲魏晉新作。其於石崇思歸引，陸機豪士賦，皆僅收其序，不錄其詞。此事大堪注意。蓋作者自感本文不足，故重加以序。今又僅取其序，不錄其本文，此證人心取捨，卽文體將變之徵也。韓、柳古文，正有承文選中此等序文而起者，明眼人當自識之。惟如顏、王兩家三月三日曲水詩序，徒競麗藻，詩情漸失。齊、梁以下，文運復衰，端爲此也。

二十二、頌。二十三、贊。二十四、符命。

此諸體所收漢人之作，亦皆賦體也。建安以下，始有新構。如劉伯倫之酒德頌，夏侯湛之東方朔畫贊，皆所謂蟬蛻龍變，棄俗登仙者也。治文學史者，試專就此兩卷書細誦之，亦可見文心之變與夫文體之不同之所在矣。

二十五、史論。二十六、史述贊。二十七、論。

此諸體所收，除賈誼過秦論，東方朔非有先生論，王褒四子講德論三篇以外，皆東漢以下作品。東漢亦僅班氏父子叔皮、孟堅兩家。持論之善，則多在魏晉以下。蓋論亦貴直抒其內在所見，不貴向外鋪陳也。

二十八、演連珠。

此體所收，惟陸機一家。李善引傅玄敍連珠曰：「所謂連珠者，興於漢章之世，班固、賈逵、傅毅三子受詔作之。其文體辭麗而言約，不指說事情，必假喻以達其旨，而覽者微悟，合於古詩諷興之義。」今按：連珠言義理，是論體也，故昭明附之於此。然尚辭藻，則近賦。又求以假喻諷興，則近詩。文體各有當，混而用之，迹近以文爲戲矣，故文家少爲之。

二十九、箴。三十、銘。

此兩體不貴誇飾。而陸倕石闕銘、新刻漏銘兩篇，淫辭連綴不休，乃當時號爲冠絕。齊、梁以下，詩情已失，宜文運之不振矣。王應麟玉海謂：「此等題苟無主意，止於鋪敍，何緣見文字精神。」此說得之。

三十一、誄。三十二、哀。

此兩體所收，皆起建安以下，傷朋痛舊，誄德彰美，而潘安仁哀永逝一篇尤爲幽凄。此皆騷人之遺，非辭賦家所知也。

三十四、碑文。三十五、墓誌。三十六、行狀。

此三體惟蔡邕碑文近雅，餘無可稱。以賦體作誌狀，宜無佳者。須俟韓、柳出，乃有新製耳。

三十七、弔文。三十八、祭文。

弔祭承騷則佳，誌狀模賦則劣。文章利病，卽此可見。

（此稿成於一九五八年，刊載於是年二月新亞學報三卷二期。）

漢代之散文

一

我們研究文學，首須注意兩事：便是「辨體」與「明變」。所謂「辨體」，簡單說來，文章各有體裁，如詩、詞、文、賦，爲體各別。所謂「明變」，一體之中，因時代不同，而其風格亦異，如唐詩與宋詩，六朝文與唐宋文，固皆有變。又如昔人言韓昌黎「以文爲詩」，余曾謂韓昌黎亦是「以詩爲文」，此等亦是所謂變。由此辨體與明變之兩途，逐步深入，始能明白得歷代各家文學之內容。韓昌黎曾說：

> 然後識古書之正僞，與雖正而未至焉者。

「識正僞」，此乃辨體、明變工夫之尤深至而始能到達此境界者。知其然，不知其所以然，依樣葫蘆，模仿爲之，於文學有眞知灼見者自能識其僞。抑且文章隨時而變，不可力强，縱是一意追隨，其間體氣自別。故讀書能辨僞，其事尚易；至於「雖正而未至」一層，更須於文學有眞知灼見者始能辨別。其中乃有文學評價問題。所謂「未至」，猶今言「未到家」。同樣是一部古書，何以見其爲到家與未到家，此中高下得失，須能「心知其意」。必要能心知其意，然後始能別出心裁，自有創造。此中有一定步驟，便須有一定工夫始可到達，不是躐等可求。

上次我講了「西周至戰國的散文」，①今天繼續講「漢代的散文」。主要亦都是有關於辨體、明變方面者。上講從西周至戰國的散文，可分爲兩系統：一從書經以下，到春秋、論語、檀弓。此一系統，尚書乃屬記言而及事，春秋則純是記事，論語亦是記言而及事，檀弓則是記事而及言。再下，沿襲尚書、春秋，有國語而至左傳。依一人一家爲別，沿襲論語，則有晏子春秋及戰國諸子。諸子中先有孟子，仍是舊式之「記言體」。下至莊子、荀子等，成爲新的「立論體」。戰國策所收縱横家言則可謂之「辨事體」。第二系統從詩經開始，下至戰國後期，與左傳、國策同時，有離騷和楚辭。關於此兩系統中各體文字之變化及其成型，已在上次約略講過。

① 編者按：此指中國古代散文——從西周至戰國一文，已收入中國學術思想史論叢（二）。

二

今天講漢代的散文。在漢代文學中特別重要的是「辭賦」和「奏議」兩類。漢代辭賦乃從詩經系統來，奏議則從書經系統來。詩和書，本是兩種不同文體，一是散文，一是韻文。討論中國文學，首先必分此韻、散兩體的分野。但韻文、散文其間又儘有相通，不可嚴格分別。如讀諸子，莊子、老子、荀子、易大傳等亦多在散體中用韻。又如楚辭中亦有散體，如漁父篇，如宋玉風賦、登徒子好色賦及宋玉對楚王問等篇。再就戰國策所收如楚人以弋說楚王、莊辛說襄王等篇，姚惜抱古文辭類纂皆歸入辭賦類，是知「書說」和「辭賦」相通。我的先秦諸子繫年曾辨莊子說劍一篇，實是莊辛作，而非莊周作。可見諸子立論與策士遊說與辭人作賦，本出一源，而分爲三流。在文章體裁上講，雖可有此分別，而仍當注重其內在互通處。

現在再簡單扼要地說，賦體可以有散文，散文體也可以押韻。故說韻文、散文，不宜嚴格作分別。直到清代，姚姬傳編選古文辭類纂仍把漢人辭賦加入，而李兆洛的駢體文鈔也鈔進很多散文，可見韻文、散文之分，甚爲微妙。何以此文應歸入辭賦，而與其他書說文或辨論文有別？大體上有賴於我們之心知其意，卻無法定要有一項明白確切的說明。

我上面說這一節話，並不是說文體區別不必深求，或不可深求，而實在是爲討論文體分別作一應有的引端。

上面說過，姚姬傳古文辭類纂把楚人以弋説楚王和莊辛說襄王兩篇收入辭賦類，可見在戰國時代，「辭賦」與「書說」兩體本是相通。而章學誠的文史通義更有一創見，他說：漢人辭賦源出戰國縱橫家言。這從文學史上講，對於文體演變，實提供了一極重要的觀點。諸位試把文選所收漢賦和戰國策裏面的文章比較細讀，便會體悟到章氏這一番話之涵義。關於這一層，我在所著秦漢史講義中也曾說及，惟所從說之路向是變了。我只從歷史上講，而來闡發章氏之創論。今天則要從文學立場講，不打算再推演我在秦漢史中的說法。諸位聽我講後，仍盼再去讀我的秦漢史。

三

首先我且講漢賦。班固兩都賦序說：

賦者，古詩之流，雅頌之亞。

「亞」，是說次一等的。可見漢代賦家自己說他們的賦乃是從詩而來。同時詩「六義」中有賦。所謂「賦」者，乃是鋪直、鋪陳之義。只把事情來鋪直、鋪陳，便是賦。此乃「賦」與「比」、「興」主要不同之所在。所謂鋪陳，也可說鋪張，即放開或敷衍之意。文學上之鋪張，簡單說，有兩種不同的技巧或方式：

第一是層疊式，把所要鋪陳的一層層累疊而上，成一立體狀，層層提高，層層向上。像莊辛說襄王便是這一類。

第二類是放寬式，在鋪敍時就平面展延，越展越廣，層層向遠，儘可能放寬其範圍。如講了東，又講西；講了南，又講北。講完草木，又講飛禽走獸，又講山川原陸等。

諸位當知，詩體之最先應用，本是要向人講話，這和只求記錄當時的「事」及「言」的書體有不同。作詩的人無時不在想把他心中要說的話向別人訴說傾吐。故說：「詩言志。」又說：「不學詩，無以言。」諸位若把此一觀點去讀詩三百篇，便知每一首詩的作者，莫不在其內心有一番衷曲要向人傾訴。詩序固不一定都可信，但詩序重要在解釋作者所要講話的緣起背景，及對甚麼人講，所要講的是什麼；這幾項，都是讀詩的人所都想追問的。由此下及春秋時代，當時的外交都以賦詩代言；再後來始廢詩直言，但其所言，仍多詩人吐屬。春秋時代的外交辭令，記錄在左傳、國語裏的，確是有極高的文學價值，使後世屢誦不厭。那些辭令，雖都屬散文體，但論其淵源，則從詩三百演變而來。由此再發展，便成爲戰國縱橫家言。由此可見戰國縱橫家言，實是淵源於古詩人。惟廢詩直言，鋪張誇大，比、興之分量遞減，而賦體比重則日增。而漢代之賦乃又淵源於戰國之縱橫家言。

因此，我們可以就章氏文史通義的話，推展引伸，改換成另一個說法，說是：戰國縱横家言，其源出於古詩人。而漢人的賦既是「古詩之流，雅頌之亞」，而直接則由縱横家言遞變而來。故古詩之變，一變而爲春秋辭令，再變而爲戰國縱横家言，三變而爲漢人之辭賦。如此般的遞變，可見韻文之與散體，在中國文學史裏是雖有別而實相通的了。

四

其次，我再講到奏議。

姚姬傳古文辭類纂「奏議」、「書說」分爲兩類。其實奏議和書說本無大區别，只是奏議的作者和其對方的身分，和書說的作者和其對方的身分，有些不同而已。戰國紛爭和漢代大一統，政治局面已不同。如張儀說韓襄王、說楚懷王，他和韓襄、楚懷之間，並沒有顯著和固定的君臣名分，一輩策士，朝秦暮楚；又如秦昭王長跪而見范睢之類，此和漢代君臣體制名位大有相異。因此兩時代的文筆體氣自然也會有不同。此如老師寫給學生的信，自然和學生寫信給老師不同。兒子寫給父親又該是一種寫法，弟弟寫給兄長又該是一種寫法。彼此間關係不同，文章寫法也就不同。此刻諸位對此等眼前日常之事，全不注意，那就如何能瞭解到古人行文的體氣問題上去？惟其如上述，所以戰國策裏面所收的文章，不能入「奏議」類，而只是「書說」類。到了漢代，天下統一，那時只有一個君，高高在上，其餘都是他的臣民，所以漢代奏議雖是直承戰國書說而來，而顯然會和書說不同，論文的便不得不把來分成爲兩類。

又如戰國策有一篇虞卿議割六城於秦，姚選卻把來歸入奏議類；因姚氏認爲虞卿仕趙，當時君臣之分已定，不比其他策士的游說文章，都使於君臣名位未定之際，故姚氏編入書說類。此則反見姚氏之拘泥。因虞卿議割六城，其行文體氣依然是戰國的，不是漢代的。又如周訢止魏王朝秦，也和虞卿議割六城文差不多，而姚選又把來列入書說類。其實此兩篇皆是記言、記事之體，入之書說與奏議皆有不合。現在且把此層撇開不深論，我們主要之意則在說奏議和書說亦是同源而有別。

依照上述，漢文學主要爲辭賦與奏議兩體，而追溯來源，全從戰國縱橫家言衍變而來。故欲深究漢代文學之來龍祖脈，應先一讀戰國策。這一層，前人尚未細細闡發過。一向似乎都重看了漢文，而看輕了戰國策；那是不公平，而且又是昧於文學流變之眞實情況的。

五

上面又說，諸子文主要在「立論」，國策縱橫家言則主要在「辨事」。辨事在辨其利害得失，而縱橫家言爲求動聽，又每愛鋪張誇大，所以戰國策內所收文章，大致又可分兩類：一是「質勝於文」的，只在事情之利害得失上加以精詳之辨析，如虞卿議割六城於秦、周訢止魏王入朝諸篇可爲其代表；另一是「文勝於質」的，並不重在辨析事理，而務求具有煽動、鼓舞性。說話不一定要很有理，卻儘力鋪張、誇大，在其語氣神情之間，期於煽動別人，鼓空話而生實效。這類文章，也就是後來漢賦的前身。

又試舉李斯諫逐客書和賈誼過秦論作例。諫逐客書應是辨事的書說類，過秦論應是立論的論辨類，然兩文實也沒有什麽可資細辨和深論的。李斯那一篇，其實只如一篇賦。他老師荀卿本能作賦，李斯是上蔡楚人，感染著楚地的文風和其師法傳統，也能做這類誇大、鋪張的文字。他所要說的話，實只是開端所謂「臣聞吏議逐客，竊以爲過矣」一句。此下反反復復申說逐客之不當，說以前秦國歷代君主，都用過別國客卿而致富強，到今天吃的、用的，乃至後宮所寵幸的美女愛姬，莫非從外國來，爲甚卻不許外國的知識份子來，而定要加以驅逐？整篇文章，只是如此這般旁敲側擊，在無關緊要處、不著題處説了一大篇。過秦論也是如此，講了半天，只講結尾一句，所謂「仁義不施而攻守異勢」那八個字。前面遠遠説來，把秦國已往歷史説了一大篇，只把它的一興一亡作一對比，實際全是些空話。這類文章講内容，實是空洞無物，不能和戰國百家著書的學術性文字相比。此一脈絡，承接戰國縱横家，以筆代舌，弄筆頭，掉花槍，顯然便是漢賦的先祖。姚氏類纂把李文入書説，賈文屬論辨，説來全是散體文，然與漢賦血脈相通。諸位要認識文章，須從此等處入門。

現在再説，戰國時，君臣位分未分，諸侯競於求士，士氣高張，縱横家者流，結駟連騎，遨遊列國間，莫不高自位置；孟子所謂「勿視其巍巍然」，其實當時遊士，都有此種氣概。發爲文辭，自然無拘無礙，意氣縱横。下到漢初，天下一統，但君臣之間還是隔閡未深，言無忌諱，可以直抒胸臆，暢吐一切。所以爲文猶有戰國遺風，只把戰國時代朝秦暮楚、縱横捭闔之習氣則換掉了。試讀漢文帝初年的賈山至言，其實所要講的只是一件事，僅是規勸文帝莫要與近臣射獵，但他卻洋洋灑灑寫了一篇絶大文章。文中借秦爲喻，多作危言。若照後代作文規律言，那文可謂離題已遠，遊騎無歸；但作者是一片忠懇，讀來樸茂質直，又是雄肆噴薄。此由外面的時代背景和其内蓄的心情實感交融而出，後人外非其時，内無此心，從遺字造句上模仿，試問如何模仿得！其實賈山此文從某一意義言，也可説是鋪張誇大。又如賈誼治安策，一開頭便説：「可爲痛哭者一，可爲流涕者二，可爲長太息者六；若其他背理而傷道者，難徧以疏舉。」其實只説凡此種種，都可痛哭流涕，也已够了，而賈誼此篇偏要如此分析列舉，故作驚人之筆。諸位從此等處窺入，便見不僅漢賦淵源於戰國縱横家言，即漢人奏議乃及其他散文，亦多淵源於戰國縱橫家言，脈絡分明，事無可疑了。

但漢初文字雖說淵源於縱橫家言，他們也都有其他學術背景，此層不可不知。如賈山和賈誼，漢書都說他們未爲「醇儒」，其實正是說他們有儒學傳統。山之祖父祛，爲戰國魏王博士，山從受學。誼治左傳，與張蒼有師承。此兩人皆與儒學有關。鼂錯則屬法家，史記說「賈生、鼂錯明申、商」，而錯之言兵事書，雜用管子語，如出己手；其論募民徙塞下書，亦用管子，而不見引用之述。可見漢初學人，其學亦復淵源於戰國諸子。惟時代已變，一輩知識分子，都趨向上層政治方面，與戰國諸子之轉而向社會下層者不同。故彼輩學成所得，多不用於私家著作，而用之朝廷議政。關於此一層，亦可謂戰國乃從「王官學」轉爲「百家言」，而漢代則又從「百家言」轉向「王官學」。其更可注意者，鼂錯諸奏皆稱爲「書」，豈非漢代奏議皆直承戰國「書說」之明證乎！尤其是賈山一奏直稱「至言」，此若與戰國諸子著書立題無別，可見當時人對奏議一體，尚無一種特別觀念；若至後代，則豈有奏議可稱「書」之理！又豈有奏議而可自稱「至言」之理！一到向皇帝上奏，開首結尾不免要加進「頓首」、「惶恐」、「死罪」等語。時代變，心情變，文章體氣亦變，自然再不能有像漢代人的奏議出現。

近人也多說：時代變，則文學變，一個時代有一個時代的文學。此話自不錯，但其中仍有辨。如上論二賈奏議，固可謂是代表漢初的文學，但如蒯通之說韓信，下至來往吳、楚之間的一般辭家賦家，他們的作品，只可說是代表著「時代風氣」，不能說是代表著「時代需要」。雖同是時代文學，卻並無時代意義。即如今天，難道我們寫一些男女私情及個人雜感之類的新小說以及白話詩，便可說是時代文學，有時代意義嗎？諸位若認爲只要有話便隨筆寫，便即是時代文學，那就大家不須再去追尋探求文學上的一切理論與使命，而可成其爲時代的文學家，那也怕無此便宜事。

下面再講到鄒陽。他的獄中上梁王書，姚選入書說類，這是一篇極好的散文。鄒陽是一位當時有名的辭賦家，司馬相如曾跟他學過賦。若把屈原離騷和鄒陽此文對讀，便知文章有不厭反覆之美。三百篇詩中便有許多三反四覆、說了再說的。此因一人的情思有時不是簡單一句話可以表達出，必須咏嘆淫佚，不厭重複地把此一句話說了再說。此等若重複而非重複，若無條理而實有條理。但無此情，則不能生此文。後人批評鄒陽此文，說他不懂作散文，好比把上好料子「白地明光錦」裁作了「負版袴」。其實說此話的人只見鄒陽此書詞句瑰偉而像漫無法度，因認其不懂文章。其實鄒陽此文原出風、騷，迫切之情，書以微婉嗚咽之響，其不厭反覆處，正與屈原離騷同工。後有司馬相如，從鄒陽、枚乘、嚴忌之徒遊，遂爲西漢第一大賦家。彼自賦子虛，轉而賦上林，頌揚統一王室，遂被認爲是雅頌之亞，此層且不多論。而如他的諫獵書，若把來與賈山至言對讀，便見相如之謀篇布局、遣字造句，較之賈山，確乎見其爲文人之文了。又如他的難蜀父老，一派誇大鋪張，顯然是辭賦家言。故知漢代奏議亦可分兩類，一是質勝，如二賈；一是文勝，如相如。

東方朔作客難，分析當時士大夫不能效法當時蘇、張縱橫之情勢。論其內容，大可爲我上論漢代奏議與戰國書說雙方時代背景有別之說作證。至論此文文體，本是一篇記言文，也是一篇散文，而同時實是賦體。諸位若從此方面細細研尋，自可供給諸位學得在文學上所謂「辨體」與「明變」的工夫。又如他的諫除上林苑及化民有道對，吳摯甫說其「皆有騷、賦之氣」，這又是漢代文學淵源戰國縱橫家言之切證。而且所以異於戰國縱橫家言者，亦可從此識得。東方朔抑亦治儒家言而未脫戰國策士氣息者。

大抵中國人批評文學，往往著墨不多，有時只一句話；而此一句話都須細細參悟，如上舉東方朔文「皆有騷、賦之氣」一語便是。又如姚惜抱說韓退之答李翊書「此文學莊子」，此亦只是一句話，但非細讀韓文和莊子，便說不出。又如說歐陽修善學退之，三蘇學孟子兼國策等，其中皆值得細細咀嚼。

六

講到這裏，我們暫可得一結論，即漢武帝以前的文章，大體皆從戰國縱橫家出。以下從董仲舒開始，才始有醇儒之文，自此逐漸脫離了戰國縱橫家的圈套與影響。

史載董生「三年目不窺園」，我們即從此一點來和司馬相如作比，便見兩人之不同。司馬相如自是一遊士行徑，董仲舒卻是埋頭在家苦學，重接上戰國時代的鄒、魯一派。我們可以說漢武帝表章六經，罷黜百家，亦爲漢代文學轉變一大關鍵。此下遂成爲儒家之文，而受荀子之影響爲尤大。

如蕭望之駁入粟贖罪議，姚惜抱說其「詞意皆本荀子」。至劉向，則更見其爲經生之言，醇儒之文。其條災異封事，後人稱其「純以經書絡緯」。後代善學劉向的有曾鞏，學曾鞏的有朱子，皆是經生醇儒。

賈誼文跌宕噴薄，有陽剛之美，而韓退之歷數西漢作者顧不之及；而獨舉劉向，與司馬相如、太史公、揚子雲相提並論。殆亦爲劉子政一本經術，其文溫純澤潤，在漢代作者中別出一格；而賈生文究不出戰國格調，故退之反不數及也。與劉子政同時有匡衡，及子政子劉歆，皆爲儒家之文。歆王舜毀廟議，班彪謂：「考觀諸儒之議，劉歆博而篤矣。」此則又成爲經生之學術文。

再下說到揚子雲。其賦與司馬相如齊名，他的散文亦是賦體，如諫不受單于朝書，實際上和李斯諫逐客書差不多。而漢初奏議質厚之風，至此則索然盡矣。要之，此等文字，可謂仍沿戰國，與匡、劉的經生文顯然有別。

因此可以說，西漢之文，在漢武帝時代可以劃一條分界線，以前是縱橫家、辭賦家言，以後則多經生醇儒之言。惟如揚子雲諸人，則是例外。

在西漢後期，亦尚有法家、兵家言，如趙充國陳兵利害及上屯田三奏之類，惟主流則斷然是儒家言之復興。

七

東漢以後，政治情形又不同，知識份子受政治氣氛之壓迫比西漢爲甚，三公失職，尚書用事。後人評東漢政治，謂之「有事無政」，所以奏議一類不能再有好作品；即言辭賦，也只向「雅頌之流亞」的一面發展，如班固之兩都賦，張衡之兩京賦。賦體發展至此，也就不得不變。而東漢開始，乃有專一有志爲文，並專以文章得名之人；故范蔚宗爲後漢書，特意創立了文苑傳，把專意寫文章的人都搜羅了。但此等人其實在文學上決無大成就、大貢獻。可見一意爲文，並非文學之眞源頭。若不能把握到爲文之眞實需要，與夫爲文之眞實情感，此等文字，決不能合理想，有出色的。

我在前一講，說到孔子亦是一大文學家，應在中國文學史上有地位，但孔子決然不是一文人。又如屈原是在政治上不得意，發抒其憤悶牢騷而有離騷之作，屈原也不能只認他是一個文人。下到司馬相如，始可認他是一文人了，但司馬相如遊梁轉漢，他的爲文，也還與時代氣息通呼吸，還可以代表一時代。在中國文學史裏，其能代表一時代的，都能與時代氣息通呼吸。近代提出「純文學」一觀念，高抬元、明以下許多小說和戲劇之地位；但此等小說和戲劇畢竟與時代人生隔離反轉遠，如把水滸、紅樓夢放早一百年或放遲一百年，幾乎可不發生甚麼爲難處。這些作家，其實都該放進文苑傳裏去。而中國傳統的大文學家，則多應放在文苑傳之外，爲之自立專傳，因他們決非以專一爲文而傳世。即是說，除其文學表現外，其整個人生，也必與當時歷史社會有更多、更大之關係存在。此層爲我們講中國文學史的所不可不知。

八

西漢辭賦，既到班固、張衡而發展已達於絕境；而後漢政局又不如西漢，一輩士大夫對政治逐漸失卻其熱情與勇氣，因此亦遂不能有好奏議；而儒家經生則陷入章句師法中，亦不能有大著作，循至僅有經生而無大儒。於是東漢文學又逐步轉向。舉其著者，則有王充、王符、仲長統，後人稱之爲「季漢三君」。王充作論衡，王符作潛夫論，仲長統作昌言，都近戰國諸子百家言。但論其價值，實不能與戰國諸子相比。近代自章太炎開始，極力提倡此三人，尤其是王充之論衡。但就文學史講，其中最可特別注意的，應是仲長統的樂志論。此文只是一篇小品散文，而近道家言，然自是詩人情志的一種發抒；而以散文體出之，在中國文學史裏，卻可稱爲前所未有的一種創作。以前的文學，都重在家、國、天下大題目上，不論是記言、記事，說理、辨事，乃至縱橫、辭賦家言之鋪張誇大，都不能免，似乎都嫌缺少了一種輕鬆自然的氣味與情調。仲長統此文把一切大題目撇開，只在日常人生私人情趣上自抒己意，輕鬆下筆。往下乃有魏晉南北朝的抒情小賦，像王粲登樓賦等，也可說是受了仲長統影響。正因東漢時局面漸漸轉壞，一輩知識分子消極逃避，昂首天外，不再像以前那般的拘滯沉著。仲長統樂志論是一篇消極性的文字，只爲私人發抒情志，而其情志對象又只是他私人的日常生活，可謂卑之無甚高論；但我們讀其作品，覺得一時間開朗解脫，彷彿在陰霾之中照耀出一線新光明。其實他並無理想，若說有理想，則理想僅在目前；亦復無境界，若說有境界，境界也僅在目前；但這只是些近在目前的卑之無甚高論的理想與境界，卻給當時人一番刺激與感動，遂因此開出了建安以下的新文學來。其實自仲長統樂志論下到建安新文學此一條路，依然和詩有極密切的關係，因此在東漢晚期，五言新詩也同時脫穎而出了。

九

現在我在東漢末年，再想提出兩個人：一是孔融。孔北海被認爲是建安七子之第一人。孔氏爲文有英偉豪傑之氣，又像是追蹤了戰國士氣高張時代的格調。他的論盛孝章書與薦禰衡表兩文，大可玩讀。不僅東漢一代少此作品，即在西漢亦極難得。這是大一統政府崩潰以後，乃始有此等文字之發現者。第二人是諸葛亮。他的出師表，雖是一篇奏議，然其行文，如父兄之訓子弟，不僅忠誠可愛；當知忠誠之人時時可有，而諸葛孔明之處境，則千古特出，故其文亦千古特出，使後人無法追步。諸位當知文字有「行世」、「傳世」之別，行世貴其廣大，傳世貴其悠久。雖說時代不同，而一時代作者之意氣、心情則可以異世而相感，使後人有恨不同時之想，此爲傳世文之主要條件。諸位細誦孔北海與諸葛孔明之上述三文，自可有此感悟。自可知文學之眞價值，主要在此作家之意氣上、心情上；有了這一番意氣與心情，才有在文學史上如何表達之技巧可言。若專一在文學技巧上用心，則再多亦是文苑傳中一人物。

今天的時代，較之東漢末年更不如。諸位應懂得在意氣、心情上用功夫，能約略近似孔北海與諸葛孔明，則所謂理想的時代文學，也可說已在諸位的筆底、腕下了。

（一九六四年二月二十八日在新亞書院中文系講，原載一九六四年六月新亞書院中國文學系年刊第二期。）

魏晉文學

一

今天講題是「魏晉時代的散文」，暫不包韻文在內。

講究文章首應懂得辨異、明變。「辨異」者，應能辨此篇與彼篇之不同，如韓昌黎答崔立之書與答孟尚書書不同，其送董邵南序與送李愿歸盤谷序不同。進一步要懂得此家與彼家之不同，如韓柳、歐王之各不同。再進一步要懂得此一時代與彼一時代文章之不同，如西漢與東漢不同，唐宋與明清又各不同。苟明於此，即掩去作者名字，亦可約略推定其文之時代與作者。如李陵答蘇武書，蘇東坡云：「此乃齊、梁間人作。」當知此非深通文事者決不能道。若自此更進一步，則知一個國家與一個民族之文學，亦自與其他國家與民族之文學有不同。近代西方各大學皆設有「比較文學」一課，即是此義。能「辨異」自能「明變」。將此諸「異」按歷史時代順序排列，即是文學之「變」。如是始可進一步治「文學史」。但在此「異」與「變」之中，又必能明其共同相通一貫不變處，如是始有「文學通論」之建立。

文學又與藝術相通。辨異、明變，即猶如藝術上之鑒賞工夫。如看一幅畫，須能鑒別得此畫是某時代、某人的作品。懂得鑒別，才能懂得欣賞；能鑒別、欣賞，而後能摹仿。摹仿即是學，所謂「師法」也。如學韓文，要能鑒別出韓文一家之特異處，而加以欣賞，才能從事摹仿。摹仿精熟，始有創造。從前人教法只重誦讀，反覆讀熟，心知其意，自然得之。此實爲一種文學上最高之鑒別、欣賞方法，然未必人人能用。近代人更怕此方法，費時費力。以下試略講一些鑑賞方法之較易領略者。

每一篇文章可分兩方面看：一是「內情」，一屬「外貌」。內情即是文之「心」，外貌則是文之「體」。「作意」是內情，「作法」是外貌。論作法又有「字法」、「句法」、「章法」、「篇法」諸項。能自此數方面慢慢分别認識，應可懂得一家、一時代文章之外貌。其中字法最易懂，篇法最難講，此刻暫置不談。

以上是空泛講研究文學如何辨異、明變。今天所講「魏晉文學」，則是要將魏晉一時代之文學，與以前之上古、兩漢，乃及以後之宋、齊、梁、陳而下，分劃出一異相來。即是說要講出魏晉文之特出點，爲其前或其後各時期所無，而爲此時期所獨。下面所講即可爲上面之泛論作實例。

此刻先就魏晉文之內情方面言。試問當時作家普泛寫文章之用意，即其寫作之內情，究與從前不同處何在？概括言之，魏晉人乃是開始以日常人生與其私人情感作題材，爲此以前經、史、子部著作所少見。若論魏晉文之外貌，又可說有兩個特殊點：一是語體文言之創興，一是散文之詩化。

先說第一點。中國人因語言與文字分歧，因此文章亦有文言、白話之分。但細辨之，仍可說有「文言的白話」與「白話的文言」；後者我謂之「語體文言」。今天流行的白話文，其實多是「文言白話」，一經說破，比較易知。而我所謂之「白話文言」或「語體文言」，則比較難懂。魏晉文體則正多是白話文言，即我所說之語體文言。我常憾近代頗少有人能自古今文章句法之變，來推尋古今白話語法之變者。今天來講魏晉文之句法，則正是一種白話體，而特以文言出之。此是魏晉文一新面貌，故我稱之爲是「語體文言之創興」。

其次說到散文之詩化。日常生活、私人情感，此等題材在中國文學史上，慣於用來寫詩，而魏晉人則以此種題材寫散文，我因稱之爲「散文之詩化」。簡言之，亦可稱爲是一種「散文詩」。近人提倡作「白話詩」，有意要打破舊詩之句法與韻律。殊不知中國古代早已有一種頗爲高明之散文詩，並無韻律而見詩情。我曾在講論語與韓文中提出此意。但散文詩之普泛流行及其能達到最高境界者，則在魏晉時代。以上我試舉出此兩大綱領，來說魏晉文之特殊處，此下再較詳講述。

二

講中國文學應分韻文、散文兩部分。實際上此兩部分亦不易嚴格劃分，講散文常易講到韻文，講韻文亦常易講到散文，因此中互有匯通處。

遠從古代講起，自詩經變爲離騷、楚辭，屬韻文。尚書以下變爲春秋（記事）、論語（記言）及諸子論著，是爲散文。論著文中，又可分論道與論事之別：論道則如諸子著書，各道其所道；論事則如戰國策縱横家言是也。

兩漢文學主要新興者爲「賦」與「奏議」兩類。漢賦雖屬韻文，但實則大部分來自戰國縱横家言；即漢人奏議亦然。兩漢文大致可把此兩大類爲代表，此層我已於上兩次講演中講過。①今試總括歸納来説，則中國古代文學，都是應用於政治場合者。即如詩經，大部分亦用於政治場合。諸子私家著述所講，盡是一套思想理論，而此項思想理論，仍以應用於政治場合者爲主。文字只是一種表達工

① 編者按：此兩講稿已寫成中國古代散文——從西周至戰國與漢代之散文兩篇。前者收入論叢（二），後者見本册前篇。

具，亦可說一切著作都具實用性。文章屬工具，故無其獨立性；文章爲公用，故甚少私人性。兩漢以前的文章，我們也可說其僅是一種應用文。我們亦可說中國古代文學，絕大多數是屬於政治性的、社會性的，而絕少部分可謂是具有私人性。此與魏晉以後文章，多加入私人情感與其日常生活爲題材者大不同。

因此中國古代文章中多只包括史學、哲學，而無純文學；純文學須至魏晉時代才正式開始。此一層從前人早已提出，惟與我所講稍有不同而已。即如昭明文選中不選經、史、子三部，即已知有此分別。昭明太子在序文中曾有明白交代云：

> 老莊之作，管孟之流，蓋以立意為宗，不以能文為本。

蓋古人本不以文爲學，如西漢人奏議並不是存心要來寫一篇文章，其主要用意在論事，故說其「無意爲文」。中國人向來論文，常認「無意爲文」始屬文境之最高者。但至魏晉時代始多「有意爲文」。我們亦可說，至是文章始有獨立性，始有其獨立存在之價值，故魏晉以下人始知以文爲學。此乃中國文學史上古今轉變一極大分別。

昭明文選之序文中又說，其所選者，必要：

事出於沈思，義歸於翰藻。

此處所謂「沈思」，卻不是古人論道、論事之思，此「思」乃屬於文章上者，乃一種「文思」。因其以文爲學，故臨爲文章而知沈思，纔更講究到字法、句法、章法、篇法，種種文體上之修飾方面去。至於講到「翰藻」，昭明所指，如漢賦，修辭自更重要。但我所講漢賦乃來自戰國縱横家言，與此下魏晉新文體絕不當連類並視，此層我已在讀文選一文中詳細分析過，請諸位用來參讀。

其實昭明太子乃梁人，齊梁文學已與魏晉文學又不同。後人都把文選所錄，混通一體視之，遂以爲東京以降無文。至唐代韓昌黎出，有「文起八代之衰」之稱。直至晚清時代，尚有人出來講「選體」。然如此講法則不免把魏晉文學之特點忽略了，故我今天特地挑出魏晉一段時期來講述。

三

其實魏晉時代乃屬中國文學史上一段轉變創闢時期，甚屬重要，不宜忽視。講文學轉變，則必須通曉歷史，明白時代背景，纔可明其轉變之因由。西漢時儒學極盛，當時正是大一統政府光昌隆盛之一期，一般人重在論道經邦，通經致用。逮東漢中晚以下，政治日見衰替，儒家治平大道一時似無可展布，人們亦失此信心，於是遂轉而治道家言，轉入個人主義，更無心爲社會、國家、大羣體著想。私人情志與日常生活之解放舒縱，彼等謂之「自然」，由感傷轉歸消極，講求享受、娛樂。如東漢末期仲長統樂志論中之所透露，即是當時人心轉變之明白指示。人心變，語言文字之作意自亦隨而變。個人之內心情感、日常生活大量奔放送進文章作品中，此實爲當時文學轉變一絕大之主因。至其助緣則應是當時詩體之復興，是即五言詩之創始。

詩經大體用四言，離騷、楚辭爲長短句。漢人樂府中多有民間自由抒情之作，但在當時尚不受重視。自樂府一變而爲五言詩，於是情勢大異。五言詩與樂府有甚深關係，此處不論。但可知者，五言詩一定創始於東漢，而並不在西漢。後人以爲古詩十九首「驚心動魄，一字千金」，此八個字值得我們仔細咀嚼，深切體會。我們讀此十九首，應能由此體會到當時一般人之內心情感。何以讀此十九首詩而有「驚心動魄，一字千金」之感？由此悟入，便易明白到魏晉時代文學之新轉變與其特性所在。

由詩轉向文，遂有新文體，乃及文章之新評價。魏文帝典論論文謂文章乃：

經國之大業，不朽之盛事。

此十字應分兩層講：首句「經國大業」，應指向來古人經、史、奏議之類而言；次句「不朽盛事」，才是專指文學言。古人所謂立言不朽，實與曹氏此處所云文章不朽不同。曹氏又曰：

年壽有時而盡，榮樂止乎其身，未若文章之無窮。

此乃當時人對文學之新認識與新觀念。何以文章能無窮不朽？除卻其有關經國大業之外，只要其能驚心動魄，一字千金，獲得當時及後世人之共感共鳴，則私人情志與日常生活亦可運入題材，永傳無窮。故說魏晉人始懂得文學之獨立價值，此時代實乃文學覺醒之時代。

希臘人很早便有「史詩」、「抒情詩」之別。在中國古代則只有包括哲學與歷史的實用文，卻無純抒情的純文學。屈原作離騷，在他自己想法，亦並非要寫此一篇文章來做一文學家。至其弟子宋玉，更不懂什麼是文學，只求寫些宮廷俳優之文，供帝王之娛樂而博其喜愛，如此則已。漢賦大體亦然。必至建安乃始有抒情文學之出現。

文章變爲不朽，可以無窮，於是乃知有文學批評。曹植與楊德祖書有曰：

僕常好人譏彈其文，有不善者，應時改定。昔丁敬禮常作小文，使僕潤飾之，僕自以才不過若人，辭不為也。敬禮謂僕：「卿何所疑難？文之佳惡，吾自得之，後世誰相知定吾文者耶？」

此種觀念亦爲以前人所無。至是才知在文字上用心，一字一句，衡量佳惡，力求可以傳後。但從另一方面講來，魏晉人文章卻極率眞、自然、平淡、直鋪，並非矯揉造作，或極意翰藻粉飾。當時人既已懂得以文爲學，有意爲文，又歡迎他人批評、修削，力求不朽，但何以反寫出平淡樸率的文章來？諸位如試讀古詩十九首，如：「驅車上東門，遙望郭北墓。白楊何蕭蕭，松柏夾廣路。下有陳死人，杳杳即長暮。」諸詩句，所寫也只是平淡直鋪，自然率眞，把心中話實吐向人。惟求所寫與所思合一，毫不見有絲毫做作之態。此即是魏晉文學之眞血脈，眞來源。魏晉文所講究者，正在力求自然，心口如一。雖有意爲文，而仍若無意爲文。

四

上述魏晉散文之兩特點：一是「語體化」，一是「詩化」，其實此二事亦是一事。在中國文學中，較近語言者實乃詩體而非散文。如尚書、論語、莊子等書，皆比詩經中造句距離語體較遠。此中涵有一極大問題，惜尚未有人爲之詳細發揮。

通常講魏晉文學，多自「建安七子」講起。建安乃漢獻帝年號，其時相當於西方之第二世紀。建安七子又稱「鄴中七子」，因其多在鄴中，活動在曹氏父子之政治圈中。此七子中以孔融爲首。此人大可注意，惜其集今已散佚，無可詳論。姑舉其與曹操論盛孝章書，開始即說：

歲月不居，時節如流。五十之年，忽焉已至。公為始滿，融又過二。海內知識，零落殆盡。

此乃把古詩四字句法運化爲散文，成爲一節詩化之敍事散文。在詩中論之，實即是「賦」體，因其直率將私人情感平白率直寫出，情話如一，而成爲此一新時代之新文學。

此外如孔融薦禰衡表，亦多用四字句。其與邴根矩書，更是通篇四字句成文。曹操封田疇令亦然。其他如陳琳爲袁紹檄豫州亦以四字句爲主。又如潘元茂册魏公九錫文，全篇用四字句。李密之陳情表，亦通篇四字句。此下如羊叔子讓開府表，阮嗣宗爲鄭沖勸晉王牋，庾元規讓中書令表，劉伶酒德頌諸篇，亦莫不以通體四言成篇。此等四言句，則無不平直如話。如曹操作新樂府：「月明星稀，烏鵲南飛；繞樹三匝，何枝可依？」此種句法固然亦是白話，由此變爲散文，便如上述。

然當時散文，亦非專用詩體四言。其有用長短句者，則更見其爲一種語體化之文言。如曹氏之讓縣自明本志令，可爲我所說「語體文言」之代表性作品。此文文選中未收錄，可見齊、梁人已不懂欣賞。照例讓縣應向上呈一「表」，如此則成爲一篇公文。今操反下「令」其部下，卻又稱「自明本志」，如此遂成一篇絕妙好文。曹氏此文，論其題目，實亦是一創格了。昔朱子早年喜學曹操書法，其友人學顏魯公書，譏曹氏爲漢奸臣，不當學；如此文自比周公，偽態畢露，然讀後終能令人欣賞。原文收三國志裴松之注，又見清人嚴可均輯全三國文。文中有云：

孤非徒對諸君説此也，常以語妻妾，皆令深知此意。

此顯是語體之話家常。又云：

設使國家無有孤，不知當幾人稱帝，幾人稱王！

此亦是用語體爲文也。若用文言應爲：「不知稱帝者幾人，稱王者幾人！」語體平直，文言則多曲折；又語體句短，文言句長；語體可省許多虚詞，文言則用虚詞多；此等處大可比較研究。現在我們用的，則是文言化的白話，則反而更多浮泛空虚不必要的字來增添累贅，與語體化的文言適成對比。又如「設使國家無有孤」一語，就文言論，一「無」字已足，「有」字顯屬多出；然增一「有」字可加強下面「孤」字之地位與語氣。可見文言與語體只看使用適當，其本身並無優劣雅俗之别也。

要之曹氏此文文體如語，只如對朋友講私衷，述家常，就文論文，實是古今絶唱。

當時詩化散文中最傑出、最躋上乘者，莫過於「書牘」一體。如魏文帝與朝歌令吳質書曰：

白日既匿，繼以朗月。同乘並載，以遊後園。輿輪徐動，參從無聲。清風夜起，悲笳微吟。樂往哀來，愴然傷懷。余顧而言，斯樂難常。足下之徒，咸以為然。

此書只說宴遊之樂，而微帶感傷之情。論其內容，只是敍述日常人生之一片段，敍述內心情志之一刹那，殊無瑰偉絕特之處。然隔近兩千年，至今誦之，依然親切，情景如昨，嘅歎可聞。文章不朽，如是如是。若論其技巧，也只是運用四字句，化詩爲文，平鋪直敍，僅如一篇小賦。此等文體，求之以前，殊爲少見，惟楊惲報孫會宗書差相彷彿。楊惲書乃學自其外祖司馬遷之報任少卿書。司馬遷書乃是一篇傑出散文，但楊惲書則頗見詩化。書中有一段云：

臣之得罪，已三年矣。田家作苦，歲時伏臘，烹羊炮羔，斗酒自勞。家本秦也，能為秦聲。婦趙女也，雅善鼓琴。奴婢歌者數人，酒後耳熱，仰天撫缶，而呼嗚嗚。其詩曰：「田彼南山，蕪穢不治；種一頃豆，落而為萁。」人生行樂耳，須富貴何時？是日也，拂衣而喜，奮袖低昂，頓足起舞，誠淫荒無度，不知其不可也。

文中之「其詩曰」云云，頗似散文句法；而整段文字，卻又十分詩化。這因要講私人生活及內心情感，則以詩體爲宜。魏晉人把此等體材，由詩化散文來描寫，自然更見合適了。清代人學魏晉小品，如汪容甫、洪北江，風韻情貌皆佳。較之龔定菴學諸子文體，顯然不同。

再說到語體化之文言。除上述曹操述志令外，三國志管寧傳引程喜一文，報告管寧閒居生活，其辭極瑣屑，極錯落樸率，而情景逼眞，大有遷、固遺意；所不同者，乃是其語體化的分量，較勝過了文言化之分量而已。

五

我以上已將「詩化散文」與「語體文言」之兩特點中之句法、語法，約略講過。玆再說到篇法、章法方面。如諸葛亮出師表全文用了十個「也」字作結句，平平敍去，又坦直，又樸率。又如潘元茂册魏公九錫文，全篇也用了「此又君之功也」一句共十次。迨後嵇康與山巨源絕交書也從「一不堪也」順次至「七不堪也」，平平敍說。此等都似只在講話，並不見有謀篇布局之意。後來唐宋古文便決不如此。

昔曾文正有言：

古文無施不可，惟不宜說理耳。

其實桐城派古文模擬唐宋八大家，在句法、章法上太注意了，其不宜說理則誠有之。至如魏晉文，把句法語體化，把章法平鋪直敍，也可說是漢賦化，反而在說理上無施不可。如嵇康之養生論，說理細膩曲折，無微不至。其後如郭象注莊子，長篇累牘，皆是絕好說理文字。此下這一種文體，漸漸用來繙譯佛經，用大部書來敍事說理，亦不見有困難。近代惟章太炎爲文頗識此意，所惜是其好用古僻字，成爲一大纇。

六

現在再回說到開始所講辨異、明變的問題上來。

清代考據學家，因不喜歡宋儒，連帶不喜歡唐宋八家乃及桐城派古文；而自阮元以下，要來提倡「選體」。其實即就文選論，上起先秦，下迄齊、梁，中間所收文體，也多變化。即言辭賦，如王粲之登樓賦，下及陶淵明之歸去來辭，他們都以散文體勢化入辭賦，顯與兩漢舊辭賦大不相同。只因同收入在一部文選裏，便使人不易覺察。

說至此，可見選文亦是一大事。如姚惜抱古文辭類纂之後，有曾文正之經史百家雜鈔；所選不同，對讀者影響自亦不同。我常想把魏晉時代的文章精選一、兩百篇，讀者得此選本，自然可對魏晉文學之神情體貌之特出點心領神會，不煩分析講解，而自能鑒別，自能欣賞。可惜我現在沒有閒工夫來作此事，本講演只能略提綱要，由諸位自己去尋究領會吧！

（一九六四年十二月十八日在新亞書院中文系講，原載一九六五年六月新亞書院中國文學系年刊第三期。）

略論魏晉南北朝學術文化與當時門第之關係

一

魏晉南北朝政治腐壞，篡亂相乘，兵戎迭起。中國版圖，半淪胡統。前後四百年，太平統一之期，殆不足十分之一。然學術尚有傳統，人物尚有規儀，在文化大體系上亦多創闢。專就隋書經籍志所載，約略計之，古今書籍，共二千一百二十七部，三萬六千七百零八卷。若通計亡佚，達三千八百二十三部，四萬三千六百七十五卷。除少數古籍外，大部分係此時期人所作。以四百年計，平均每年當得新書十部，亦可謂按月當產生新書一部，而佛道典籍尚不在內。

據開元釋教錄，三國下至隋前，共計譯人一百一十八，譯經一千六百二十一部，四千一百八十六卷；此當據唐開元時尚存者言。若據隋志，乃有二千三百二十九部，七千四百一十四卷。即就一千六百部計，在此四百年中，亦平均每年當出四部十卷以上。以一卷萬字計，四千餘卷當得四千萬言之多，數量鉅大驚人。當時繙譯佛經，工作至艱巨：一則佛經傳入不易，再則華梵語文隔閡；既須外來高僧合作，又須口譯筆潤分工，始克臻事。則此一時期，單論佛教傳入方面之成就與貢獻，已可大書特書，永爲後人仰歎。

此後佛教成爲中國文化之一支，並推衍及於高麗、日本。就今而言，欲追究印度大乘佛學，非仰賴中國譯經不可。此一大事因緣，主要由於此時代人之努力。僅言佛教傳入，疑若其事甚易，語嫌不切，將使人忽略了此時期人完成此一業績之努力。

常言佛、法、僧三寶。佛創始說法，須有傳承說法之人。而當時中國僧人之宣揚佛法，事更不易。梁釋慧皎著高僧傳，東漢迄梁四百五十餘年，共二百五十七人，又傍出互見者二百餘人。開其德業，分隷十科。此下姑舉三人爲例。

首當提及釋道安。道安乃中國佛教史上第一高僧，由彼引起中國人注重佛法，並造成此下佛教在中國文化體系中之地位。習鑿齒致謝安書有云：

來此見釋道安，故是遠勝非常道士。師徒數百，齋講不倦。無變化技術可以惑常人之耳目，無重大威勢可以整羣小之參差；而師徒肅肅，自相尊敬，洋洋濟濟，乃是我由來所未見。其人理懷簡衷，多所博涉，內外羣書，略皆遍覩。陰陽算數之學，亦皆能通。佛經妙義，故所游刄。

觀於上引，可想見道安之人格與學養，及其在當時之受人仰敬。

又金樓子載習鑿齒與道安在襄陽相見，謂鑿齒詣道安，值持鉢趨堂，鑿齒乃翔往眾僧之齋。眾僧皆捨鉢斂衽，惟道安食不輟，不之禮。習甚恚之，厲聲曰：「四海習鑿齒，故故來看爾。」道安應曰：「彌天釋道安，無暇得相看。」習愈忿云云，道安復云云，習無以對。據此則習鑿齒所折服於道安之人格與學養者，更見不尋常。

當知佛陀乃千年前一外夷，當時流行莊老觀念，佛教經典亦彼外夷之糟粕，苟非有至德高僧，親身實地闡揚作證，如何得人崇信？此所謂「人能弘道，非道弘人」。「苟非至德，至道不凝」。道安誠當時佛門中一至德，佛法卽凝聚其身，而由之宏揚。如習鑿齒與謝安書所云，道安與中國社會傳統重視之大儒，可謂並無二致。由此推想，庶可得佛法在當時中國社會宏布流傳之一番主要契機所在。

其次當及慧遠。世說注引張野遠法師銘，稱其世爲冠族，游學許、洛。二十一，欲南渡就范宣子學，道阻不通；遇釋道安，遂以爲師，抽簪落髮，研求法藏。高僧傳稱其：「精思諷持，以夜續晝，貧旅無資，緼纊常缺。」知遠公本修儒業，自非道安高德，何緣使其回心折服如此！

慧遠從道安逾十餘年，後南渡東止廬山東林寺三十餘年。時謂其「影不出山，迹不入俗」。然四方仰景其人者紛至沓來。慧遠送客，常以寺前虎溪爲界。其學兼綜玄釋，並擅儒學。周續之閒居讀老易，入山師事。宗炳、雷次宗事遠講喪服經。後次宗別著義疏，首稱雷氏學，宗炳寄書嘲之，曰：「昔與足下共於釋和尚間面受此義，今便題卷首稱雷氏乎？」慧遠於佛法創淨土宗，當時有淨土會，劉遺民爲文，稱同志息心貞信之士凡一百二十三人，中有名士七人。周續之、宗炳、雷次宗皆與焉。又雷氏與周續之嘗同受遠公詩經之學。世說有殷荆州問遠公易以何爲體。由遠公而推道安，知道安之博通内外羣書，亦斷非虚語。而遠公之以喪服教授，其事更值注意。蓋當時大門第制度盛行，喪服之與門第，關係至深；遠公不厭講授，亦情存濟世。與其宣揚佛法，可謂貌異心同。又遠公並擅繪事，卽其藝術之精，亦得世人重視。故知當時佛法所以宏宣，正賴有高僧如遠公等，大心博學，宏應世需。故使世俗聞風，歙然信服也。

最後當提及竺道生。道生依竺法汰改俗，而法汰亦隨道安，則生公乃道安之徒孫。據高僧傳，當時先出中譯本泥洹經六卷，所謂小品泥洹。大本三十餘卷尚未全譯，六卷本先至京都。生公剖析經理，洞入幽微，乃說：「一闡提人皆得成佛。」此語與先譯六卷泥洹經相反。生公孤明先發，獨忤衆見，一時僧徒羣目爲邪說異端，譏憤滋甚，大會逐之。然生公不爲屈，於大衆前正言誓曰：「若我所言違背經意，願於現身甘受癘疾之災。不然，則願捨壽之時據獅子座。」遂去至虎丘，旋至廬山。不久，全部涅槃經譯出，乃證生公所說實乃懸契佛旨。此一故事，在中國佛教史上具有甚大影響。其前鳩摩羅什已稱遠公未讀佛經而通佛理，正與生公先後遙符。可證我上述佛門僧寶價值之所在。蓋佛法人人具有，亦人人可悟，生公此義，實與儒家傳統孟子「人皆可以爲堯舜」之說相扶會。生公特深契悟，亦不得不謂其先於中國文化傳統儒家精義遠有根柢。而生公之頓悟義，下至唐代禪宗六祖出世，更有所發揚光大。此後禪宗遂爲中國人自創佛學中一最要骨幹。又後淨土宗盛行，乃有禪淨合一之新途徑，成爲中國社會最普遍之佛法。此事不得不追溯及於遠、生兩公。此時代人在中國佛學史、中國文化史上之貢獻，卽此一項，已屬無可比量。

二

此下當再賡述有關此一時代經、史、子、集四部學之大概。先論經學。十三經注疏乃中國經學一大結集，除唐玄宗孝經御注外，易魏王弼注，論語魏何晏集解，左傳晉杜預集解，穀梁晉范甯注，爾雅晉郭璞注，又尚書孔安國傳，乃魏晉人偽託。尚書偽古文，亦出魏晉人編撰。當時又特創義疏新體，與同時僧人所爲佛經義疏有關；惜皆遺失，獨梁皇侃論語義疏僅存。而唐初孔穎達等編五經正義，疏之部分，十九采自南北朝。此見當時人對經學貢獻，不爲不大。

其次，隋志載此時代人有關經學之著述，計六百二十七部，五千三百七十一卷。通計亡佚，有九百五十部，七千二百九十卷。張鵬一隋志補又增出九十二部。就隋志分類統計如下表：

經籍名稱	部數	卷數	通計亡佚之部數	通計亡佚之卷數
易	六九	五五一	九四	八二九
尚書	三二	二四七	四一	二九六

詩	三九	四四二	七六	六八三
禮	一三六	一六二二	二一一	二一八六
樂	四二	一四二	四六	二六三
春秋	九七	九八三	一三〇	一一九〇

表中所云亡佚，乃據作志時言，今則可謂亡佚已盡。然觀上表，知此時期之經學，並未中絕。

若以著作數量作爲當時對經學中某一部分重視與否之衡量標準，則此時代之經學最重禮，次春秋，易居第三位。劉宋時以易與老、莊同列爲三玄，然固非當時人重視惟易也。唐杜佑通典引晉、宋以下人禮議，多達二百餘篇。朱子云：「六朝人多精禮，當時專門名家有此學，朝廷有禮事，用此等人議之。唐時猶有此意。」又云：「五經疏，周禮最好，詩、禮記次之，書、易爲下。」清儒沈垚落颿樓集亦謂：「六朝人禮學極精。唐以前士大夫重門閥，雖異於古之宗法，然與古不相遠。史傳中所載，多禮家精粹之言。」近儒章炳麟檢論五朝學謂：「據南史何承天傳，先是禮論有八百卷，承天删減，並各以類相從，凡爲三百卷。又徐勉傳，受詔知撰五禮，大凡一百二十帙，一千一百七十六卷，八千三十九條。然則通典所載，二十分之一耳。」此皆於六朝人精禮學有所指明，而沈氏謂六朝以有門第而精禮，其言尤有特識。

南北朝時，經學亦分南北，所重各不同。就禮學言，南方重喪服，如上述高僧遠公，亦精此學；雷次宗以此負盛名，時與鄭玄並稱。喪服本屬儀禮中一篇，所以別出成爲一時顯學者，正因當時門第制度鼎盛，家族間之親疏關係，端賴喪服資識別，故喪服乃維繫門第制度一要項。下至唐代，門第尚存，故通典尚多載此時代人所講關於喪服之篇章。宋後無門第，故自程朱理學下迄清代經學考據，於此皆疏，不復注意也。

南方禮學，除喪服外，並重朝廷一切禮樂輿服儀注。此由當時南方武力不競，民族自尊心之激發；所謂「衣冠文物」，亦是民族文化所寄與其象徵所在，抑又爲當時北方胡人急切所學不到。高歡曾云：「江南蕭衍老人專事衣冠禮樂，中原士大夫望之以爲正朔所在。」故當時南方學者重視此方面，在心理影響上，對於南北對峙局面，實有甚大作用。宋書王淮之傳，稱王彪之練悉朝儀，家世相傳，並諳江左舊事，緘之青箱，世人謂之王氏青箱學。梁書載江蒨好學，尤悉朝儀故事，撰江左遺典三十卷未就。此爲南方門第重禮學之又一面。

北方學者亦重禮。且當時南北學術多聲息相通。北人治喪服者亦多，如後魏敦煌索敞，見本傳。河東柳玄達，見裴叔業傳。范陽盧道虔，見盧玄傳。後周趙郡李公緒，見李渾傳。皆是。然北人所重，更在周官。因北方胡、漢雜糅，欲實際改進當時政制，乃轉趨於古制度之鑽研。蘇綽爲宇文泰定制，卽根據周官。下迄隋唐，遂重開中國歷史之光昌盛運，蘇氏之功不爲小。北齊熊安生，爲周官學大師，史稱其通五經，專以三禮教授，弟子自遠方至者千餘人，其受業擅名於後者，劉焯、劉炫尤著。孔穎達五經正義，多采二劉之說。北周滅北齊，熊氏知北周君必來訪，命童僕灑掃門庭以待；翌晨，北周君果至。此見周官學在當時北方之見重。亦可知北方經學，亦重通經致用，與南方可謂異途同歸。

近人陳君寅恪著隋唐制度淵源論略稿，詳舉唐代開國，其禮樂輿服儀注，大體承襲南朝。然禮樂、制度，秦漢以下，早有分別。史書中如職官、田賦、兵制等屬「制度」，封禪、郊祀、輿服等屬「禮樂」。宋歐陽修新唐書禮樂志，辨此甚明。隋唐制度，自是沿襲北朝。陳君混而不分，僅述南朝禮樂，忽於北方制度，此亦不可不辨。

三

其次爲史學。其發展，較之經學更爲重要。隋志史部有八百一十七部一萬三千二百六十四卷，通計亡佚，有八百七十四部一萬六千五百五十八卷。張鵬一隋志補，又增出六十部。論其數量，較經部多出一倍。且經部多漢前舊書，史部則多魏晉以下人新著。

漢志無史部，司馬遷史記附六藝略春秋門，見是時史學尚未獨立。東漢自班固漢書外，史學著作亦不多。中國史學發達，應始東漢晚期，至魏晉南北朝而大盛。不僅上駕兩漢，抑且下凌隋唐。此下惟宋代差堪相擬，明清亦瞠乎其後。舉其要者，晉陳壽之三國志，宋范曄之後漢書，與馬、班並稱四史。其他列正史者，宋書、南齊書、梁書、魏書等，皆此時代人作。東漢末，荀悅撰漢紀，劉知幾史通推以爲「左傳家」之首，又稱「班、荀二體，角力爭先」。唐代試士，以荀紀與史、漢爲一科。晉袁宏撰後漢紀，史通謂：「世以袁書配蔚宗，要非溢美。」宋儒王銍作兩漢紀後序，亦稱：「荀、袁二紀於朝廷紀綱，禮樂刑政，治亂成敗，忠邪是非之際，指陳論著，每致意焉。反復辨達，明白條暢，啟告當代，而垂訓無窮。」蓋自司馬光資治通鑑以前，編年之史，更無堪與此兩書媲美者。故即舉現所留存之史籍言，此時代人之成就與貢獻，已至偉碩。

再論其亡佚者，裴松之注三國志所引書，明記書名者達一百四十餘種。宋劉義慶世說新語梁劉孝標注，據高似孫緯略，所引漢、魏、吳諸史及子、傳、地理之書俱不論，僅晉代一朝史書，及晉諸家列傳、譜錄、文章已及一百六十六家。裴、劉之注，固是贍博，而陳、劉原著之精卓，亦因而益顯。范蔚宗作後漢書時，松之注所引各書當俱在，故范書可以取精用宏，乃有補陳志所不載者。而袁宏作後漢紀，尚在范書未布之前，其所采既博，而竟亦少有出范書之外，又可見范書采摭之功力。又如晉書在當時有十八家之多。其他史籍繁夥，一檢隋志而可知。此蓋史學在當時爲羣力所萃，故能醞釀出好成績也。

今再論魏晉南北朝人史學著作之內容。隋志乙部共分十三類：一、正史，二、古史，三、雜史，四、霸史，五、起居注，六、舊事，七、職官，八、儀注，九、刑法，十、雜傳，十一、地志，十二、譜系，十三、簿錄。可見當時史學規模之完備。正史屬紀傳體；古史爲編年體；雜史則在此兩體以外，或係鈔撮舊史；霸史則爲分國史，如十六國春秋之類；起居注乃由當時史官記載人君言行；舊事有制度法令，有雜事記載；職官、儀注、刑法則屬禮儀制度。而雜傳一類，尤爲當時人所特感興趣，故其撰述共有二百一十七部，一千二百八十六卷。主要爲人物傳記。有分類作傳，如聖賢高士傳、逸士傳、逸民傳、至人高士傳、高隱傳、高僧傳、止足傳、孝子傳、忠臣傳、良吏傳、文士傳、童子傳、列女傳、神仙傳等。分地作傳，如兗州、徐州、交州、魯國、楚國、汝南先賢傳、益部、陳留耆舊傳、豫章烈士傳等。分時代作傳，如正始名士傳、江左名士傳等。分家族作傳，如王肅王郎家傳、太原王氏家傳、王氏江左世家傳等。並有一人專傳，如管輅傳、法顯傳等。又清章宗源隋書經籍志考證，據裴松之三國志注，劉孝標世說注，下及藝文類聚、北堂書鈔、太平御覽等諸類書所引，自荀或別傳以下共得別傳一百八十四家。隋、唐志皆不著錄，無從考其卷數；然當時所爲一人專傳之數量，已幾與雜傳一門全部卷帙之總數相埒，此事尤堪注意。凡此皆見此時代人重視人物，實爲此一時代之特殊精神所在。惟其人物之傳記既詳，故薈萃成史，其事自易。其次則爲地理記。其部數與卷帙，僅次於人物傳記，凡得一百三十九部一千四百三十二卷。蓋人物與地理有關，二者之受重視，則爲當時門第郡望觀念之影響。世說有王濟、孫楚爭辯各自地望人物之美一則，又有王坦之令伏玄度、習鑿齒論靑、楚人物一則，皆是當時人各誇其鄉土先賢之證。又次則爲譜系。此亦與前兩類相引而起。蓋矜尚門第，必誇舉其門第之人物；乃亦讚耀其門第之郡望；又必有譜牒世系，以見其家世之傳綿悠久。直迄近代，方志家譜，代有新編，成爲中國史書中重要兩大部門，而人物傳記一項，則終不能與魏晉南北朝時代競秀爭勝。故知人物傳記之突出獨盛，正亦爲此時代一種特殊精神所寄也。

簿錄一項，亦見當時人另一種之興趣。簿錄乃一種圖書分類目錄，隋志所收共三十部，除七略別錄及七略外，其他二十八部全出此時代人之著述。可見此時代人重視書籍，好尚搜索，因重目錄分類。而四部之分，永爲後人承襲，亦可謂是此一時代之貢獻。

今再綜合言之，則此一時代重人物，又好尚書籍，並好著述，而人物傳記尤爲當時人興趣所在，成爲此時代史學驟盛之一因。劉知幾史通有云：

> 降及東京，作者彌眾。至如名邦大都，地富才良，高門甲族，世多髦俊。邑老鄉賢，競為別錄。家譜宗語，各成私傳。於是筆削所採，聞見益多。此中興之史所以又廣於前漢也。

劉氏此處所講，實已在東漢之晚年，更適用於魏晉南北朝。惟風氣遞傳，當溯之自東漢耳。

今再簡括上述，魏晉南北朝人於經學極重禮，史學則重人物，此二者，與其崇尚莊老虛無風尚有乖。此事大可注意，留待下論。

繼此當提及當時經學與史學之相通。史學本自經學中分出，而當時人亦每將經史相提並論。如吳華覈上表，謂：「司馬遷、班固命世大才，所撰精妙，與六經俱傳。」北魏李彪亦云：「臣竊謂史官之達者，大則與日月齊明，小則與四時並茂。其大者，孔子、左丘是也。小者，史遷、班固是也。」三國尹默傳：「默遠遊荆州，從司馬德操、宋仲子等受古學，皆通諸經史。」晉虞預傳：「雅好經史，憎疾玄虛。」庾峻傳有「重老莊而輕經史」之語。此皆當時人認經史爲同類，以與莊老玄虛相對立之證。同時史家亦多兼經學著作，如張璠著後漢紀，亦有周易集解；孔衍著漢魏春秋，亦有公羊集解；干寶著晉紀，亦有周易、周官注、春秋左氏傳義等；劉昭著後漢書注，亦有鈔集議祭六宗論，有難晉劉世明論久喪不葬議等；謝承著後漢書、漢晉春秋，亦有尚書，毛詩注等；徐廣著史記音義及晉紀，亦有禮論答問、禮答問等；裴子野著宋略，亦有喪服傳等。劉知幾史通謂：「大抵作者，自魏以前，多效二史，從晉已降，喜學五經」。可見當時人對經史之通觀並重。而論其本源，則皆自崇尚儒學來。史學家中，如徐廣、裴子野等，制行茂美，尤是粹然儒者之榘矱。宋書史臣曰：「臧燾、徐廣、傅隆、裴松之、何承天、雷次宗，並服膺聖哲，不爲雅俗推移。」此皆著作雖分經史，學術同歸儒門之證。

四

上述經史之學竟，次當及子部。此時代人在此方面之成就與貢獻，似較經、史、集三部爲弱。然隋志子部儒家，自荀悦申鑒以下，亦有二十二部一百六十九卷。通計亡佚，則有四十五部三百六十八卷。數量仍不爲少。荀悦申鑒，清四庫提要稱其：「原本儒術，所言不詭於正。」牟融理惑論，清儒洪頤煊稱：「是書雖崇信佛道，而不背於聖賢之旨。」徐幹中論，提要稱其：「闡發義理，原本經訓，而歸之於聖賢之道。」杜恕體論，清儒嚴可均稱其：「所論皆剴切通明，能持大體，粹然儒者之言。」王基新書，史稱：「其人學行堅白，國之良臣，時之彥士。」舉此爲例，知儒術在三國魏時，尚是確有傳統，榘矱未失也。

又如晉傅玄撰傅子，隋志入雜家，王沈遺書稱美之，謂：「省足下所著書，言富理濟，經論政體，存重儒教，足以塞楊、墨之流遁，齊孫、孟於往代。」提要稱之，謂：「所論皆關切治道，闡啟儒風，精意名言，往往而在。」又北齊劉晝著劉子，亦入雜家，嚴可均稱其：「言治國修身之道，有大醇，無小疵。」魏任嘏有道論，隋志入道家，然其人實儒士。又晉杜夷有幽求新書，隋志亦入道家，然晉書杜夷入儒林傳；劉勰文心雕龍稱之，謂：「典語、新書，法言、說苑，潛夫、正論，昌言、幽求，咸敍經典，或明政術。」推此意求之，知此時代人著書，隋志列入子部而不在儒家者，尋其內容，亦多與儒術相關。

又如隋志名家，有魏文帝士品一卷，劉邵人物志三卷，盧毓九州人士論一卷，吳姚信士緯新書十卷，姚氏新書二卷，通古人論一卷；此在當時稱爲「名理」之學。王符潛夫論謂：「名理必效於實，則官無廢職，位無非人。」意林引楊泉物理論亦謂：「國典之墜，由位喪也。位之不建，名理廢也。」劉勰文心雕龍亦曰：「魏之初霸，傅嘏、王粲校練名理。」可見當時人品評人物，精究名理，其志本在治平。而劉邵人物志一書，尤值研讀。提要謂：「其書主於論辨人才，以外見之符，驗內藏之器；

分別流品，研析疑似。所言究悉物情，精覈近理。其學雖近乎名家，其理弗乖於儒者。」今以劉氏此書，推想姚、盧所作，可知品題人物，爲此一時代之精神所寄，風會所重；與上述史部人物傳記一門會合參之，亦見此一時代特著精采之一面。而原本儒術，亦居可知。

至論道家，則如王弼之注老，郭象之注莊，固已永傳不朽。然王、郭兩家，亦欲兼滙儒、道，以創一代之新說者。又如僞古文尚書「人心唯危，道心唯微，惟精唯一，允執厥中」，乃改荀子引道經語，而宋儒奉爲講學準則十六字訣。又如孔叢子「心之精神是爲聖」，南宋楊簡敬仲終身誦之，明儒尤樂稱引；其語殆亦出此時代人所造。又如劉宋戴顒有中庸傳兩卷，梁武帝有中庸講疏一卷，亦爲後代尊尚中庸之先聲。其他名言絡繹，爲宋明儒心學導先路者尚亦不少。由此言之，則此時期人在子部方面亦未嘗無貢獻。

五

今當一談集部。漢志辭賦略所收，只楚辭、漢賦。集部大興自東漢，至魏晉南北朝而極盛。據隋志，共五百五十四部，六千六百二十二卷。通計亡佚，有一千一百四十六部，一萬三千三百九十卷。張鵬一隋志補，又增出專集七十二家。卷帙之多，堪與史部相埒。以四百年計，每年平均當出一部至三部集，亦可謂每年可出一位乃至三位專集作家。此即長治久安之世，前如漢，後如唐，亦難有此盛。

論其內容，總集中有昭明文選。此書在中國文學史上，有其不可磨滅之價値。書中所收，雖不全屬此時期人之作品，要以此時期作品爲主。此書在唐代最受重視，有「文選熟，秀才足，文選爛，秀才半」之說。舊唐書並列文選學於儒林傳，幾乎視之與經籍並重。宋以下，文選地位似有減損，然直至今日，治文學者，文選仍是一部必讀書。可見此一時代，在中國文學史上之貢獻。

嚴格言之，在此以前，中國並無純文學觀念。詩三百，都於政治場合中使用。屈原作離騷，乃激於忠君愛國之忱之不得已，而非有意欲作爲一文學家。漢賦大體供宮廷消遣娛樂，淵源於戰國策士縱橫游說之餘波，仍不失其在政治場合使用之背景。正式有純文學觀念之覺醒，則必俟建安始。故以前頗少以作者本人放進其作品中，換言之，卽很少以表現作者自身之日常生活及其內心情感作爲文學題材者，故作品中不易見作者之人格。如司馬相如、揚子雲、班固、張衡所爲賦，巨幅長篇，均與作者私人無關。建安以後，始以文學作品爲表現作者人生之用，以文學爲作者私人不朽所寄。魏文帝所謂：「惟立德揚名，可以不朽，其次莫如著篇籍。」又曰：「文章經國之大業，不朽之盛事。」是也。於是人求以文章期不朽，遂求融作者於作品中，務使作家與作品相會合一，而成爲一種新文學。唐宋韓柳古文，實亦襲此意境而惟略變其體貌。故在中國文學史上開始有純文學之抒寫，亦是此一時代一大貢獻也。

惟其如此，故此一時代之人生，乃多表現在此一時代之文學中。換言之，此一時代之文學，乃成爲此一時代一種主要之史料。若欲認識此一時代之整個時代精神，亦當於此一時代之文學中覓取。在此時代，幾乎人人喜有一部集，自求表現，求不朽。下迄唐、宋，直至近代，論文學觀念，似不能越出此一時代人之所想像與標榜。

除文選外，劉勰文心雕龍亦至今受人推重。勰與昭明太子同時，依沙門僧祐，博通經論，並校定定林寺經藏。後曾一度出仕。晚年燔髮爲僧，改名慧地。書分上下編，上編剖析文體，下編商榷文術。上編首三篇原道、徵聖、宗經，足徵彥和論文一本儒術。下編首三篇神思、體性、風骨，足徵彥和論文，貴能以作者與作品融爲一體，繼承建安以來之新趨嚮，而更加以發揮。劉氏所提出之道與聖，正猶佛家三寶中之佛與法。聖人雖亡，其道猶存。聖道存在經籍，文章所以明道，彥和謂「道沿聖以垂文，聖因文而明道」是也。故有志於斯文之作者，首貴徵聖與宗經。此則理想中之文人，正亦應如佛家三寶中之僧侶。此一理想，較之建安以來專注重文學觀點，僅求於作品中表現作家自身之觀念，遠爲超越。自唐代韓昌黎以下，凡論文所舉最高境界，亦無能逾此。下編論文章作法，首神思。彥和云：「形在江海之上，心存魏闕之下，神思之謂也。」神思卽指作者之內心。文章之神思，卽作者之神思，內外並非二物。次論體性。文章之性格，亦卽是作家之性格。性附於體而見。彥和之意，謂文章體性之背後，卽是作者個人之體性，由於作者之體性而表出其作品之體性也。再次爲風骨。骨猶言體，風猶言性。彥和曰：「怊悵述情，必始乎風；沈吟鋪辭，莫先於骨。故辭之立骨，如體之樹骸；情之含風，猶形之包氣。」文辭屬於外形，外形則必成體。文情乃其內心，內心則必有風。風者，乃以此心感染他心之謂。可知彥和言文章之體性風骨，其背後即是作家之體性風骨爲之主，猶其言神思也。可見文章背後則必有作者其人，正如道與經之背後則必有一聖。如此，不僅是人與文合一，作家與作品合一，乃進而爲文與道合一，庶其作品能與天人大道相合一。此一理論，雖出彥和一家之言，然亦由於此一時代之共同風氣，共同精神，遞進益深，而始達此境界。故根據彥和一人之意見，仍可借以闡述此一時代人之意見也。

彥和文心雕龍有序志篇，謂：「齒在踰立，嘗夜夢執丹漆之禮器，隨仲尼而南行。」又謂：「敷讚聖旨，莫若注經，而馬、鄭諸儒，弘之已精；就有深解，未足立家。惟文章之用，實經典枝條，於是乃始論文。」足見劉氏之文學思想，應具三源頭：一是建安以來以文學作品表達作者個人之新潮流，一是魏晉南北朝人重視經學、尊尚儒術之舊傳統，又一則在彥和自身又加進了當時佛門子弟一種宗教的新信仰；匯通合一以成其一家之言。此劉氏之一家言，乃在此時代中孕育而出。此一時代之學術風氣，人生理想，以及此時代人之共同精神，劉氏之書，至少亦可代表其一部份或一方面。

除劉書外，又有鍾嶸詩品，亦爲一部文學批評之佳作。此時代人因喜品評人物，遂連帶及於品評詩文。故讀此一時代之文學，即可窺測此一時代之人物；而讀此一時代之文學批評，亦可窺測此一時代之人物標準與人生理想；而所謂時代精神，亦可於此乎見。故劉、鍾兩書，就史學言，亦殊值重視也。

鍾嶸詩品序有云：「永嘉時，貴黄老，尚虛談，於時篇什理過其辭，淡乎寡味。爰及江左，微波尚傳。孫綽、許詢、桓、庾諸公，皆平典似道德論，建安風力盡矣。」此一説可注意。昭明文選已將文學從經史百家中抽離獨出，鍾嶸又將詩與清談分疆劃界。清談尚理，理過其辭，則淡乎寡味。惟情見乎辭，乃非虛辭。此皆證當時人對文學確有一種獨立觀點，同時亦可説莊老清談在當時學術界亦僅占一部分。一面既别有所謂經史之學，另一面則文學亦自有園地。抑且論此一時代之學術與風氣，若僅注意正始與永嘉，而忽略了建安，則終爲未是。

又按：此一時代人由品評人物而連帶注重品評詩文，遂亦連帶而注重品評字畫。隋志齊謝赫有古畫品錄一卷，梁庾肩吾有畫品一卷，陳姚最有續畫品一卷，其書今皆存。而謝赫之論六法，更爲後代畫人永宗弗替。蓋當時之崇尚文學藝術，皆由其崇尚人生來。此一時代之人生，亦可謂是一種文學藝術的人生。雖不免多有類病，然其理想風尚實如此，亦不當一概抹殺也。

六

以上略述魏晉南北朝人對四部學方面之成就與貢獻。其間尤值重視者，則應推史與詩二者。蓋此二者，尤爲當時之新創也。當時史學重心在傳述人物，詩則重在人物自身之表現。綜合言之，可知此一時代之注重人生。惟其所重，乃在個人，而非羣體。故論當時之政治，分崩禍亂，絕無足道；然不得謂當時便無人物，亦不得謂當時人物更無理想，無學術成就。政治雖頹敗不振，在民間則仍保有文化與學術之傳統，並能自有創闢。在此四百年之大亂世，而著作之多，超前軼後。唐代雖富強，又見稱文盛，然據歐陽修唐書藝文志序，唐代學者所自爲之著作，僅得二萬八千四百六十九卷，擬之此一時期，尚有遜色。今當進而探究其所以然之故，則不得不謂實與當時之門第有甚深之關係。此一時代之學術思想，何以既尚黃老，又重經史，又兼重文學，更復崇信釋氏？此種在學術上之複雜情態，亦須就當時門第背景提供一綜合之說明。此下當就此點，略加闡釋。

此時期門第之盛，盡人皆知。唐李延壽作南、北史，評者謂其：「乃以家爲限斷，不以朝代爲限斷，體近家乘，而非國史。」又謂：「宋、齊、梁、陳四代卿相，多王、謝兩家，李書以此兩家貫四代，四代似變爲一代。」又謂：「北史列傳與南史重複，雖曰二書，實通爲一家之著述。」凡此所評，實亦深切說明了當時之歷史特性。朝代雖易，門第則遞嬗相承。政府雖分南北，門第則仍南北相通。故在此時代中，政治上雖禍亂迭起，而大門第則依然安靜。彼輩雖不關心政事，而政府亦無奈之何。此乃當時歷史大病痛所在。然中國文化命脈之所以猶得延續不中斷而下開隋、唐之盛者，亦頗有賴於當時門第之力。

此下當先敘此時期門第之何由產生？再及當時門第之如何維持？

自東漢有察舉，而門第始興起。遠溯西漢，士人參政之制已確立，而儒家素重敬宗恤族，於是各自在其鄉里形成盛大之士族。由於經學傳家而得仕宦傳家，積厚流光，遂成爲各地之大門第。下至三國，大門第已普遍出現。試考當時有名人物，其先已多是家世二千石與世代公卿。陳羣爲曹魏定九品中正制，亦變通東漢之察舉制訂之，而陳羣亦是世家名門之後。可見門第起源，與儒家傳統有深密不可分之關聯，非屬因有九品中正制而纔有此下之門第。門第卽來自士族，血緣本於儒家，苟儒家精神一旦消失，則門第亦將不復存在。上所闡述，正可說明魏晉南北朝時代所以儒業不替、經學猶盛之一面。

七

東漢察舉，主要項目爲孝廉，此亦顯本於儒義。但自朝綱濁亂，黨錮禍起，儒士備受摧殘，影響及於門第前途之展望者，甚深甚大。姑舉范滂事說之。滂亦孝廉出身，黨獄起，汝南督郵吳導受詔捕滂。閉傳舍，伏牀而泣，一縣不知所爲。滂聞之，曰：「必爲我也。」卽自詣獄。縣令郭揖大驚，欲與俱亡。滂不可。其母就與訣，滂曰：「滂歸黄泉，惟母割不可忍之恩。」其母曰：「汝今得與李、杜齊名，死何恨！既有令名，復求壽考，可兼得乎？」滂跪拜辭，顧謂其子曰：「吾欲使汝爲惡，惡不可爲；使汝爲善，則我不爲惡。」行路莫不流涕。於此可見其時士人內心之苦悶與徬徨。此下政治黑暗有加無已，試問在如此政局下，人生究否尚有價值？抑因天下之亂，而從來儒家所定全部人生價值，將被取消？此一問題，應必在當時士人心中鬱結盤旋，而渴求得一解答者。

試續舉一例：鄭玄遭黨禍，被錮十四年。靈帝時，黨禁解，玄復膺徵，堅拒不出。袁紹子譚強加羅致，玄不敢拒，勉赴召。文苑英華引玄自敍云：「遭黨錮之事，逃難注禮。黨錮事解，注古文尚書、毛詩、論語。爲袁譚所逼，未至元城，乃注周易。」玄之與滂，所遇不同，因逃世難而完成其傳經之大業。其注周易，乃在踰七十高齡臨死前數月之事。然處亂世得幸生者，亦豈能人人埋首腐心於著書？試問苟其不然，人生又將於何寄託？所謂人生之意義與價值，又將何在？

今試再舉一例，聊爲此問題之又一解答作推測。世說首卷德行篇載：

陳太丘詣荀朗陵，貧賤無僕役，乃使元方駕車，季方持杖後從。長文尚小，載著車中。既至，荀使叔慈應門，慈明行酒，餘六龍下食。文若亦小，坐著膝前。於是太史奏「眞人東行」。

此事亦見劉孝標世說注引檀道鸞續晉陽秋，云：「陳仲弓從諸子侄造荀父子，於時德星聚，太史奏五百里賢人聚。」可知此故事甚爲當時及後世所樂道。所云德星聚，太史奏眞人東行，與五百里賢人聚云云，其非信史可不論；然正可由此推想此一故事受當時及後世之重視，故爲之渲染誇大，造此飾說。此事下距劉義慶作世說已越兩百年，而世說又重加以記載。今試問此一故事，究含何等意義，值得當時如此張大傳述？就實論之，陳寔在當時，僅官太丘長，在政治上無所表現，荀淑亦非顯達人物；而兩人一時相會，兩家子弟隨侍，喫一頓家常飯，而如此驚動流傳，大書特書，傳誦不輟，此中必有一內在意義可尋。今問當時人所重視於此者究何在？後代人所懷念於此者又何在？當知此中正有魏晉南北朝人內心深處一向蘊蓄之一番精神嚮往與人生理想，所以異於范滂、鄭玄，而爲當時亂世人生求出路者。請試稍爲之闡發。

世說同卷另一條云：

> 客有問陳季方：「足下家君太丘，有何功德，而荷天下重名？」季方曰：「吾家君譬如桂樹生泰山之阿，上有萬仞之高，下有不測之深，上為甘露所霑，下為淵泉所潤。當斯之時，桂樹焉知泰山之高，淵泉之深？不知有功德與無也。」

陳寔在當時無實際功德可言，而獲享大名。其得名所由，與范滂、鄭玄又不同。其子季方謂其父太丘君，正如桂樹生於泰山之阿。桂樹則有一種內在堅久之生命力，並有清芳遠播，此即天生桂樹之德；而又植根泰山之阿，高出氛穢，超然世外，上霑甘露，下潤淵泉，得天地自然之護養。人生如此，縱無實際功德，而自有其本身內在之價值。季方此番答辭，正是當時人生理想由儒家轉入道家一重要消息所在。此下門第中人所共同抱持之觀念正在此。世亂相乘，河清難俟，但不能謂一切人生價值因此全不存在。彼輩之對人生，實另有一番新看法，與一番新評價。今人論此一時代之門第，大都只看在其政治上之特種優勢，與經濟上之特種憑藉，而未能注意及於當時門第中人之生活實況，及其內心想像。因此所見淺薄，無以抉發此一時代之共同精神所在。今所謂門第中人者，亦只是上有父兄，下有子弟；爲此門第之所賴以維繫而久在者，則必在上有賢父兄，在下有賢子弟。若此二者俱無，政治上之權勢，經濟上之豐盈，豈可支持此門第幾百年而不弊不敗？陳、荀相會此一事，所以引起後人嚮往重視而傳述不輟者，正爲此兩家各有賢父兄賢子弟，而使此兩家門第能繼續存在不弊不敗之故。

繼此請再進一步討論當時所共認爲其人之賢德者，主要內容又何若？今試再舉世說同卷另一條說之。世說云：

> 元禮嘗歎荀淑、鍾皓曰：「荀君清識難尚，鍾君至德可師。」

李、陳同爲當時負眾望之大賢。李之贊鍾皓，謂其「至德可師」。至德無名可指，換言之，卽是其人無實際功德可言也。然卽此正是其人內在價值所寄。東漢末期人爭崇顏淵，正因顏淵簞食瓢飲，在陋巷，更無塵世外在之表現；卽此便是至德，正猶如桂樹之生泰山之阿也。李之贊荀淑，謂其「清識難尚」。苟能除卻人世間外在種種功德建樹，而認識得人生仍有其內在獨立之價值，此卽所謂清識也。李膺此之所舉，實可謂是此下魏晉南北朝人所共同抱有之一種人生標準與人生價值之理想所在。

由於東漢之有察舉，而引起當時社會好對人物作品題。大體此項品題，自李膺、陳寔以下，卽多陷於玄虛不實。卽不重其人實際外在之事功德業，而專重其人所表顯在其自身之某種標度與風格，以作爲其品題之準則。此種標度與風格，自可超越治亂，擺脫人事，而仍得有所完成。今試再舉世說中卷賞譽篇所載爲例，如：

世目李元禮：「謖謖如勁松下風。」劉孝標注引李氏家傳，謂：「膺嶽峙淵清，峻貌貴重。華夏稱曰：『潁川李府君，頵頵如玉山。汝南陳仲舉，軒軒如千里馬。南陽朱公叔，飂飂如行松柏之下。』」

公孫度目邴原：「所謂雲中白鶴，非燕雀之網所能羅。」

裴令公目夏侯太初：「肅肅如入廊廟中，不脩敬而人自敬。」一曰：「如入宗廟，琅琅但見禮樂器。」「見鍾士季，如觀武庫，但覩矛戟。見傅蘭碩，汪廧，靡所不有。見山巨源，如登山臨下，幽然深遠。」

王戎目山巨源：「如璞玉渾金，人皆欽其寶，莫知名其器。」

庾子嵩目和嶠：「森森如千丈松，雖磊砢有節目，施之大廈，有棟梁之用。」

王戎云：「太尉神姿高徹，如瑤林瓊樹，自然是風塵外物。」

王公目太尉：「巖巖清峙，壁立千仞。」

世目周侯：「嶷如斷山。」

王右軍道劉眞長：「標雲柯而不扶疏。」

觀於上引，見當時人品評人物之風，實遠自東漢一貫而來。又見當時人非不重視一人之品德，惟其品德之衡量，則別有標準。又見當時人喜把外面一切人事全擺開，專從其人所表現在其本身者作品目；因之事功德業有非所重，而其人之儀容舉止，言辭音吐，反多爲人注意。當時人觀念，似乎認爲一人之德性，可在其人之日常生活與其聲音儀容中表出；而一切外面之遭遇與作爲，則可存而不論。此種德性之表出，而成爲一固定之格調，時人謂是其人之「標致」，亦稱「標格」，或「風標」，或「風格」，或「標度」。猶之此後宋儒之愛言「氣象」。要之總是就其人之表現在自身者言。此種氣象與標致之表現在其人之自身者，亦卽是其人之品格與德性。而此種品格與德性，則實具一種動的潛力，使他人與之相接而引起一種仰欽欣羨之心，受其感染，羣相慕效；此乃其人人格一種內在影響力。此種潛力之發爲影響，在魏晉人則稱之爲「風流」。論語有云：「君子之德風，小人之德草，草尚之風必偃。」孟子云：「其故家遺俗，流風善政，猶有存者。」風流二字，大意本此。故知當時人之所謂人物風流，卽指其人之品格德性之修養可以形成爲一時風氣，爲人慕效。故風流卽是至德，至德始成風流。今人愛稱魏晉門第中人爲當時之新貴族，此語亦非不是；然當知此種標致風流，則卽是當時人所自標其高貴風格之異於世俗常流所在者。請再舉例說之。

晉書衛玠傳稱其「風流名士，海内所瞻」。此因其爲海内所瞻，所以遂成爲風流名士也。又晉書王獻之傳：「子敬少有盛名，高邁不羈，雖閑居終日，容止不怠，風流爲一時之冠。」子敬之風流，則正在其能高邁不羈，自異於流俗，而同時又能容止不怠，以自成一高貴之風格。必如此，乃始够得上當時作爲一門第中人之標準。又史稱齊王儉，少好禮學及春秋，言論造次必於儒者，由是衣冠翕然，更尚儒術。儉作解散髻、斜插簪，朝野多慕效。儉嘗謂人曰：「江左風流宰相，惟有謝安。」意以自比。當知王儉風流，不專在解散髻與斜插簪。此如郭林宗折巾一角，人盡折巾一角，然人自慕效林宗其人，非慕效其折角巾。王儉之「言論造次必於儒者」，此正其風流所在。然王儉與褚淵，皆失節事齊。何點嘗戲謂人曰：「我作齊書已竟，其贊曰：淵既世族，儉亦國華。不賴舅氏，遑恤國家。」以二人母皆宋公主，而二人皆仕齊貴顯。則王儉所尚之儒術，亦居可知。然王儉終是當時門第中一風流人物，彼所謂言論造次必於儒者，亦就其在當時門第中所見爲當重之儒術。至於出處進退，從政大節，當時門第中人已久不措意，亦不必專責之於王儉與褚淵。

從此再看上引世說賞譽篇諸條，當更可想像出魏晉以下人對於人生理想所追求之境界，以及當時之風尚，所謂時代精神之所在。而此等則盡與當時門第有關。若忽略了當時之門第實況，而專從莊老道家言求之，或專於放誕簡傲處求之，則終無可得當時人所謂「至德」與「風流」之眞相。

上舉所以證見東漢末期下迄魏晉，當時人所抱之人生理想乃及人物標準，雖與漢儒有大轉變，雖已羼進了不少莊老消極氣氛，而仍不失爲有一種甚深厚之儒家傳統。最多只能說其是儒、道合流，而非純走上莊老行徑，則顯然可見。而上舉賞譽篇諸品目，完全將人物德性、標格，以自然界川嶽動植相譬，亦可見當時人之情調興趣，轉嚮於文學與藝術之一種趨勢。

八

蓋當時人所采於道家言者，指在求處世。而循守儒術，則重在全家保門第。政府治亂，朝代更迭，已羣感其非力所及，亦遂置之不問。而所資以退守自保者，則爲各自之門第。欲保門第，不得不期有好子弟。上述陳、荀聚會，所以深受後人仰欽想慕，正爲此兩家各有好子弟可以持守家門，永傳弗替之故。世說又云：

> 謝太傅問諸子侄：「子弟亦何預人事，而正欲使其佳？」諸人莫有言者。車騎答曰：「譬如芝蘭玉樹，欲使其生於庭階耳。」

謝安此問，正見欲有佳子弟，乃當時門第中人之一般心情。所謂「子弟亦何預人事」，則因時尚莊老而故作此放達語。若眞效莊老，眞能放達，更何希有佳子弟？然試問苟無佳子弟，此門第又如何得傳襲永昌？卽在眼前當時，苟無佳子弟，此門第又如何裝點出一種氣派而表示其特出與可貴？正如崇階廣庭，苟無芝蘭玉樹裝點，眼前便感空濶寂寥，又何況儘長些穢草惡木？車騎之答，所以爲雅有深致。而欲求家庭有好子弟，則儒家所傳禮法教訓，便放棄不得。因此魏晉南北朝人，心胸力求豁達，行徑力求超脫，然在此相尚以門第家世之環境與心理之下，至少希望有好子弟一節，終是情所難免。又如上引世說賞譽諸條，當知此等人物標致，最先受其影響者，亦自在其家門內之子弟。若使其人之流風餘韻，在家門之內不能有所感被，則更何望於濁亂之外界？故知當時人此一種風流自賞之精神，其意興所屬，最先卽在家門之內，子弟卽其最直接之對象。此種心情，若難具體求證，然宜可想像而得。因此大體言之，在當時，實可謂政亂於上，而家治於下。苟非家治，則何來有門第傳襲，儘在禍亂中而傳襲下三四百年，並有直傳至隋唐者。當時之門第生命，綿延七八百年以上而繼續不衰不敗，此一史實，不宜忽略，亦不當專以外在條件作解釋也。

上所揭舉，實可指出魏晉南北朝人之人生理想與人生情趣以及其精神嚮往之一面，爲考論當時歷史文化者所當着眼；而尤貴能深切體會，不能專尚事證。茲當再引世說德行篇所載別一條加以疏說。世說云：

華歆遇子弟甚整，雖閒室之內，嚴若朝典。陳元方兄弟恣柔愛之道。而二門之裏，兩不失雍熙之軌焉。

此條述華、陳兩家門風家規不同。一主嚴肅，一尚柔愛，而各有雍熙之致。當知治家之道，從來不外此兩軌。陳家固是一門賢德，至如華歆，其從政操守，殊卑汚無足取。然據世說劉孝標注引，謂華歆嘗與北海邴原、管甯俱遊學相善，時號三人爲一龍，謂歆爲龍頭，甯爲龍腹，原爲龍尾。以言出處進退之大節，歆豈得與邴、管同流？乃時人竟譽之爲龍頭，似乎重視更在邴根矩、管幼安之上。此處所透露出之時代消息，大值深細領略。世說又一條云：

> 王朗每以識度推華歆。歆蜡月，嘗集子姪燕飲，王亦學之。有人向張華說此事。張曰：「王之學華，皆是形骸之外，去之所以更遠。」

此條可爲上釋「風流」二字作證。王朗慕效歆之治家，歆在當時卽是一風流人物。又如何曾，食前方丈，無下箸處，其生活奢靡，見譏當代；然治家嚴整，亦爲史籍所稱。此等人，全是一丘之貉，在政治上絕無建樹，不僅無救於世局之濁亂，抑且世局濁亂，皆由此輩助成之。但在家庭間，亦尚知互相做效，總還有軌轍可循，所以猶能保持門第，雍睦相傳。苟能保持門第，自卽爲時人所重，故歆終得有龍頭之譽也。

九

繼此再當分項敍說：先及當時人之重視教子。就現存此時代人教誨子弟子姪之篇章，論其數量之多，殆已超前絕後。其著者，如鄭玄有誡子書，此下諸葛亮亦有誡子書。魏氏春秋云：「諸葛亮作八務七識六怒五懼，皆有條章，誡勵諸子。」涼武昭王李嵩寫諸葛訓誡以勗諸子，曰：「尋其終始，周、孔之教盡在中矣。爲國足以致安，立身足以成名。」羊祜亦有誡子書，王祥有訓子孫遺令，嵇康有誡子書，夏侯湛有昆弟誥，陶潛有命子十章，有責子詩，有戒子書，有與子儼等疏，雷次宗有與子姪書，顏延之有庭誥文，王僧虔、張融、徐勉皆有誡子書，孫謙有誡外孫荀匠，魏收有枕中篇戒子姪，楊椿有誡子孫文，梁元帝金樓子有戒子篇，顏之推家訓首序致篇，次即教子篇；又後魏張烈有家誡千餘言，甄琛有家誨二十篇，刁雍有教戒二十餘篇以訓導子孫。凡此之類，就其傳者，亦可見當時人守身治家之理想及其規矩準繩之所重矣。

重教子則重孝道。自晉書有孝友傳，此下各史均有。晉書孝友傳序謂：

晉代始自中朝，逮於江左，雖百六之災遄及，而君子之道未消。孝悌名流，猶為繼踵。

又謂：

> 孝用之於國，動天地而降休徵。行之於家，感鬼神而昭景福。

孝之於國且不論，試問豈有子弟不孝不悌，而能門第鼎盛，福祿永昌之理？司馬氏號爲以孝治天下，而王祥、山濤等，皆以事母至孝稱。此因司馬氏得國，依賴於門第之護持也。世說有一則云：

> 王戎、和嶠同時遭大喪，俱以孝稱。王雞骨支牀，和哭泣備禮。武帝謂劉仲雄曰：「卿數省王、和不？聞和哀過禮，使人憂之。」仲雄曰：「和嶠雖備禮，神氣不損。王戎雖不備禮，而哀毁骨立。臣以和嶠生孝，而王戎死孝。陛下不應憂嶠而應憂戎。」

王戎與阮籍皆竹林中人。史書載籍母卒，籍與人圍棋不輟，又飲酒二斗，舉聲一號，吐血數升，毁瘠骨立。劉知幾史通辨之云：

> 彼阮生者，不修名教，居喪過失，而說者遂言其無禮如彼。人以其志操尤異，才識甚高，而談

者遂言其至性如此。惟毀及譽，皆無取焉。

阮氏事是否失實如知幾所疑，兹不詳論。要之在當時，崇尚莊老，而同時又重至性。最見至性者惟孝，故阮籍、王戎仍各以孝稱。此乃時代風尚時代精神所在也。

又御覽四百四十五引王隱晉書，郭象評嵇紹：「父死非罪，而紹貪位死闇主，義不足多。」郭象注莊，爲當時淸談巨擘。彼頗不主巢父、許由之隱，則以當時門第不能不以仕宦爲掩護也。然如嵇紹之出仕而郭象非之，乃知孝道尤爲當時所重。縱尚莊老，固不能毀此大防。今再舉顏氏家訓一則說之，其事云：

齊孝昭帝侍婁太后疾，容色顦顇，服膳減損。徐之才為灸兩穴，帝握拳代痛，爪入掌心，血流滿手。后既痊癒，帝尋疾崩，遺詔恨不見太后山陵之事。其天性至孝如彼，不識忌諱如此，良由無學所為。

以此合之阮籍、王戎，阮、王以名士慕通達，齊孝昭以帝王兼無學，而均以至性孝行自見。若非由門第自幼之薰陶，世風名教之鼓盪，試問人之至性，何以此時獨多？是必無說可以解答矣。

又有一事可附及者，世說巧藝篇有一則云：

鍾會是荀濟北從舅，二人情好不協。荀有寶劍可直百萬，常在母鍾夫人許。會善書，學荀手迹，作書與母取劍，仍竊去不還。荀勗知是鍾，而無由得也，思所以報之。後鍾兄弟以千萬起一宅，始成，甚精麗，未得移住。荀極善畫，乃潛往畫鍾門堂，作太傅形象，衣冠狀貌如平生。二鍾入門，便大感慟，宅遂空廢。

此事固見當時門第中人之精於藝事。鍾會爲人無足取，然此亦見至性。縱或出僞裝，然其爲時尚則無疑矣。

又金樓子載梁武帝遭太后憂，哭踊大至，居喪之哀，高柴不能過。每讀孝子傳，未嘗終軸，輒輟書悲慟。梁武帝又親爲淨業賦，謂：

朕布衣之時，惟知禮義，不知信向。烹宰衆生以接賓客，隨物肉食，不知菜味。及至南面富有天下，遠方珍羞，貢獻相繼，海内異食，莫不畢至，方丈滿前，百味盈俎，乃方食輟筯，對案流泣，恨不得以及溫凊，朝夕供養，何心獨甘此膳。因爾蔬食，不噉魚肉。雖自内行，不使外知。

梁武以帝王之尊，爲思親而奉佛蔬食，就帝王身分言，可謂不知政要。然梁武亦門第中人，不忘其素，就門第風教言，仍爲一種賢德。同時何佟之，父母亡後，常設一屋，晦朔拜伏流涕，如此者二十餘年。豈不爲名賢之至德，風教之楷模乎？若今人讀魏晉南北朝史，一如當時人觀念，不問其政治事跡，專一討論其私人生活，及其家門風規，實亦未嘗無値得人傾倒佩服之處。即此可見其時代之特徵，而孝德則尤爲顯著之一例。

惟其崇尚孝行，故當時於孝經一書亦特重視。隋志載有關孝經之著述，凡十八部六十三卷。若通計亡佚，則有五十九部一百一十四卷。張鵬一隋志補，又得十一部。隋志又云：「魏氏遷洛，未達華語，孝文帝命侯伏侯可悉陵以夷言譯孝經之旨，教於國人，謂之國語孝經。」又釋慧琳有孝經注一卷，釋慧始亦有注孝經一卷。此兩人之注孝經，正猶慧遠之講喪服，可見孝經爲時所共重。而皇侃性至孝，嘗日限誦孝經二十徧，以擬觀世音經。張融遺令，則欲左手執孝經，右手執小品法華經。此見齊梁以後之儒、釋雙行，正猶魏晉時代之儒、道齊重。總之門第社會不能缺儒家之禮教，而孝道之遭重視，自可想知。

其他如陶潛有孝德贊，梁元帝有孝德傳，合眾家孝子傳而成。隋志著錄各家孝子傳，除梁元帝一家以外，尚有八部六十七卷。此亦足爲當時崇尚孝行之證。

言孝則必及弟。此一時代人之弟道，亦有足述。今姑舉數事說之。史載：

王徽之與弟獻之俱病篤，時有術人云：「人命應終而有生人樂代者，則死者可生。」徽之謂曰：「吾才位不如弟，請以餘年代之。」術者曰：「代死者以己年有餘，得以足亡者耳。今君與弟俱盡，何代也？」未幾，獻之卒。徽之奔喪不哭，直上靈牀坐，取獻之琴彈之，久而不調。歎曰：「嗚呼子敬，人琴俱亡！」因頓絕。先有背疾，遂潰裂，月餘而卒。

此事大似阮嗣宗之臨母喪，皆是於不守禮法中而至性發露，故更見其眞摯。至其願以餘年代死，復見周公金縢遺風。又謝安性好音樂，自弟萬喪，十年不復聽。此可見王、謝風流，而孝友敦篤，斷然異於莊生之鼓盆。

又梁書載：

到溉與弟洽，嘗共居一齋。洽卒後，便捨為寺。因斷腥羶，終身蔬食，別營小室，朝夕從僧徒禮頌。時以溉、洽兄弟比之二陸。故世祖贈詩曰：「魏世重雙丁，晉朝稱二陸。何如今兩到，復似凌寒竹。」

此事合之梁武帝思母事佛，亦可說明當時人信奉釋氏之一種動機，固不僅見兩到兄弟之友好而已。

又顏氏家訓有一則云：

江陵王玄紹弟孝英、子敏兄弟三人，特相愛友。得甘旨新異，非共聚食，必不先嘗。孜孜色貌，相見如不足。及西臺陷沒，玄紹以形體魁梧，為兵所圍；二弟爭共抱持，各求代死，遂以幷命。

又一則云：

沛國劉璡與兄瓛連棟隔壁。瓛呼之數聲，不應，良久方答。瓛怪問之，乃云：「向來未著衣帽故也。」

此等皆可見當時門第中人友弟情態之一斑。

因尚孝友，而連帶及於重女教。當時教育，主要在家門之內，兄弟姊妹宜無異視，故女子教育亦同等見重。當時人矜尚門第，慎重婚姻，如沈休文奏彈王源，所謂「固宜本其門素，不相奪倫，王、滿連姻，實駭物聽」云云，此事極滋後人詬病。然平心論之，女子教育不同，則家風門規頗難維持；此正當時門第所重，則慎重婚配，亦理所宜。而一時才女賢母，亦復史不絕書。世說有賢媛篇，載王汝南自求郝普女，既婚，果有令姿淑德，遂爲王氏母儀云云。當時郝門至孤陋，非王氏偶，此一婚事遂成佳話。可見當時論婚，亦非全論門第地位。世說又一則云：

王司徒婦鍾氏女，太傅曾孫，亦有俊才女德。鍾、郝為娣姒，雅相親重。鍾不以貴陵郝，郝亦不以賤下鍾。東海家內則郝夫人之法，京陵家內範鍾夫人之禮。

門第禮法之與母教關係，於此更可見。

顔氏家訓教子篇有云：

王大司馬母魏夫人，性甚嚴正。王在湓城時，為三千人將，年踰四十，少不如意，猶捶撻之，故能成其勳業。

梁書王僧辯傳亦云：「母魏氏，性安和，善綏接。家門內外，莫不懷之。及僧辯剋復舊京，功蓋天下，夫人恆自謙損，不以富貴驕物。朝野咸共稱之，謂爲明哲婦人。」合此以觀，其教子之嚴正，與其接物之謙和，不僅見王母魏夫人之賢，而治家大要亦不出此兩途。然苟無女教，試問何以成此家風？

隋志子部儒家類，著錄有女篇一卷，女鑒一卷，婦人訓誡集十一卷，婦姒訓一卷，曹大家女誡一卷，貞順志一卷。諸書多不載作者姓名，然可見當時之重視女教，亦見提倡女子教育則仍必遵儒家之傳統。

又隋志總集之部，有婦人集二十卷，注云：「梁有婦人集三十卷，殷淳撰。又有婦人集十一卷，亡。」別著婦人集鈔二卷，又雜文十六卷，注爲「婦人作」。此則全是婦女作品。蓋當時門第既重禮法，又重文藝，卽婦人亦然也。

重教子，尚孝友，又有連帶而來之一風氣，則爲稱頌祖德。蓋在當時人意念中，一家門第之所以可貴，正在此一家門第中人物之可貴。此實與現代人專意在權位財富上衡量當時門第之想法大相徑庭。凡如上述，又可於當時人之文學作品中隨處得證。茲再約略舉例，如曹植有懷親賦，王粲有思親詩，阮瑀有駕出北郭門行，嵇康有思親詩，陸機有祖德賦、述先賦、思親賦，陸雲有祖考頌，機、雲又有兄弟酬贈詩，束晳有補南陔白華詩，夏侯湛有周詩。周詩者，南陔、白華、華黍、由庚、崇丘、由儀六篇，亡其辭，湛續之。其詩曰：

既殷斯虔，仰說洪恩。夕定晨省，奉朝伴昏。宵中告退，鷄鳴在門。孳孳恭誨，夙夜是敦。

湛詩成，示潘岳，潘曰：「此非徒溫雅，乃別見孝悌之性。」潘乃自作家風詠。潘岳又有閒居賦，其序曰：

太夫人在堂，有羸老之疾，尚何能違膝下色養而屑屑從斗筲之役乎？於是覽止足之分，庶浮雲之志。築室種樹，逍遙自得。池沼足以漁釣，春稅足以代耕。灌園鬻蔬，以供朝夕之膳。牧羊酤酪，以俟伏臘之費。孝乎惟孝，友于兄弟，此亦拙者之為政也。乃作閒居之賦，以歌事遂情焉。

潘岳乃一文人，行誼無足稱。然在文人筆下，往往可以寫出時代共同心情之嚮往。潘之此序，亦足代表當時門第中人之一般意想。所謂「覽止足之分，庶浮雲之志」，亦卽當時儒、道合流，阮瞻「將毋同」之意。雖固池沼春稅，生事不爲不優，然必歸之於朝夕之供奉，伏臘之祠祭。而閒居之計，又必以何能違太夫人羸老之膝養爲辭。典終奏雅，仍是孔子「孝乎惟孝，友于兄弟，是亦爲政，奚其爲爲政」之訓也。岳又有陽城劉氏妹哀辭，有悼亡賦、哀永逝文、寡婦賦。寡婦者，乃任安妻，潘岳之姨。

此下有孫綽喻道論申孝道，有王羲之稱病去會稽郡自誓父母墓文，有賢姊帖、亡嫂帖。有陶潛祭從弟敬遠文、悲從弟仲德詩、祭程氏妹文。有謝靈運述祖德詩、酬從弟惠連，惠連獻康樂。有顏延之祭弟文、除弟服詩。有鮑照與妹書。有梁武帝孝思賦，謂：「慈如河海，孝若涓塵。今日爲天下主而不及供養，永慕長號，何解悲思。」梁武帝又作聯珠五十首明孝道，見金樓子。沈麟士有沈氏述祖德碑。庾信亦有傷心賦，傷其家室之喪亡。凡此之類，皆是祖德親恩，家人父子，死生存歿，悲苦歡愉，情見乎辭，同樣有其極深厚之門第背景。

由於東漢之累世經學，累世公卿，而有此下士族門第之興起。因此門第與儒學傳統有其不解緣。而門第同時必有書籍聚藏。梁元帝金樓子有教子篇，繼之爲聚書篇，此兩篇實爲當時門第同所重視之兩事。張湛列子注序，謂：「吾先君與劉正輿、傅頴根，皆王氏之甥，並少遊外家。舅始周，始周從兄正宗、輔嗣，皆好集文籍，先并得仲宣家書，幾將萬卷。」輔嗣爲正始清談之祖，然亦賴藏書以成其業，於此可見。宋略序，稱：「裴子野家有藏書，聞見又接，是以不用浮淺，因宋之新史爲宋略二十卷。」治史學者必待有書，其事更不待論。梁元帝金樓子自謂：「吾今年四十六歲，自聚書來四十年，得書八萬卷。河間之侔漢室，頗謂過之。」又如梁宗室吳平侯景之子勵聚書至三萬卷。史稱王僧孺好墳籍，聚書至萬餘卷，率多異本，與沈約、任昉家書埒。其他私家藏書見載史籍者不具舉。

當時藏書不易，因其必待鈔寫。金樓子記竟陵蕭子良，居鷄籠山西邸，集學士，鈔五經百家，依皇覽，列爲四部要略千卷。招致名僧，講論佛法。道俗之盛，江左未有。此尤其著例。王筠自序謂：

余少好鈔書，老而彌篤，習與性成，不覺筆倦。自年十三四，齊建武二年乙亥，至梁大同六年，四十載矣。幼年讀五經，皆七八十徧。愛左氏春秋，吟諷常為口實。廣略去取，凡三過五鈔。餘經及周官、儀禮、國語、爾雅、山海經、本草，並再鈔。子、史、諸集皆一徧。未嘗借人假手，並躬自鈔錄，大小百餘卷。不足傳之好事，蓋以備遺忘而已。

此種勤力刻苦之致，後人批評當時門第者殆未易想像也。

又南史載齊衡陽嗣王鈞，高帝第十一子，常手自細書，寫五經都爲一卷，置於巾箱中。侍讀賀玠問之，答曰：「巾箱中有五經，於檢閱旣易，且一更手寫，則永不能忘。」諸王聞而爭效，爲巾箱五經。金樓子聚書篇亦云：「使孔昂寫得前漢、後漢、史記、三國志、晉陽秋、莊子、老子、肘後方、離騷等，合六百三十四卷，悉在一巾箱中，書極精細。」隋志集部有巾箱集七卷，注：「梁有文章志錄雜文八卷，謝沈撰。」此亦殆是細字精鈔之本，故亦取名巾箱。蓋旣成一時風氣，雇手鈔之不足而親自手鈔，親自手鈔之不足而又故爲細書精鈔。其風上被帝王之尊，卿相之貴，則更爲難得。此亦當時門第風流之一端。若僅以帝王卿相地位觀念來看此等人物，則似難瞭解。然若改換看法，把此等人物歸入當時門第傳統中視之，則必可獲得一新體會。而當時門第傳統風尚與其內在精神，亦可於此見其一面也。

一〇

今再匯納上面各項敍述而重加以一番綜合的說明，則可謂當時門第傳統共同理想，所希望於門第中人，上自賢父兄，下至佳子弟，不外兩大要目：一則希望其能具孝友之內行，一則希望其能有經籍文史學業之修養。此兩種希望，并合成爲當時共同之家教。其前一項之表現，則成爲家風。後一項之表現，則成爲家學。今再就此分別述說之。

先言家風。自漢末黨錮之禍，繼以魏晉之際，朝代更迭，篡弑頻仍，門第既不能與政治絕緣，退求自保，乃逼得於儒家傳統外再加進道家莊老一套陰柔因應之術。史稱魏河東太守任嘏，爲人淳粹愷悌，虛己若不足，恭敬如有畏；其修身履義，皆沈默潛行，不顯其美，故時人少得稱之。任嘏有道論，隋志入道家。其實彼乃體儒而用道，最可代表當時人生之新趨向。又如魏司空王昶爲其兄子及子作名字，兄子默字處靜，沈字處道，子渾字玄沖，深字道沖；書戒之曰：「欲使汝曹顧名思義，不敢違越。」是爲太原王氏。與琅琊王氏在魏晉六朝家門之盛，天下莫與比倫。昶之用心，亦如任嘏，不過欲其子姪輩能謙默玄靜，務求免禍而止。卽如阮嗣宗出言玄遠，從不臧否人物，其心何嘗不如此？晉書言籍：「少有濟世志，屬魏晉之隙，天下多故，名士少有全者，籍由是不與世事。」顏延年稱其：「身事亂朝，常恐罹謗遇禍，因茲發詠，雖志在譏刺，而文多隱避。」鍾嶸詩品則謂其詩源出小雅。此皆可闡發嗣宗之內情。嵇叔夜與山巨源絕交書，自言：「無萬石之慎。」又謂：「每讀尚子平、臺孝威傳，慨然慕之。」又有幽憤詩，謂：「古人有言，善莫近名。奉時恭默，咎悔不生。萬石周慎，安親保榮。」字裏行間，一種憂時畏禍顧家全族之意，隨處流露，揭然如見。其慕尚子平、臺孝威，亦仍望男婚女嫁，門祚蟬綿，然後己身可以脫然而去，此與莊老玄思相去實遠。又叔夜有自責詩，謂：「欲寡其過，謗議沸騰。性不傷物，頻致怨憎。昔慚柳下，今愧孫登。內負宿心，外赧良朋。」此其意態，實與阮嗣宗無二致。託言莊老，皆有激而逃，非內情實然也。

嵇康詩又云：

> 夷路值枳棘，安步得焉如。權智相侵奪，名位不可居。鸞鳳避罻羅，遠託崐崘墟。

此尤辭旨顯豁，爲此下避世遊仙詩之創始。是亦感激於時局情勢之所不得已，與奉時恭默之心，可謂一致而百慮，異途而同歸。故雖曠達放誕如嵇、阮，若非瞭解當時門第背景，卽難得其情思眞際也。

此下有王羲之與謝萬書，亦謂：

> 頃東遊還，修植桑果，今盛敷榮。率諸子，抱弱孫，遊觀其間。有一味之甘，剖而分之，以娛目前。雖植德無殊邈，猶欲教養子孫以敦厚退讓，戒以輕薄。庶令舉策數馬，彷彿萬石之風。

此雖右軍一人之言，然敦厚退讓，萬石家風，實是當時門第共同所想望。南史王志傳：「志家世居建業禁中里馬糞巷。父僧虔以來，門風多寬恕，志尤惇厚，兄弟子姪，皆篤實謙和，時人號爲馬糞諸王爲長者。」此處所謂寬恕惇厚，篤實謙和，依然是萬石家風，蓋惟此乃是保家持祿之要道。不僅此一代人奉此爲家教，即唐代門第，下至宋、明、清諸代，凡有家訓、家教，幾無不采此一路。則所謂魏晉風流，其所感被，實決不即止於魏晉可知已。

又如梁昭明太子答晉安王書，謂：

> 況觀六籍，襍玩文史，見孝友忠貞之迹，覩治亂驕奢之事，足以自慰，足以自警。

昭明位爲皇儲，忠貞治亂，宜所注意；又言孝友驕奢，孝友所當勉，驕奢所當戒；此亦濡染於當時門第傳統風教，故乃特別注意及此，固不當僅作門面語看也。

以上說此時代之門第家風，戒輕薄，戒驕奢，重謙退，重敦厚，固非當時門第盡能如此，然一時賢父兄之教誡，賢子弟之順行，則大要不離於此。又有另一面當特別提出者，爲當時門第在家庭中所奉行率守之禮法，此則純是儒家傳統。可謂禮法實與門第相終始，惟有禮法乃始有門第，若禮法破敗，則門第亦終難保。關於此方面者，姑舉顏氏家訓風操篇說之。家訓風操篇開始有云：

> 吾觀禮經，聖人之教，箕帚七箸，咳唾唯諾，執燭沃盥，皆有節度，亦為至矣。但既殘缺，非復全書。其有所不載，及世事變改者，學達君子，自為節度，相承行之，故世號「士大夫風操」。而家門頗有不同，所見互稱長短，然其阡陌，亦自可知。昔在江南，目能視而見之，耳

能聽而聞之，蓬生麻中，不勞翰墨。汝曹生於戎馬之間，視聽之所不曉，故聊記錄，以傳示子孫。

據上所引，知當時門第禮法，乃一承古代儒家傳統而來。又知當時門第間，雖家規祖尚，亦各有出入，要之大體畛域，則不相違遠。又知此種禮法，既成一時風習，亦遂視若固然，故不用有翰墨記錄。此下顔氏所記，其事雖若甚碎，然亦未必能盡，惟卽此可想像其大致。顔氏所謂「世號士大夫風操」者，此卽當時門第中人所以自表異於庶族寒門之處。自今言之，亦可謂是當時此輩門第貴人之一項身分標幟，卽所以表示其成爲士大夫流品者一種特有之學養。由其爲同時及後世人之效慕而言，則謂之「風流」。由於爲此一流品中人所共同操守言，則謂之「風操」。此種士大夫風操，除家訓本篇所記錄外，仍可在當時史籍及其他書中鈎稽其一部分。而卽觀顔氏此篇，亦可使我們更瞭解當時人所以重視喪服之一端。蓋不論對生人，對死者，同樣有一套禮法，爲當時門第中人所重視，認爲不可輕忽。此亦一種敦厚篤實之風。子女自幼卽從此種環境中培育長大，故能時有一種至性呈露，此則決非無端而致。我們自今討論當時門第，此一方面，實決不當不注意。

又如史稱陸機：「服膺儒術，非禮不動。」又稱庾亮：「善談論，性好老莊，風格峻整，動由禮節。」此兩人，陸屬文人，庾則名士。一稱「非禮不動」，一稱「動由禮節」。世說亦稱賀循「言行以禮」。其他類此者尚多。而南史王弘傳，謂：「弘既爲人望所宗，造次必於禮法，凡動止施爲，及書翰儀禮，後人皆依倣之，謂爲『王太保家法』。」此又證明一人之風操，卽成爲一門之家法。而上之所述，所謂門第家法者，其背後莫非有人焉以爲之主宰楷則；而此等爲之主宰楷則之人，所謂非禮不動、動由禮節、言行以禮、造次必於禮法之士大夫風操，亦決非依樣葫蘆，默守舊儀，卽盡其能事。在彼輩必對人生嚮往與當時現實環境有所斟酌，此皆顏之推所謂「學達君子」。彼輩心中，對人生理想之觀點，及其現實處境之考慮，遠在今日，固已難可細論；然要之當時門第之所得維持於不弊，則必有一番人之心力智慧之所灌注，而始克有此，則斷可想見。顏延之庭誥文有云：

> 儻知恩意相生，情理相出，可使家有參、柴，人皆由、損。

此雖亦一人之言，然可知當時門第中人於尊重禮法之背後，更重恩情之培養。惟其有恩情，始能有禮法。卽觀顏之推家訓風操篇所舉種種細節，自必一一推本之於家人父子間之恩情而始見其意義所在。至於所謂「家有參、柴，人皆由、損」，此亦可謂雖不能至，心嚮往之。當時人一種人生想望與信念寄託者實在此。樂廣所謂「名教中自有樂地」，亦當在此等處參究也。

至於當時門第佳話，載於史籍，亦復不少。舉其著者，如氾毓奕世儒素，家居靑州，逮毓七世，時人號其「兒無常父，衣無常主」，居父墓三十餘載。又如博陵李几，七世同居同財，家有二十二房，一百九十八口。又如張公藝，九世同居，北齊、隋、唐皆旌表其門。又如楊播、楊椿兄弟，一家之內，男女百口，緦服同爨。楊椿誡子，謂「家仕皇魏以來，高祖以下，乃有七郡太守，三十二州刺史，內外顯職，時流少比。」此之所舉，多在北方，然當時門第本屬同源，惟南方風流文采較盛，而其歷世蟬綿不衰之況則南北一致，推此可以見彼。要之門第傳襲，必有人，必有教，決非無故而致。而當時一切禮法風貌，亦必有其不可及處。若專一著眼在其權位與財富上，謂門第即由此支持，揆之古今人情物理，殆不其然。

二

此下再說當時之門第家學。自東漢以來，因有累世經學，而有累世公卿，於是而有門第之產生。自有門第，於是而又有累世之學業。此事當略舉一二家尤富代表性者說之。首當提及琅琊王氏。其一門累世文采風流，最爲當時之冠冕。王僧虔有條疏古來能書人名啟，王氏一家居其大半。王廙謹傳鍾法，其從兄導，導子恬與洽，皆善書。其從兄羲之云：「弟書遂不減我。」是爲僧虔之曾祖。洽少子珉，論者謂其「筆力過獻之子敬」。廙兄羲之，獻之外甥羊欣稱之謂「古今莫二」。李充母衛夫人善鍾法，爲羲之師。羲之第七子獻之，評者謂其「骨勢不若父而媚趣過之」。又或謂：「父之靈和，子之神俊，皆古今之獨絕。世之聞二王者，莫不心醉。」是知德不可僞立，名不可虛成。獻之兄玄之、徽之，兄子淳之，俱善書。相傳子敬七八歲學書，羲之從後掣其筆不脫，歎曰：「此兒書後當有大名。」即此一例，可見當時人學問藝術，與其家世之關係。即在北方，崔、盧亦以書法傳代。家訓雜藝篇謂江南諺云：「尺牘書疏，千里面目。」門第中人正貴以面目標異，則其重視書法，蓋無足怪。

又僧虔孫筠，有與諸兒書論家世集，謂：

史傳稱安平崔氏，及汝南應氏，並累世有文才，所以范蔚宗云「世擅雕龍」，然不過父子兩三世耳。非有七葉之中，名德重光，爵位相繼，人人有集，如吾門世者也。沈少傅約語人云：「吾少好百家之言，身為四代之史，自開闢以來，未有爵位蟬聯，文才相繼，如王氏之盛者。」汝等仰觀堂構，思各努力。

可見當時門第，於爵位蟬聯之外，又貴有文才相繼，世擅雕龍；而王氏七葉相傳，人人有集，其風流文采，自足照映數百年間，而高出其他門第之上。其爲父兄者，自必常以此鼓勵鞭策其後人，務使克繩祖武，堂構勿替。而筠之此文，實亦可以透露當時一般門第中人之所想望與其所欣羡之一境，亦無疑義。

其次當述及梁武帝蕭衍一家。梁書、南史並載，齊竟陵王子良，開西邸，招文學，梁高祖與沈約、謝朓、王融、蕭琛、范雲、任昉、陸倕等並游焉，號曰「八友」。史又稱梁武少而篤學，洞達儒玄。雖萬機多務，猶卷不釋手。燃燭側光，常至戊夜。其自爲淨業賦，則謂：「少愛山水，有懷丘壑，身羈俗羅，不獲遂志。」又謂：「自念有天下，本非宿志，惟當行人所不能行者，令天下有以知我心。」斷房室，不與嬪侍同居而處，四十餘年。蓋梁武爲人，其感染於當時門第風尚者至深。厥後雖踐帝阼，而夙習難忘。若就門第目光作衡量，彼實不失爲一風流人物。然登上政治舞臺，則終不免演了一齣悲劇收場。梁武一人之生平，正可作爲此一整個時代之縮影。言其著作，近二十種，踰八百卷。如通史四百八十卷，固是勅羣臣所撰，其他殆亦非全出親筆；要之其劬學問，耽著述，求之歷代史籍中諸帝王，實亦少可匹儔。

昭明太子，武帝之長子。梁書載其：三歲受孝經、論語，五歲徧讀五經。母丁嬪薨，步從喪還宮，至殯，水漿不入口。高祖遣中書舍人顧協宣指，乃進數合。自是至葬，日進麥粥一升。體素壯，腰帶十圍，至是減削過半。」南史載其：「開東宮，雖內殿燕居，坐起恒向西南面臺宿。被召當入，危坐達旦。」此種內行敦篤，顯由當時門第風教，絕難於尋常帝王家庭中求之。其與何胤書，謂：

> 方今泰階端平，天下無事，修日養夕，差得從容。每鑽研六經，汎濫百氏。

而尤好陶淵明，謂：「余素愛其文，不能釋手，尚想其德，恨不同時。」又謂：

有能觀淵明之文者，馳競之情遣，鄙吝之意祛。貪夫可以廉，懦夫可以立。豈止仁義可蹈，抑乃爵祿可辭。不必旁遊泰華，遠求柱史，此亦有助於風教也。

其於淵明，欽慕之情若此，亦可見其學養與爲人矣。史又稱其引納文學之士，討論墳籍，商榷古今。劉孝綽撰太子集序，謂其：

日升松茂，與天地而偕長。壯思英詞，隨歲月而增廣。

其所著述有四種八十卷，而文選三十卷尤爲卓然不朽。

梁簡文帝，武帝第三子。詩序自謂：「七歲有詩癖，長而不倦。」答張纘謝示集書自謂：「綱少好文章，於今二十五載。」史稱其引納文學之士，賞接無倦，恒討論篇籍，繼以文章。所著述有七種，近三百卷。

又梁元帝，武帝第七子。史稱其有高名，與裴子野、劉顯、蕭子雲、張纘及當時才秀爲布衣之交。著金樓子，自序謂：「年在志學，躬自搜纂，以爲一家之言。」顏之推家訓勉學篇載：

梁元帝嘗為吾說，昔在會稽，年始十二，便已好學。時又患疥，手不得拳，膝不得屈，閑齋張葛幃，避蠅獨坐，銀甌貯山陰甜酒，時復進之，以自寬痛。率意自讀史書，一日二十卷。既未師受，或不識一字，或不解一語；要自重之，不知厭倦。

金樓子自序亦謂：

吾年十三，誦百家譜，雖略上口，遂感心氣疾。

又云：

吾小時夏夕中，下絳紗蚊幮，中有銀甌一枚，貯山陰甜酒，卧讀有時至曉，率以為常。又經病瘡，肘膝盡爛，比來三十餘載，泛玩衆書。

家訓勉學篇又云：「元帝召置學生，親爲教授。廢寢忘食，以夜繼朝。至乃倦劇愁憤，輒以講自釋。」南史亦載：「魏師既起，帝猶於龍光殿述老子義。」又有與學生書，謂：

可久可大，莫過乎學。求之於己，道在則尊。

此則儼然醇儒之格言，碩師之懿訓。其所著述，有十七種，近四百卷。

史稱江陵陷，元帝焚古今圖書十四萬卷。或問之，答曰：「讀書萬卷，猶有今日，故焚之。」就當時門第傳統言，蕭氏父子，皆不失爲風流人物，可資模楷。就政治立場言，讀書著書，都成落空。蕭氏一門之悲劇，正是此一時代悲劇之縮影。今捨政治而專言門第，專注重當時門第中人之私生活及其內心想望，則蕭氏一家，終是可資模楷，堪成風流也。

劉知幾史通有云：

自晉咸、洛不守，龜鼎南遷，江左為禮樂之鄉，金陵實圖書之府，故其俗猶能語存規檢，言喜風流，顛沛造次，不忘經籍。若梁史載高祖在圍中，見蕭正德而謂之曰：「啜其泣矣，何嗟及矣。」湘東王聞世子方等見殺，謂其次子諸曰：「不有其廢，君何以興。」皆其類。

世說載：

鄭玄家奴婢皆讀書。嘗使一婢，不稱旨，將撻之，方自陳說。玄怒，使人曳著泥中。須臾復有一婢來，問曰：「胡為乎泥中？」答曰：「薄言往愬，逢彼之怒。」

此事不知確否。然自鄭玄下迄劉義慶著書，年距兩百載以上，瑣瑣故事，仍自流傳，可見當時人極看重此等事。從世說載陳寔、荀淑兩家父子相會，可以推見當時人之重有佳子弟。從世說載鄭玄家婢，可以推見當時人之賞愛文采，而尤尚經籍。此可與上引劉知幾史通一節相證。此等皆當時門第中風流韻事。梁武帝、元帝父子，處此危迫哀痛，猶能出言不忘經典，則尤足爲風流模楷。故我特舉蕭氏一家來作當時門第風尚之一例。又如武帝弟蕭欣，元帝子蕭方等，皆有著述。卽上溯宋、齊兩代，亦復多有。如劉義慶著世說，卽其例也。清儒趙甌北二十二史劄記有「齊、梁之君多才學」條敍述頗詳，茲不再引。趙氏謂蕭梁父子間尤爲獨擅千古，決不得謂是過譽也。

其他如劉殷，在劉聰朝，亦一孝子；有子七人，五子各授一經，一子授太史公，一子授漢書，史稱一門之內，七業俱興。北朝之學，殷門爲盛。又梁劉孝綽兄弟及羣從諸子姪，當時有七十人，並能屬文，其三妹亦並有才學，史稱近古未有。又如北齊楊遵彥，一門四世同居，昆季就學者三十餘人。又如北周盧辯，累世儒學，兄景裕爲當世碩儒。辯少好學，博通經籍，北史言盧辯撰六官，而隋志不載。辯蓋與蘇綽同治周官，對北周之創制立法有大影響。凡此皆以門第之盛與學業之盛並舉。惟因其門第盛，故能有此學業之盛。亦因其學業盛，纔始見其門第之盛。卽如王通河汾講學，著文中子中說，亦自以其學術所自推本於家門之傳統；下迄唐代，其子孫輩亦尚以此相誇耀；究竟中說由何人所撰，遂滋後代疑問。要之卽就中說一書，亦可說出在魏晉南北朝時，誇揚門第傳統必兼誇其一家之學業傳統。此種風氣，遠承東漢累世經學而有累世公卿而始有門第成立之淵源，故此後門第中人，亦多能在此方面承續不替。縱使爲帝王之家，亦浸染在此風習中，愛好文采，劬勤學業。偏論其政治，固無可取；然若專一論其門第，則此一長處，亦不當一筆抹撥。否則此一時代之整個歷史情實，亦將爲之變色，再不能使我們瞭解到此一時代之眞相。凡此所述，固非存心爲此一時代之門第作辯護，只是爲此一時代之歷史情實作另一方面之洗發而已。

一二

茲再綜合上述，重加例證。宋臨川王劉義慶有薦庾實等表，其文曰：

伏見前臨沮令新野庾實，秉眞履約，愛敬淳深。昔在母憂，毀瘠過禮。今罹父疚，泣血有聞。行成閨庭，孝著鄰黨。足以彰化率民，齊教軌俗。前徵奉朝請武陵龔祈，恬和平簡，貞潔純素。潛居研志，耽情墳籍。亦足鎮息頹競，獎勗浮動。處士南郡師覺授，才學明敏，操介清修。業均井渫，志固冰霜。

據此表文，可見當時人看重內行，以孝爲主；而另一面則看重學業，而以「息頹競、勗浮動」爲言。又陳天嘉元年詔：

梁前征西從事中郎蕭策，梁前尚書中兵郎王暹，並世胄清華，羽儀著族。或文史足用，或孝德可稱。並宜登之朝序，擢以不次。

可見當時人所目以爲世胄清華、羽儀著族之門第中人，其標格所在，非「文史足用」，卽「孝德可稱」，一屬學業，一屬內行。惟此二者，乃爲當時門第所尚，此風至陳代而猶然。

至論學業，文學尤爲時尚，其風蓋自曹魏父子開之。金樓子興王篇載魏武帝「御事三十餘年，手不捨書。晝則講軍策，夜則思經傳。登高必賦，被之管弦，皆成樂章。」魏志文帝紀：「帝初好學，以著述爲務，使諸儒撰集經傳，隨類相從，凡千餘篇，號曰皇覽。」是爲後世類書之濫觴。由是而風會所趨，六朝之帝室皇枝，名卿碩彥，靡不延攬文學，抄撰眾書，齊、梁尤盛。蓋建安文體創新，固已歆動眾好，而曹氏父子以帝王之尊垂情篇什，更易形成後世之風尚。然此種文學風尚，旣與經史實學異趣，亦復與安親保榮爲當時所重之傳家風教有違。劉勰文心雕龍論之云：

魏之三祖，氣爽才麗，宰割辭調，音靡節平。觀其「北上」眾引，「秋風」列篇，或述酣宴，或傷羈戍，志不出於淫蕩，辭不離於哀思。雖三調之正聲，實韶夏之鄭曲。

蓋建安新詠，原本樂府。其關於音節方面者姑不問，論其內容，述酣宴，傷羈戍，志陷淫蕩，辭歸哀思，此雖文學之新域，要非修齊之正軌；而風氣既開，人競追逐。如祖瑩以文章見重，常語人云：

文章須自出機杼，成一家風骨，何能共人同生活也！

梁簡文帝誡當陽公大心書乃謂：

立身之道與文章異。立身先須謹重，文章且須放蕩。

此等放蕩不與人同生活之情態意境，豈能與立身謹厚之萬石家風兩美雙全？姚察引阮孝緒言，亦謂：「有行者多尚質樸，有文者少蹈規矩。」劉勰文心雕龍尤慨乎言之，謂：「勵德樹聲，莫不師聖，而建言修辭，鮮克宗經。」然此等文風，終是流漫不止。鍾嶸詩品序有云：

今之仕俗，斯風熾矣。裁能勝衣，甫就小學，必甘心而馳騖焉。於是庸音雜體，各為家法。至於膏腴子弟，恥文不逮，終朝點綴，分夜呻吟。次有輕蕩之徒，笑曹、劉為古拙，謂鮑昭義皇上人，謝朓今古獨步。

顏之推家訓，更於此痛切縷述，謂：

吾家風教，素為整密。昔在齠齔，便蒙誘誨。每從兩兄，曉夕溫凊，規行矩步，安辭定色，鏘鏘翼翼，若朝嚴君焉。年始九歲，便丁荼毒，慈兄鞠養，有仁無威，導示不切。雖讀禮傳，微愛屬文，頗為凡人之所陶染，肆欲輕言，不修邊幅。年十八九，少知砥礪，習若自然，卒難洗盪。三十以後，大過稀焉。每常心共口敵，性與情競，夜覺曉非，今悔昨失。自憐無教，以至於此。

可見當時愛好文辭之習尚，實與門第教養，禮法修踐，存在有背道而馳之裂痕。一本兩漢儒家傳統，一出曹魏軼蕩新軌。後人兼采並存，而未能陶冶合一。顏黃門親以過來人教戒子弟，其言可謂懇切諄到。家訓中又列舉此一時代人染被新風，違失舊習，所謂文人無行，身敗名裂之具體例證，言之確鑿，數之覼縷；往事俱在，文詳不引。要之此一裂縫，亦爲考論當時門第病害者所當深切注意也。

直至隋李諤上書正文體猶云：

魏之三祖，更尚文詞。忽君子之大道，好雕蟲之小技。下之從上，有同影響。競騁文華，遂成風俗。江左齊、梁，其弊彌甚。貴賤賢愚，唯務吟詠。遂復遺理存異，尋虛逐微。競一韻之高，爭一字之巧。連篇累牘，不出月露之形。積案盈箱，惟是風雲之狀。世俗以此相高，朝廷以此擢士。利祿之途既開，好尚之情彌篤。

可知當時尚文之風，溯源實始曹魏。而門第來歷，則遠在其前。門第必重儒術，謹禮法；尚文則競虛華，開輕薄。惟魏晉以下之門第，既不能在政治上有建樹，乃轉趨於在文辭上作表現。蓋矜尚門第，自當重門第中之人物，人物則必有所表現。在始僅認文學爲人生表現之一種工具，在後則認人生即在文學表現上。如此一變，遂至於大謬而不然。又曹氏父子，對當時門第傳統，本抱一種敵視之意態。魏武嘗有不惜援用不忠不孝之人之詔書，曹魏當時之新文體，本不與門第相顧。而魏晉以下之門第，一面謹守儒家舊傳統，一面又競慕文學新風流。在此二者間，未能融會調劑，故使利弊互見，得失交乘。此一種複雜之情形，極難剖析盡致。惟貴讀史者隨時隨處，分別善觀。片面單辭，則殊難刻畫使分寸恰符，稱衡使銖兩不失也。

一三

其次當及魏晉以下之崇尚莊老與清談。先有王弼、何晏談虛無，次有阮籍、嵇康務放達。然此惟三國魏晉之際爲尤。南渡以後，其風卽漸變質。抑且王、何立論，天地萬物以無爲本，實對兩漢以來陰陽家言五德終始，以及一切讖緯妄誕，爲魏晉篡弑所藉口者，有摧陷廓淸之功。而阮、嵇之放達，則戴逵放達非道論已爲之解釋。戴之言曰：

> 竹林之為放，有疾而為顰者也。元康之為放，無德而折巾者也。

沈約有七賢論，大意亦爲阮、嵇闡解。要而言之，則曹魏之好文辭，與晉人之祖玄虛，二者同爲魏晉以下門第家風之大病害。趙甌北二十二史劄記有「淸談之習」一條，備記當時人之斥淸談者。可見崇尚莊老，乃一時激於世變而姑逃以寄，本未嘗專主莊老以代周孔。故裴徽問王弼：「無者誠萬物之所資，聖人莫肯致言，而老莊申之無已，何邪？」弼答：「聖人體無，無又不可以訓，故言必及有。老莊未免於有，恒訓其所不足。」就此一問一答之間，見當時雖言虛無，尚亦無揚莊老而抑周孔之意；

故阮瞻以「將毋同」三語得辟爲掾。其後郭象注莊，亦多騁曲解，迴護孔子，顯違莊書之原義，而一時因以享盛名。是知逃言虛無，實具苦衷，非本情好。我所謂南渡以後逐漸變質者，蓋當時門第中人乃漸以清談爲社交應酬之用。蓋惟清談可以出言玄遠，不及時事，並見思理，徵才情，正與詩文辭采，同爲當時門第中人求自表現之工具。若周孔禮法，家門孝謹，雖敦篤奉行，卻不宜在社交場合，宴會羣聚中，作爲談論之資。門第中人則總喜有表現。既不能在世間實際功業事爲有貢獻，乃在文辭言談自樹異。若眞尚莊老，心知其意，卽不必刻意求文辭之精美。眞重文辭，跌宕歌呼，亦不復是莊老之虛無。在此二者間，殊無必然相連之內質。抑且此二者，在當時乃能與儒家傳統禮教及所重之孝謹家風相配合，沆瀣一氣，匯爲同流，若不見有衝突。此中情況，則惟以歷史因緣始可爲之說明。此非當時人在周、孔、莊、老以上，另有一種更高之綜合而使其得此，此卽證之於當時人之言談與著述而可知。我無以名之，姑名之曰崇尚莊老之變質。

如世說載：

諸名士共至洛水戲，還。樂令問王夷甫曰：「今日戲，樂乎？」王曰：「裴僕射善談名理，混混有雅致。張茂先論史、漢，靡靡可聽。我與王安豐說延陵、子房，亦超超玄著。」

此事尚在渡江前，已見時人以談作戲。無論所談是名理，是歷史，抑是古今人物，要之是出言玄遠，要之是逃避現實，而仍求有所表現。各標風致，互騁才鋒，實非思想上研覈眞理、探索精微之態度，而僅爲日常人生中一種遊戲而已。

世說又一則云：

謝胡兒語庾道季：「諸人莫當就卿談，可堅城壘。」庾曰：「若文度來，我以偏師待之。康伯來，濟河焚舟。」

此故事在渡江後。益見時人以談作戲，成爲社交場合中之一種消遣與娛樂。謝道蘊爲小郎解圍，一時傳爲佳話，亦只是騁才情見機敏而已。故知當時名士淸談，特如鬬智。其時又好圍棋，稱之曰「坐隱」，又稱曰「手談」。正因圍棋亦屬鬬智，故取以擬淸談也。然則淸談亦可稱口弈，或舌棋，見其亦僅屬一種憑口舌之對弈；亦可稱爲談隱，以時人直是以談話作山林，出言玄遠卽是隱於談，卻不必脫身遠去，眞隱於山林也。

又按齊書柳世隆傳：「世隆少立功名，晚專以談義自業。常自云：馬矟第一，淸談第二，彈琴第三。在朝不干世務，垂簾鼓琴，風韻淸遠，甚獲世譽。」此以淸談與馬矟、彈琴相提並論，亦如以淸談與弈棋相類視。要之淸談乃是一種日常生活，若謂專求哲理，豈不甚違當時之情實乎？

又按晉書陶侃傳：「諸參佐或以談戲廢事，乃命取其酒器蒲博之具悉投於江，曰：『樗蒲者，牧豕奴戲耳。老莊浮華，非先王之法言。』」此處亦以談、戲並言。談卽莊老清談，而與樗蒲並舉，則清談之成爲當時日常人生中一種消遣遊戲之事，又得一證矣。

又按世說云：

殷中軍為庾公長史，下都，王丞相為之集。桓公、王長史、王藍田、謝鎮西並在。丞相自起解帳，帶塵尾，語殷曰：「身今日當與君共談析理。」既共清言，遂達三更。丞相與殷共相往反，其餘諸賢略無所關。既彼我相盡，丞相乃歎曰：「向來語，乃竟未知理源所歸。至於辭喻不相負。正始之音，正當爾耳。」明旦，桓宣武語人曰：「昨夜聽殷、王清言，甚佳。仁祖亦不寂寞，我亦時復造心，顧看兩王掾，輒翣如生母狗馨。」

此是殷浩新出，將有遠行，王導作集，爲之邀約諸賢，共作一夕之懽也。此如法國十八世紀有沙龍，亦略如近人有鷄尾酒會，自是當時名士一種風流韻事。既不作灌夫之使酒，亦不效謝安之携妓，僅是清談玄理，豈不風雅之絕！英雄如桓宣武，席中尚不獲儳言插論，退席語人，猶以「時復造心」自喜自負。可見卽是清談，亦猶有儒家禮法密意行乎其間。此乃是當時人一種生活情調，卽今想像，猶在目前。若認眞作是一哲理鑽研，則誠如隔靴搔癢，終搔不到當時人癢處所在矣。

世說又一則載：

裴散騎娶王太尉女。婚後三日，諸壻大會，當時名士王、裴子弟悉集。郭子玄在坐，挑與裴談。子玄才甚豐贍，始數交未快，郭陳張甚盛，裴徐理前語，理致甚微，四座咨嗟稱快。王亦以為高，謂諸人曰：「君輩勿為爾，將受困寡人女壻。」

今試設想，如當時裴、王門第之盛，安富尊榮已臻極度，又值新女壻上門，嘉賓萃止；若如今日西俗，則正好來一盛大舞會，而當時諸賢，則借此場合作一番清談，所說又盡是莊老玄虛。豈不誠是風流雅致乎？

世說又一則云：

羊孚弟娶王永言女。及王家見壻，孚送弟俱往。時永言父東陽尚在，殷仲堪是東陽女壻，亦在坐。孚雅善理義，乃與仲堪道齊物。殷難之。羊云：「君四番後當得見同。」殷笑曰：「乃可得盡，何必相同？」乃至四番後一通。殷咨嗟曰：「僕更無以相異。」歎為新拔者久之。

此一故事與上則絕相似，皆是新壻登門，於盛大宴會中作清談也。

晉書忠義傳載：弘農王粹以貴公子尚主，館宇甚盛，圖莊周於室，廣集朝士，使嵇含爲之讚。含援筆爲祭文，曰：

帝壻王弘遠，華池豐屋，廣延賢彥。圖莊周垂綸之象，記先達卻聘之事。畫眞人於刻桶之室，載退士於進趣之堂。可謂託非其所，可弔不可讚也。

堂上畫莊周像，此亦當時門第一種風雅裝飾；正如在宴會中辯齊物論，亦是當時一種時髦應酬。嵇含乃康之兄孫，不失其叔祖遺風，於此獨致譏笑。此可見風流感染，愈遠而愈失其眞，故我謂南渡清談已漸變質也。

明於此，請繼論王僧虔之誡子書。書云：

談何容易。見諸玄，志為之逸，腸為之抽。專一書，轉誦數十家注，自少至老，手不釋卷，尚未敢輕言。汝開老子卷頭五尺許，未知輔嗣何所道，平叔何所說，馬、鄭何所異，指例何所明，而便盛於塵尾，自呼談士；此最險事。設令袁令命汝言易，謝中書挑汝言莊，張吳興叩汝言老，端可復言未嘗看邪？談故如射，前人得破，後人應解；不解，即輸賭矣。且論注荊州八袠，又才性四本，聲無哀樂，皆言家口實，如客至之有設也。汝皆未經拂耳瞥目。豈有庖廚不修，而欲延大賓者哉？

細玩僧虔此書，可見當時清談，正成爲門第中人一種品格標記。若在交際場中不擅此項才藝，便成失體，是一種丟面子事。故云「如客至之有設」。若家有賓客來至，坐對之際，茗果既設，亦須言談。惟既不宜談政治隆汚，又不屑談桑麻豐凶。若要够得上雅人深致，則所談應不出上述之數項。此所謂「言家口實」。當時年長者應接通家子弟，多憑此等話題，考驗此子弟之天姿與學養。故當時門第中賢家長必教戒其子弟注意此等言談材料，此乃當時門第裝點場面、周旋酬酢中一項重要節目。故既云「談何容易」，又説「端可復言未嘗看邪」。風氣所趨，不得不在此方面用心。其實在魏晉之際，時人所以好言莊老虛無，又所以致辨於才性四本及聲無哀樂等問題者，此皆在時代苦悶中所逼迫而出之一套套思想上之新哲理與新出路，當時人確曾在此等問題上認眞用心思；至後則僅賸下這幾個問題，用來考驗人知也不知，答應得敏速利落與否，僅成爲門第中人高自標置之一項憑據。既爲門第中人，不能於此等話題都談不上口。故梁元帝金樓子於著書一篇之後接有捷對篇，篇中所舉，雖不能如世説之深雅，然可見「著書」與「捷對」同爲當時門第所尚，而捷對則僅是清談之降而益下者。任彥昇爲蕭揚州作薦士表有云：

> 勢門上品，猶當格以清談。英俊下僚，不可限以位貌。

此見當時人實以清談爲門第中人考驗够格與否之一種標準也。則當時門第有清談，豈非如此後考場中之經義與八股？惟一出政府功令，一屬社會習尚，不同在此而已。

要之重文辭與尚清談，則不得不同目爲當時門第中兩大病。重文辭之病，已述在前。清談之病，顔氏家訓歷數極深切。其言曰：

> 老莊之書，蓋全眞養性，不肯以物累己也。故藏名柱史，終蹈流沙。匿跡漆園，卒辭楚相。此任縱之徒爾。何晏、王弼，祖述玄宗，遞相誇尚，景附草靡。皆以農、黄之化，在乎己身，周、孔之業，棄之度外。而平叔以黨曹爽見誅，觸死權之網也。輔嗣以多笑人被疾，陷好勝之穽也。山巨源以蓄積取譏，背多藏厚亡之文也。夏侯玄以才望被戮，無支離擁腫之鑒也。荀奉倩喪妻神傷而卒，非鼓缶之情也。王夷甫悼子悲不自勝，異東門之達也。嵇叔夜排俗取禍，豈和光同塵之流也。郭子玄以傾動專勢，寧後身外己之風也。阮嗣宗沈酒荒迷，乖畏途相誡之譬也。謝幼輿贓賄黜削，違棄其餘魚之旨也。彼諸人者，並其領袖，玄宗所歸，桎梏塵滓之中，顚仆名利之下者，豈可備言乎？直取其清談雅論，剖玄析微，賓主往復，娱心悦耳，非濟世俗之要也。

顔氏之所指摘，僅謂當時人未能眞學莊老，而猶好言之，最先因於時代所激；既好言之而仍不能眞學，則乃爲門第背景所困。蓋門第先在，激於世變而言莊老，而莊老終非門第傳統中安親持榮之正道，於是有許多人因此作犧牲。此亦一種時代悲劇。而莊老清談乃漸變爲一種娛心悅耳之資，換言之，則是社交場合中一種遊戲而已。

梁元帝金樓子又有云：

> 世有習干戈者賤乎俎豆，修儒行者忽乎武功。范寧以王弼比桀、紂，謝混以簡文方赦、獻。李長有顯武之論，文莊有廢莊之說。余以為不然。余以孫、吳為營壘，以周、孔為冠帶，以老、莊為歡宴，以權實為稻粱，以卜筮為神明，以政治為手足，一圍之木持千鈞，五寸之楗制開闔，總之者明也。

此處「以莊老爲歡宴」五字，即我上之所分析。如舉世說各條，上自洛水清遊，下至裴、羊兩家新壻歡讌，豈非其明證乎？

金樓子又云：

> 天下一致而百慮，同歸而殊途。儒者列君臣父子之禮，序長幼之別。墨者堂高三尺，土堦三等，茅茨不翦，采椽不斲，冬日以鹿裘為禮，盛暑以葛衣為貴。法家不殊貴賤，不別親疏，嚴

而少恩，所謂法也。名家苛察繳繞，儉而失眞，是謂名也。道家虛無為本，因循為務，中原喪亂，實為此風。何、鄧誅於前，裴、王滅於後，蓋為此也。

此處以中原喪亂歸咎於道家虛無，似較顏黃門家訓遠爲嚴刻。然元帝又不許范寧之罪王、何。蓋當時門第中人，一般都主兼采並蓄。莊老非無可取，善用之，殊途亦可同歸。惟一意於此，始見病害。元帝之意，亦非與顏黃門有甚深之違歧也。

世說又云：

王夷甫容貌整麗，妙於談玄。恆捉白玉柄麈尾，與手都無分別。

手與玉柄同白，是其貌之麗。然想王夷甫捉麈清談之頃，必有一番閒情雅致，始以見其容之整。麗固可羡，整則可矜。從此清談捉麈，亦成爲門第中一種風流。陳顯達自以門寒位重，每遷官，常以愧懼之色戒其子勿以富貴陵人，曰：「麈尾蠅拂，是王、謝家物，汝不須捉此。」取而燒之。此亦見清談與當時門第背景之關係矣。

以上逐一分說當時門第中人所以高自標置以示異於寒門庶姓之幾項重要節目：內之如日常居家之風儀禮法，如對子女德性與學問方面之教養。外之如著作與文藝上之表現，如交際應酬場中之談吐與情趣。當時門第中人憑其悠久之傳統與豐厚之處境，在此諸方面，確亦有使人驟難企及處。於是門第遂確然自成一流品。門第中人之生活，亦確然自成一風流。此種風流，則確乎非藉於權位與財富所能襲取而得。中書舍人王宏爲宋太祖所愛遇，謂曰：「卿欲作士人，得就王球坐。若往詣球，可稱旨就席。」及至，球舉扇，曰：「若不得爾。」宏還啟聞，帝曰：「我便無如此何。」紀僧眞幸於宋孝武帝，曰：「臣小人，出自本州武吏，願就陛下乞作士大夫。」帝曰：「此事由江斆、謝瀹，我不得措意。」紀承旨詣斆，登榻坐定，斆命左右移吾牀讓客，紀喪氣而還。帝曰：「士大夫固非天子所命。」此等事，驟看似不近情理，然若就上述逐一思之，便知在當時亦自有來歷背景，不易憑吾儕此刻意見輕下判語也。

南方門第此種文采風流，即在北方胡族中，亦生愛慕。當時北方鮮卑之漢化，此種心理，亦一重要契機。史稱魏孝文甚重齊人，親與談論，顧謂羣臣曰：「江南多好臣。」侍臣李元凱對曰：「江南多好臣，歲一易主。江北無好臣，百年一易主。」魏主甚慚。就實論之，不僅南方政府無奈門第何，即北方政府終亦無奈門第何，而後遂開此下隋、唐之新局面。此亦尚論史實者所當知也。

一四

此下再略一提及當時門第信奉佛教之事。佛教主張出家離俗，似與當時大門第風尚不相容。其實亦不然。顏氏家訓云：「內教多途，出家自是其一法。若能誠孝在心，仁惠爲本，不必剃落鬚髮。」可見除卻剃鬚落髮、出家離俗以外，在佛門中亦尚有許多堪資當時門第取用者。舉其著明之事，佛家有種種禮法修持，教導信向，實較莊老虛無更適於門第之利用。故在魏晉之際，一時雖莊老盛行，而宋齊以下，即多轉奉釋氏。固緣當時大德高僧，善爲方便，能隨俗宏法。如弘明集載慧遠沙門不敬王者論，謂：「悅釋迦之風者，輒先奉親而敬君。」又何尚之答宋文帝讚揚佛教事，謂慧遠法師嘗云：「釋氏之化，無所不可。適道固自教源，濟俗亦爲要務。」故慧遠雖入山門，仍講授喪服。又如續高僧傳，釋曇濟在虎丘講禮、易、春秋各七通，釋僧旻從憎迴受五經，釋智琳禮、易、老、莊悉窮幽致。宋釋慧琳、梁釋慧始皆注孝經。劉勰著文心雕龍，後爲僧名慧地。凡此皆當時釋氏兼通儒業之例。弘明集又載梁武帝勅答臣下神滅論謂：

> 祭義云：「惟孝子為能饗親。」禮運云：「三日齋，必見所祭。」若謂饗非所饗，見非所見，違

經背親，言語可息。神滅之論，朕所未詳。

此以儒家孝親祭祖之禮難范縝神滅之說，轉以廻護佛教，更可見當時大門第與佛教義之多相通借。故顏之推家訓乃特著歸心篇告其子，謂家世歸心，勿輕慢也。後周王褒著幼訓誡諸子，其一章云：「吾始乎幼學，及於知命，既崇周孔之教，兼循老釋之談。江左以來，斯業不墜。汝能修之，吾之志也。」可知直到南朝末期，老、釋之談，仍爲門第中人所同奉。然莊老道家終不能與釋氏爭重，其間亦有必然之勢。蓋値政治濁亂，世途多棘，道家言可以教人逃避。値心情苦悶，神思怫鬱，道家言可以教人解脫。故魏晉之際，莊老玄遠遂爲一時門第所重。然有逃避，有解脫，無趨向，無歸宿。時過情遷，則仍有許多不能解答之問題，使人心不能不另求出路。如謂人生價値可於世事糾紛中抽離，即就其人之本身表見而存在，則人必有死，死後豈不仍是落空？世說載戴逵見支道林墓，曰：

德音未遠，而墓木已積。冀神理綿綿，不與氣運俱盡耳。

此一慨想，實俱深意。道家能事，只能因應氣運；氣運盡，則無不俱盡者。於是人生之深一層要求，遂不得不轉歸於釋教。又如安親保榮，顧念門第而期望子孫，然子孫究何預己事？沉浸於道家言者，終必發此問，如上引謝安已然；而此問終不見有好解答。顏氏家訓歸心篇亦云：

有子孫，自是天地間一蒼生耳，何預身事？而乃愛護，遺其基址，泥於己之神爽，頓欲棄之哉！

可見縱使門第福蔭，可以蟬綿不輟，子孫永保，胤祚勿替，亦仍不能滿足人心內在更深一層之要求。當時門第中人所以終自轉向於佛教信仰之一種內在心情，於顏、顏二人之說，正可透露其深處也。

此下迄於唐代，門第猶盛，而佛教亦同時稱盛。宋以下門第衰，而佛教亦衰。儒家思想之復興，固是一理由。然門第與佛教自有一種相互緊密之關聯。門第爲佛教作護法，佛教賴門第爲檀越。唐代禪宗崛起，實開佛教擺脫門第之一種新趨勢。而宋代理學則爲代替禪宗之一種新儒學。然魏晉南北朝門第之羽翼佛教而助其發旺成長，亦不可不謂其在中國文化史上有此一貢獻。

一五

今再綜合言之。魏晉南北朝時代一切學術文化，其相互間種種複雜錯綜之關係，實當就當時門第背景爲中心而貫串說之，始可獲得其實情與眞相。此則就上舉諸端，已自可見。

繼此尚有一事當附述者，乃爲當時門第中人之看重藝術。顔氏家訓雜藝篇所載分九類：一書法，二畫繪，三弓矢射藝，四卜筮，五算術，六醫方，七音樂琴瑟，八博戲與圍棋，九投壺與彈棋。其中有在中國文化傳統中占極重要地位者，厥爲書法與畫繪。當時門第中人重視此二藝，正猶其重視詩文，皆爲貴族身分之一種應有修養與應有表現。梁元帝金樓子謂「以卜筮爲神明」，蓋門第中人於禍福觀念特所敏感，故多不免陷於迷信。如王氏一家之信奉天師道，即其一例。而佛法之深得門第擁護，其因果報應避禍邀福之談，更是主要因素。醫方爲門第所重，與其重卜筮，乃一事之兩面。避禍求福，尤要者必祈望免疾病，長得健康。道家之學轉而爲長生，爲修煉，此事自秦漢以來已然；而如陶宏景諸人之受當時之崇重，此亦與門第中人之意態有關。如彈琴與圍棋，亦是貴族清閒生活中一種高貴娛樂，既陶性情，亦練心智。凡當時門第中人之生活情趣，及其日常愛好，皆可於上列諸項中見之。而關涉於此諸方面之著述亦極多，具載於隋志，此不詳。而其時僧人亦多擅術藝；隋志所載，音樂、小學、地理、天文、曆數、五行、醫方、楚辭諸門，皆有沙門撰者。此又見當時教徒與門第之相通也。

以上洪纖俱舉，鉅細備陳，要以見魏晉南北朝時代一切學術文化，必以當時門第背境作中心而始有其解答。當時一切學術文化，可謂莫不寄存於門第中，由於門第之護持而得傳習不中斷；亦因門第之培育，而得生長有發展。門第在當時歷史進程中，可謂已盡其一分之功績。即就政治言，當時門第亦非絕無貢獻。南史王弘傳論有云：

語云：「不有君子，其能國乎？」晉自中原沸騰，介居江左，以一隅之地抗衡上國，年移三百，蓋有憑焉。其初諺云：「王與馬，共天下。」蓋王氏人倫之盛，實始是矣。及夫休元兄弟，並舉棟梁之任，下逮世嗣，不虧文雅之風；其所以簪纓不替，豈徒然也。

此雖專指王氏一家，然晉室南渡，所以得有偏安之局，實憑當時許多門第支撐。而北方門第之功則更大。正因有門第，故使社會在極度凶亂中而猶可保守傳統，終以形成一種力量，而逼出胡、漢合作之局面；迨於北朝，中原文物復興，政治先上軌道，制度成一體統，下開隋、唐之盛運。此皆當時北方門第艱苦支撐，慘澹營造之所致。其所貢獻於此一時期之歷史者，決不比南方門第爲遜色。

再推擴言之，欲研究中國社會與中國文化，必當注意研究中國之家庭，此意盡人皆知。而魏晉南北朝時代之門第，當爲研究中國社會史與文化史以及中國家庭制度者所必須注意，亦自可不待言而知。本篇所論，頗似對當時門第偏有袒護，然亦歷史實況如此。至於當時門第之有種種短缺，亦多載在史籍，卽當時人亦多明白指摘；下逮後世，迄於近代，能言之者更復不少；本篇轉略不論，此亦立言各有體要，惟讀者諒之。

（此稿成於一九六三年，刊載於是年八月新亞學報五卷二期。）

中國學術思想之分期

一

歷史分期，本無確切標準，僅得就歷史變遷大體段，約略指出，以便學者之研尋。近賢講論中國學術思想，每以先秦爲第一期，兩漢以下爲第二期。自梁任公、胡適之以來都如此。細審實有未當。

若論政治史，以先秦爲限斷，此甚帖切。先秦前爲「封建政治」，而秦後則爲「郡縣政治」也。若論社會經濟史，似不如以五代爲劃時代之界線。五代以前，可稱爲「門第社會」。所謂門第社會者，與封建貴族社會有別。宋以後則爲「平民社會」，此又與門第社會有別。再論其經濟，宋以前中國經濟偏在北部黃河流域，大體爲大農制度。宋以後則偏於南方長江流域，大體爲小農制度。五代前後，中國史上社會經濟形態之劇變，似較秦前後爲更甚。故講社會經濟史，自不如以五代爲劃分期，更爲確當。

但論學術思想，則其情形又不同。竊謂中國學術思想，當以兩漢以前爲一期，魏晉以後爲又一期；直至明末以來，則漸漸走上第三期。

歷史變遷，每每以漸不以遽，故歷史分期亦不能過細刻劃。往往在兩期中間，另可劃出一變動期，承先啟後，爲一過渡蛻化之時期。如此看去，稍可諦當。若以此意說之，則六國時代爲政治史上第一期、第二期間之過渡期。安史亂後，迄於宋初，爲社會經濟史上第一、第二兩期間之過渡期。東漢一代可謂爲學術史上第一、第二兩期間之過渡期。明末以來，迄於目前，實爲學術史上又將轉入一新時代之過渡期者。

二

何以謂中國學術思想，當以東漢、魏晉爲分界？扼要言之，第一期學術，爲經學與子學對抗之時期；第二期學術，則爲佛學與理學爭衡之時期。

試先言第一期。

漢書藝文志以古代經籍爲六藝之學，又稱爲「王官之學」；後起諸子則爲「百家之學」，凡分九流十家，並謂其皆出於王官。清代章實齋著文史、校讎通義，發揮漢志深義，謂：

古者政教不分，官師合一。

其論頗有卓見。近世胡適之始謂九流之學不出於王官，而主淮南子「諸子之學皆起於救世之弊，應時而興」之説。又謂：「漢志分九流，乃漢儒陋説。」今按：史記：

五帝官天下，三王家天下。

「官」者謂公，「家」者謂私，可見「王官」與「百家」即公、私之别。稱「家」、稱「子」，本係沿襲古代貴族之稱謂。諸子百家之學，始於孔子與儒家。孔子在當時雖非貴族，然當時之人，則以尊貴族者尊孔子，故稱之爲「子」、爲「家」也。此後諸子百家，遞襲其稱不變。

故謂「王官之學」者，實當時之貴族學，出於政府，在社會之上層。而「百家言」則爲當時之平民學，出於私家，在社會之下層。

漢志謂「諸子出於王官」者，言平民社會之新興學，本由古代政府貴族學衍變而出。章實齋文史通義闡發此層，頗多創獲。胡適之不明此意，而謂「諸子不出於王官」，以對古代學術情形諦察有未審耳。

古代貴族之學演變而爲戰國以下之平民學，其過接之橋樑，則爲孔子。孔子先世，原爲宋之貴族，遭亂奔魯，漸漸淪爲平民。然以先世亦爲貴族之故，依然與當時之貴族階級相接近。孔子自幼卽好古敏求，故魯國保存古代傳統貴族之學，孔子遂亦得之。其後墨子卽純粹一平民階級之人物矣。更以後諸子百家，則大率皆平民也。

新興平民學，自爲派別，與古代貴族學不同。所謂古代貴族學者，後世卽謂之「經學」；新興平民學則「子學」也。經籍本爲古代政府之檔案，子學則爲私家之言論。故經學爲傳統之學，重保守；子學爲自由之學，重創新。經學爲整個的、全體的、固有的，子學則爲分散的、局部而又偏面的、新興的。此爲古代學術之兩大流。

貴族學中最重要者則爲禮、樂與詩、書，戰國以下便散於社會。及秦人統一，意求恢復古體，重復「政教不分，官師合一」之舊傳統，以政治力量統一學術思想。然其時王官舊統，早已墮地不可收拾。於是從王官學遞衍而來之平民學，轉又一躍而成爲當時之「新王官學」。

此種要求，在戰國末年極爲顯耀。如荀況、呂不韋、鄒衍等，俱有以己之學術統一諸子百家而成爲一種新王官學之野心，惜乎均無成就。漢代統一後，淮南王劉安、河間獻王劉德，亦均欲調和諸子之學，均有在自己手裏造成新王官學之野心，故均爲漢廷所忌嫉。

秦始皇旣誅呂不韋，又來一套焚書坑儒，重新整頓博士官學。漢武帝在壓抑淮南王、河間王之後，又自來一套博士官之整頓，表章五經與罷黜百家。秦始皇、漢武帝的措施，也不過順著當時學術思想之大潮流而一線推衍之。從此以後，王官學再起，百家言轉息。但那時期以下的王官學，其實只是戰國以來百家言之變相。經學其貌，子學其裏，所依據的是古代經典，所講的則大體還是後起之百家言。因此我們不通先秦百家書，我們便無法明白漢代的博士王官學，即所謂兩漢之「經學」。因此我們若非將先秦與兩漢融成一氣，我們亦將無法瞭解古代學術之眞精神與眞血脈。

三

現在我們再說到第二期。此爲佛學與理學爭衡代興的時期。

第一期學術與第二期學術之劃分，當以東漢一代爲其過渡，當以鄭康成爲古代學術之殿軍，以孔融爲新興學術之先鋒。若再推溯而上，則新學先鋒應爲王充。這兩人正在東漢之末、三國之初的時期。此後學術思想與前一時期截然不同。

魏晉南北朝以下之學問，根本已非經學與子學的問題，而是佛學與宋明理學的問題了。理學亦非經學，亦非子學，而是一種「儒佛合流」之學。

近賢多以爲漢人經學屬之戰國陰陽家言，此論似始於章太炎。章氏在晚清經學界上是站在「古文家」一邊，而有意排詆「今文家」的，故目公羊大師董仲舒爲漢之「大巫」。此亦未免夾有意氣之爭。實則前漢經學，絕非純粹的一家一派，而已是調和各家各派的混合思想了。至於東漢，則宗教與學術代興。前漢陰陽家固已先有一種宗教意味，到後漢道家繼起，由莊老自然哲學轉入黃老神仙思想，中國古代素樸的宗教觀念復活，而印度佛教又乘機東來；所以魏晉以下學術史上劃時期的新現象，則爲古代的王官學與百家言皆衰，而道、佛兩教興起，是爲宗教旺盛的時代。此種潮流，直到隋唐，繼續不輟。

宋代理學，則爲與宗教抗衡爭長的一種新學問。宗教重在「信仰」，理學則是一種義理之學，重在「自覺自悟」。信仰重心在「外」，覺悟則重心在「內」。信仰重在「修」，而覺悟重在「證」。若借用南朝謝靈運的話來說，則理學與佛學乃是一種「教」「理」之爭。謝靈運說：

> 華民易於見理，難於受教，故閉其累學而開其一極。夷人易於受教，而難於見理，故閉其頓了而開其漸悟。（見廣弘明集卷十八與諸道人辨宗論）

照謝氏意，儒、佛便是一個教、理之爭。其實佛家內部亦言教、理之爭，自竺道生的「頓悟」論到唐代禪宗，即是要以「理」代「教」。宋人理學，只是沿襲禪宗這個大趨勢，走到盡頭，便成爲儒學復興。

此是第二期學術思想之精神與血脈之大體段。此第二期的學術思想，一直到明亡以後，才告結束。

四

現在再說第一、第二兩期學術不同之點。

古代學術無論那一家那一派，都注重在集體意識上，以國家大羣爲討論的出發點與歸宿處；孔、老、墨、法，莫不皆然。而魏晉南北朝以下的學術，便比較偏重個人方面，以自己內心爲出發點與其歸宿處。故第一期爲集體觀念之學，第二期爲個人觀念之學。若以莊子言說之，第一期乃「外王」之學，第二期爲「內聖」之學。故第一期學術思想的重要問題，多偏重於歷史、社會、政治、經濟、天下治亂、民族盛衰，而第二期之學術思想的主要問題，則更偏重於自己的「心」、「性」。

此種分法，自然是粗枝大葉的，並不是說第一期中不講心性，第二期中不講集體，只在指出一大體段如此。

五

晚明以下，應該是第三期學術思想的開始。只因清代部族專制，此項新思想，未能暢遂發展。直到現在，還只好說在萌芽時代。

自道、咸以下，西方新學術、新思想東漸，情形更複雜了。這條路，大體說之，應該仍是要走晚明以來想走的路子。應該是重新回復到第一期的集體觀念上去，而同時也應該以第二期之學術，個人心性之自修自證悟其本，而以第一期所看重的國族大羣、治國平天下之大經大綸盡其用。這庶乎是「內聖外王」與「全體大用」合一之學，庶乎是第三期學術之康莊大道。

（民國三十四年五月重慶中央周刊七卷十七期）

東漢以下宗教思想之復活

中國宗教思想復活於東漢一代，此爲中國學術思想史第一、第二期之轉捩點。此層極堪注意。宗教必有其特徵，此可分兩項言之：

一、出世：凡宗教必講出世。

二、個人主義：凡講出世，必講個人主義。若現世之學，則必講大羣，不能講個人。

西方個人主義，實與西方宗教，有其不可分之關係。西方從中世紀文藝復興以來，開始有現代文明。一切現代國家之創興，資本社會之發展，都可說是向大羣方面邁進。故西洋文藝復興，一面爲「反宗教」，一面卽爲「現世主義」。

中國人對宗教信仰，似乎沒有西方人濃厚。或者遂疑中國人無宗教。其實舉世殆無無宗教之人類，特其面目可以各有不同。

中國古代一樣有宗教信仰，一樣相信有上帝鬼神。但在很早以前，中國人的宗教卻已政治化了。宗教消融在政治裏，因此宗教勢力在中國古代思想界裏面卽不占重要。

政治和宗教，二者本相衝突。宗教重「出世」，而政治則重「現世」。現世至長不過百年，出世則包括過去、未來、現在三世，過去、未來可以無限延長。若把現在比較過去、未來，眞如刹那之暫，似無價值可言。因此就一般論，宗教可包括政治，政治不可包括宗教。

宗教講出世，一定要講「靈魂」。惟有信仰靈魂，始可超脫人類現世短促生活，始可脫離肉體，別求永生。所謂靈魂，則是個人的。靈魂既能超世，則便能超羣，因此宗教的祈求也是個人的。

既信有靈魂，則連帶信有「輪廻」，或一種變相的輪廻。遠從無量過去世，直至無量未來世，靈魂自有其存在，則所謂現世親子、夫婦、恩仇、親疏等分別，在宗教觀念裏，盡失其地位。現世的親子、夫婦、恩仇、親疏，只是刹那間事。當知無量過去世與無量未來世，未必仍如現世一樣，彼、我間還是此親子，還是此夫婦，還是此親疏、恩怨。因此宗教家多認現世一切關係如夢如幻，不以爲眞，至少不以爲有甚大的價值。

但宗教既講個人主義與出世，何以又講「慈悲」與「博愛」？當知在現世大羣裏，既有恩仇親疏，又有利害得失，因此大羣主義轉而變成爭奪主義。宗教家在靈界是正面的、積極的，在俗界則只是反面的與消極的。但轉因其消極，轉因其看得恩怨親疏平等，轉因其看現世大羣利害得失如夢如幻，因而沖淡了他的爭奪心。因此宗教裏的慈悲、博愛，實際還以個人主義之出世做他的骨子。因此宗教特徵，還是個人主義與出世。如此則宗教組織自然與人世間種種其他組織，性質意味皆有不同。

政治是人世間的最高組織，因此宗教勢力便易與政治勢力相衝突。西方中世紀，宗教勢力臨跨政治，教權超出政權，故國王一定要教皇加冕；國王是地下的、暫時的，宗教是天上的、永久的，兩者間的價值地位，高下懸殊。

但在中國則不然。中國自古便是一個大一統的國家，中國古代的封建，也是統一的封建。一個皇室共主，往往綿亙數百年數十代的傳統。因此地下組織，不見爲暫時與渺小，宗教轉消融於政治。一般人只看重地下的，不管天上的。廣土衆民與長治久安，增高了地下一切的價值。因爲宗教消融於政治，故中國古代的天子，成爲民衆宗教上的代表。只有天子，才能祭上帝，祀鬼神。人民的意見，只能由天子代表上達，決不能私自與上帝接觸。上帝只管地面上大羣公共事，卻不管地面上各個小我的私事情。故祀祭大典，理應由國君代表。其關涉地方的，亦有地方代表（封建貴族或地方官吏）主祭。人民除其祭一家祖先而外，對天地鬼神，皆無私祭之禮。卽如後代對孔子之祀典，亦由政府主持，不由讀書人私祭，私祭只算是淫祀。至於西方情形，就比較不同。在上帝面前，人人都平等，任何人都可以直接和上帝接觸。

今以圖表之如左：

(中國的宗教消融於政治)

上帝

↑

天子

民眾　民眾　民眾　民眾

(西洋的宗教消融了政治)

上帝

君主　民眾　貧　富　貴　賤

這是中國古代宗教與西方不同處。總之，宗教給人們的希望與安慰在將來，而政治則給人們的希望與安慰在現世。

中國古代，只爲由政治消融了宗教，故一般興味，都趨重現世生活上。直從春秋到兩漢，中國學術界，也都想創造一個「地下的天國」。所謂「太平」、「大同」，都是地下天國的理想。這種理想之完成，則有賴於政治。

當時「王官之學」固是講政治，「百家之言」也都是講政治，都想造成一理想國。這些學術理想，都是講的全人世間的，整個的世界與人間，而不是局部與分散的，或一國一邦的。那時中國人所知道的諸夏與中國，便無異於世界與天下之整個了。同樣他們都認爲，他們所講是永久的，而不是暫時的。這樣便不必再超脫現世，來另尋希望與安慰。

這是從中國古代「廣土眾民」與「長治久安」的歷史環境裏，產生出來一種偉大的思想。因有這許多現世大羣的偉大理想，故可代替了宗教，做人生之希望與安慰。亦因有這許多現世大羣的偉大理想，故而促成了秦始皇帝的大一統。

秦始皇統一中國，可以說是先秦學術思想一致的要求。遠在秦始皇用兵力來吞滅六國以前，中國學術思想界早已融凝一體了。

西漢以來，大一統的國家既已實現，便要在此國家裏實現大同與太平。西漢學者頗多抱此理想而努力求其實現，不幸他們的理想失敗了。王莽變法，便是這個失敗之最後報告。

東漢以降，一切希望和安慰，都毀滅了。大羣現世的希望和安慰既毀滅，一般人便把希望和安慰轉向個人與託之將來，因此就重新走入了宗教之途，傾向出世與個人主義。這完全是當時政治變壞了，一些正人君子沒有出路，人生前途沒有光明，所造成的傾向。

後漢書黨錮傳范滂曰：

古之循善，自求多福；今之循善，身陷大戮。

又訣其子曰：

吾欲使汝為惡，則惡不可為；使汝為善，則我不為惡。

這一番話，很可代替出當時智識份子的苦悶。這是宗教興味產生最強有力的因緣。但此時宗教思想之復活也還分著好幾個步驟。

（民國三十四年六月重慶中央週刊七卷二十一、二十二期）

由老莊思想到道教

一

東漢以後，中國有兩種宗教，卽道教與佛教。中國道教演進凡歷三度變化：

道家（莊、老自然哲學）⟶神仙（方術）⟶道教（符籙）

道家以莊子、老子爲代表。他們的思想，雖在先秦時代已經比較偏於個人主義，但莊子有「內聖外王」之說，老子也常有「王天下」之說，也還都講到現世大羣。但莊子到底是一個無政府主義者，他說：

> 人相忘於道術，魚相忘於江湖。

這是莊子理想中的個人主義與無政府主義的最高境界。現世界的人羣相處要如江海魚龍一般，自由自在，不相照顧，不相聞問。既講個人主義，自必反對現世大羣。所以反對現世大羣者，自必反對他的組織，因此必然要反政府，由此遂主張「復古」與「反歸自然」。

儒家似也主張復古，但儒家所復者是文化之古，是理想上的古；而道家所復者是歷史之古，是自然之古。這就稍微帶有了「出世」意味。因此莊、老思想遞變而成爲神仙思想。

道家哲學，從一方面說，可謂是一種自然哲學，在他裏面也含有極重要的科學意味。何以道家思想不能走上科學的路子呢？正因爲道家帶有出世意味，不肯犯手腳用氣力，因此他們的看重自然，只能成神仙，不能成科學。譬如列子「御風而行」，是想像的、出世的、享受的。近代科學發達，乘坐飛機，也是「御風而行」，但這是奮鬬的、入世的、現實的。

我們就這兩端加以比較。西洋科學一方面從「物」上得到了自由，無論做甚麼工作，都很方便；而另一方面卻從「世」上失卻自由。比如坐飛機，要飛機場，要駕駛人，要汽油，牽連極多，跳不出人世大羣之束縛。現代科學與現代社會相依爲命，沒有現代社會，也不能產生現代科學；科學愈發達，社會愈繁複、愈擴大。在此現代極繁複、極擴大的社會中，個人自由卻不能盡量伸展，因此馭物愈進，陷世愈深。這是西方近代人的苦痛。

莊子、老子在某一方面似乎比西方人聰明。他們一面要應物、馭物，爲所欲爲，一面又要出世自由，無拘無束。此種生活享受，太想像了，不悟二者間根本矛盾。要應物、馭物，便不能不有賴於大羣。要仰賴大羣，便不得不束縛自我小己的私方便與私祈求。又要應物、馭物，又要個人自由，一舉兩得，只有「神仙」才能達此境界。因此道家哲學，雖說看重自然，卻不免變而爲修眞慕道，教人做神仙去。

二

神仙思想又如何變成道教的呢？依照道家理論，神仙無他謬巧，只在一本自然，因勢乘便，循乎天理，順乎天道。人類所以不能循理順道者，則在其有私欲。若能「去私寡欲」、「清靜無爲」，便自能因應自然。因應之極，卽成神仙。這是道家哲學中應有之演變。要由此成神仙，便貴能「修鍊」心身。修鍊中最普通的方法則爲「吐納」，吐納是一種深呼吸法，由此可以卻食長生。東漢時代魏伯陽的參同契，便是講究此道，後人稱此爲「內丹」。

別有「外丹」，則是一種由「修鍊」而演進到「服食」的方法。外丹辦法，以汞（水銀）入鉛鍋加高度熱燒之，使由固體變液體，再由液體變氣，昇華再變；如是者九轉而丹成，是爲「外丹」。當時認爲外丹鍊成卽爲黃金與不死之藥。此種鍊丹術明見記載的，如漢初淮南王劉安，卽講究之。他的秘本，後來爲劉向看到，申請漢廷，許他依法製鍊，結果失敗了，劉向幾乎坐法。但此術直到唐代，還是盛行。即由那時傳入波斯，更傳至西方，逐步演進，遂成西方近代之化學。因此我們說中國道家思想中極有許多科學成分，若要研究中國科學史，好多材料應該在道家的範圍裏去找。

但道家到底變不成科學，便因爲道家不肯費力，想享受而不奮鬪。無論內丹、外丹，修鍊均極麻煩。內丹要一番心身修養工夫，外丹九轉功成只是理想，亦無實效。因此又轉爲到深山大澤去採覓草藥。這又是另一種不死之藥，是一種更簡單的「服食」法。然而這事也非容易，一則草藥難得，一則服食須經時積年，仍極麻煩。因此再由「服食」變成「神仙接引」。如安期生遇海上神人，食以巨棗。如此則可免自己到深山大澤採覓。而且採覓來的，服食又不容易，不生速效；遇神力接引則更簡便。又如史記封禪書說龍降於鼎湖，黃帝飛之上天；此是純粹由神人接引登仙，不如上引安期生故事，尚在「服食」與「接引」二者之間。但神人又不易遇，於是再進而變爲「勑召」。服食、接引皆藉外力，勑召則又是一種己力，惟與修鍊之藉己力者有別。修鍊之藉己力是理論的，勑召則是想像的；正如服食尚是理論的，而接引則是想像的。

道家思想，往往易從理論變入想像，又往往易從己力變入外力，只因他愛享受，不樂費力。「勑召」是一種秘術，只需畫一道符，便可呼召鬼神，使他不得不來，來了還需俯首聽命。大抵秦始皇所遇方士，似乎還是希望遇仙接引的多。待到漢武帝時，便有漸漸轉成法術勑召之趨勢。此種趨勢，愈後愈烈。東漢時代，勑召盛行，便成道教。現在的抱朴子書中尚保存了那時許多符。我們可以說勑召乃是一種強制的接引，他一面信仰外力（神），一面卻想像自己忽有一種神秘的己力（符），可以自由運用支配那外力。其實那符還是外力，只是可以容易掌握在我手裏罷了。

三

在此我們又要說到「方士」與「儒家」之關係。說文云：

儒，術士之稱。

儒家稱「術士」，與陰陽家、道家稱「方士」、「道士」，論其語義本屬一致。「方」、「術」、「道」，都是有一條路徑可以由此達彼之意。因此近代學者如夏曾佑等疑心儒家便是方士。其實這是錯了。「方士」者，如漢武帝時方士李少君有「祠灶方」，因其懂得此種「方」，故稱方士。所謂「祠灶方」者，便是祠灶的一種特別方式，由此特別方式可以招致灶君受享。此種意義本與儒家講「禮」同源。「禮」亦是祭神接鬼的一種方式。不合禮之祭則鬼神不享，這是說，不照特定方式，招不來鬼神。譬如上章所述①，私人祭上帝，上帝卽不受享，此因其不合禮。儒家所講之禮，本原亦出於古代之宗教，但其流變，則成爲道家之方士。如山海經所載，便是種種祭祀降神的特定方式。通這些方式的，便是古代之所謂「巫」。「巫」才懂得儀式，才能降神呼鬼。儒、道同源，「術士」與「方士」同源，卽在此處。但以後則儒家中之「禮家」與道家中之「方士」，顯然不同，那可說他們是一非二呢？

現在又要說到道家神仙思想之第一種演變。

本來吐納引伸，只是山澤枯槁之士所爲，此種最與原始道家精神相接近。但到秦始皇、漢武帝時，神仙思想流行到帝王貴族間，便變了形與變了質。鍊黃金、採藥與去海上求仙，都需莫大工本，都不是平民社會所能行。因此先漢的神仙術，我們也可以說他是一種「貴族學」或「王官學」。但一到東漢，此風大變，神仙思想便普遍盛行到全社會。這正是又一個「王官學」變而爲「百家言」，此乃古代學術演變一大例。依此大例，可以說明許多事態。神仙思想之演變，亦其一例，不能自外。所以從前方士們只向秦始皇、漢武帝、留侯、淮南王那裏活動，後來則擴大到全社會。這種趨勢，只一讀史記封禪書與後漢書方術傳，便可明白。

封禪書是將神仙思想應用到上層帝王貴族階級，配合於齊家、治國、平天下的理論上來。他們說天子受命爲新王，便該變法維新。待到天下太平，乃行「封禪」。封禪是一種祭禮。天子祭天報告成

---

① 編者按：「上章」指前篇東漢以下宗教思想之復活。

功，上帝喜悅，便派一條龍迎接歸天。古代「黃帝登仙」便是如此。

在這裏儒家講禮的與神仙方術便糾纏難分。儒家要武帝變法更化復古，也說封禪；方士用登天做神仙來歆動武帝，也說封禪。此雖荒唐無稽，但還是要和治國、平天下的理論攪在一起，還是和春秋公羊家等經學理論配合，還是在現世大羣之理想國之建立，過渡到小我個人主義之登仙享樂。因爲那時還是大羣主義盛行時代，神仙思想也不得不曲折求合。

但到東漢，則大羣思想早已失敗，變法太平理論早已打不動人的心坎，社會人羣對朝廷帝王之尊崇心理也沒落了。那時認爲做神仙只是個人的事，是平民社會人人俱能的事，並不要先來治國、平天下，先向上帝報告，再盼他派龍來接。只如費長房見老翁賣藥，即得仙術；騎青竹龍，身懷一符，便可勑召百鬼。大抵東漢書方術傳中諸故事，都是神仙的「百家言」，即是平民社會的神仙思想。封禪書是神仙的「王官學」，是貴族社會的神仙思想。神仙思想也從帝王宮廷轉移到平民社會來，那便成爲東漢以下之道教。本來古代由政治消融了宗教，現在則仍由政治中分解出宗教來。

現在再把莊、老哲學變成後世道教的節次，簡括如下表：

亦卽：

清靜無為（自然）⟶神仙（方術）⟶符籙（道教）

因此「道教」只是道家哲學之退化，嚴格講，說不上是宗教。宗教必信上帝，信靈魂，講出世，講永生；道家則只講無爲、無欲。所謂無爲、無欲，並不是叫我們不要作爲，而是要人「循天理」、「順自然」，因利乘便。譬如你由大門走出，便是自然，便是無爲。你若由窗口躍出，就是反自然，也就是有爲。故曰：「無爲而無不爲。」無爲只是一種方法，一種巧妙，可以省力，不犯手腳，不做作。所以能無爲者，先須無欲。若你急欲出去，心急了，便糊塗，便由窗口跳，便傷了你身。你不心急，不急要出去，便易看出出去最方便的門路。這便是循天理、順大道。推義至盡，可以無所不爲，一如你的意志，正如由門出外一般省力。一個人果能無欲、無爲，因應自然，由化達神，那就到了超人的境界。這種一任自然的超人生活，卽爲神仙思想之濫觴。但逐步墮落，卻成道教之符籙。信仰符籙，並不是信仰鬼神上帝，也不是要出世永生。

莊、老思想，本有一些近乎「唯物論」。他們反對宗教，反對上帝及靈魂的信仰，此與歐洲中世紀以下新興的反宗教思想頗相類，而理論方面還更透徹。惟其道家是反宗教的，所以道家實際並不主張出世。

宗教家雖看輕現世，以生命爲空虛，以現世爲幻、爲暫，但他承認有靈魂與上帝，此皆與天地相終始。除卻現世，別有永生，所以叫人嚴肅認眞。

儒家雖不講靈魂及出世，但尊重大羣，所以雖是現世主義者，而同時也是一種嚴肅主義者；因大羣亦是一種永生，不能不認眞也。此雖與宗教出世不同，而叫人帶有嚴肅之態度則一。

故儒家哲學是一種現世大羣的哲學，亦可稱爲現世大羣的宗教。莊、老則不講個人的未來世，又不講現世大羣，因此其心理態度不嚴肅，對於人生觀念並不認眞。他們是一種現世個人的哲學家。

儒家的現世大羣主義，是一種「淑世主義」，總想把現實社會造成理想國。莊、老的態度則有些近乎消極頽唐，不主出世，亦不主淑世，乃一種「現世主義」者。莊子逍遥遊的「遊」字，便說出此種心理與境界。莊、老只求遊戲人間，如魚之相忘於江湖。蘇東坡詩「萬人如海一身藏」，莊、老正是此般藏焉、遊焉，教人既不作爲，又不出世，只是站在旁觀立場，冷眼看人生，看社會。儒家所欲，在大羣福利。道家所欲，則爲個人自由。因此道家思想之末流，就不免演變出權謀、術數、陰險、狡詐。例如人從門口出，此是順乎自然；但若有許多人，擠在室內，都要從一門出，便會發生爭擁。內中若有一人，發一怪聲，誑他人注意窗外，而彼則儘先跑出門，達到目的，此即權謀譏詐之所由生，所謂「因利乘便」。儻無此現成利便，便不免要造一利便的環境出來。

儒家講「仁義」，而莊、老講「道德」。「道」者所由之徑，「德」是獲得。所以道家之所謂「道德」，內裏實是「功利」，就是儒家的「不道德」。道家本來常有唯物思想，重自然，重物理，又兼功利主義，似乎很可走上科學的路。其所稱「因應」，便與科學思想不謀而合。科學只是從「因應」到「駕御」，這便成「克服自然」。正爲莊、老少一段現實吃力的精神，所以到底走不上科學的路。後來變了質，成爲東漢以下之道教。他們的永生是肉體的，他們的信仰是符籙，是權力與功利。

我們根據上述，嚴格說，東漢以後，道教開始，只是個人主義抬頭，卻還不是出世思想。又不信上帝與靈魂，還說不上宗教精神。若論嚴肅的出世思想與宗教精神，還是魏晉以下事。須待佛教盛行，中國社會乃有眞眞的新宗教。

（民國三十四年六月二十二日重慶中央周刊七卷二十三、二十四期合刊）

佛教之傳入與道佛之爭

一

佛教是中國文化大流裏面很重要的一派。中國因環境關係，文化自創自造，很少與其他民族之異文化接觸。只有佛教，惟一的自外傳入，經過中國人一番調和融化，成爲此後中國文化裏一主潮。

東漢以下，中國思想界渴需宗教，已如前述。佛教乘機東來，他在中國發榮滋長，也還有其他原因。單就思想方面講，佛教所崇者是「佛」，佛是我們同類的人，不是人類以外的上帝天神；這是佛教與其他宗教不同處。中國自儒、道思想發展，本對上帝天神不再信重，尤其是莊、老，破棄天帝神道的理論極徹底。佛教東來，消極方面與莊、老思想不違背；積極方面，人性皆善，人皆可以爲堯、舜，正如人人皆有佛性，人人皆可成佛。儒、佛歸極，亦可水乳相融。因此佛教得在中國盛行。中國雖奉佛，也不見與傳統思想有大衝突。吳大帝孫權問尚書令闞澤：「孔丘、李老，得與佛比對不？」

澤曰：

孔君制述經典，訓獎周道，教化來葉。莊、老修身自翫，放暢山谷，縱佚其心，學歸澹泊。孔、老二教，法天制用，不敢違天。諸佛設教，天法奉行，不敢違佛。以此言之，實非比對。（廣弘明集卷一吳主敍佛道三宗）

這是當佛教初來時，中國士大夫對孔、老、佛的一種比較觀。就現在論之，孔、老法天，是法自然，非法天帝。但孔、老到底有規範，到底是一種「世法」。佛教則上天下地，惟我獨尊，竟是一種「無上我慢」，這始成其爲宗教。在當時，正需要此等宗教來刺激因厭世悲觀而麻痺的人心。

佛教入中國，大體在東漢初葉已開始。此下演進，約可分爲五期：先是「小乘佛教傳入期」，略在後漢、三國時代。次是「大乘佛學傳入期」，此約略在兩晉、南北朝時代。再次是中國人對佛學「融化創新期」，約略在隋代至唐之前半。更次是「中國佛學確立期」，約略爲唐之後半至宋代。此下則爲「因襲期」，爲元、明、清三代。

大概言之，第一期只是傳譯時期，第二期是傳譯而兼以研究討論的時期；那時中國人在佛學思想界裏已漸有自覺與獨立的景象。第三期是建設期，亦可說是創造期，這時期纔開始有中國的佛學。第四期是統一期，亦可說是中國佛學之完成期，或說是佛學之革新期。最後第五期是停止不進時期。此下或可因時代之新刺激，而有新創造、新建設，則當爲中國佛學之第二個創始與完成期。

二

大抵佛教初期傳入，主要思想，只在「靈魂不滅」與「輪廻報應」。如袁宏後漢紀說佛家「以爲人死精神不滅，隨復受形。生時所行善惡，皆有報應。故所貴行善修道而不已」。范蔚宗後漢書亦謂，佛氏以爲「精靈起滅，因報相尋。若曉而昧，通人多惑」。牟子理惑論亦謂「佛道言人死當復更生」。據此諸書，可見當時人對佛教之一般概念。然若細論之，佛教之所謂「輪廻」，乃兼「六道」言，亦稱「六趣」，卽「地獄、畜生、餓鬼、阿修羅、人間、天上」是也。世界衆生有「胎、卵、濕、化」之「四生」，又有所謂「過去、未來、現在」之「三世」，其實乃無盡世，因過去、未來皆無盡也。如此則佛法之所謂輪廻，並不能以小我現世之私生命觀念爲出發。故說佛教不立「靈魂」，只可說是一種不可思議之精神體而已。

但佛教一入中國，則與當時社會所正盛行之「鬼道」觀念相配合。此一觀念，自然起源甚古，在中國先秦學者間，只有墨家還持守弗失。秦、漢以下，墨學雖在上層社會逐漸失勢，但在下層社會依然流傳。此種鬼的信仰與道家「神仙不死」之說相混，始有後漢晚季之「黄巾道」。故抱朴子遐覽篇，稱述及墨子五行記。此種鬼道思想，再與小乘佛教相扶會，於是成爲中國社會之「靈魂輪迴觀」。一人軀殼雖死，而靈魂依然還在，輪迴不滅，因而爲善還是有善報，行惡還是有惡報，仍由你的靈魂接受。如此則范滂臨逮時的消極觀念，仍有了積極的解答，正合易經上所謂「爲善必有餘慶，爲惡必有餘殃」之理。此雖誤解佛義，卻於中國社會發生相當影響。

總之，人生須能兌現。儒家修身、齊家、治國、平天下的現世大羣集體福利銀行，東漢末年，早已擠兌倒閉。道家修煉服食，長生不老，消災降福的小己私儲蓄，又如一筆長期存款，兌現遙遙無期。嵇康的養生論，只成其爲一種理論。葛洪、陶宏景之徒，在醫藥界上算有些貢獻。其他張角、張道陵以來之一切道術，自然更難有實效眞驗。只有佛教，譬如以法幣代銀圓，他雖永不兌現，只要你信用他，卻時時等於兌現，他可以供獻我們精神上無限的活力。人只怕內心沒有將來，佛教卻與你一無窮的將來。因此魏晉南北朝動亂衰頹的人心，全得賴佛教來支撐。所以佛教在印度是偏於消極悲觀而出世的，而一到中國來，已轉入積極樂觀與入世的道路上去了。

但雖如此說，佛教思想初來中國，到底還是偏於出世的方面多，因此他的修行方面，不免要看重個人現世生活上愛慾之克治。如最早傳譯的四十二章經，說：

使人愚蔽者，愛與慾也。人懷愛慾不見道。財色之人，譬如小兒貪刀刃之蜜。

此等意見，頗近莊、老清心寡欲之旨。人心愛慾之著於外者爲財產，其見於內者則爲貪、瞋、癡等。佛教對此諸類之克治，則以「仁慈」、「施捨」爲主。仁慈對克瞋，施捨對克貪，不貪不瞋，亦便無癡。此復與老子「三寶」首尚慈、儉，又稱「既以與人己愈有」之旨相合。因此佛教初入中國，最先便容易與莊、老及道家混流。東漢宮中，在桓帝時，既以老子、浮圖合祀，（東漢書桓紀及襄楷傳。）稍後即有「老子化胡」的傳說。直到南北朝，老稱「道士」，釋稱「道人」，老、釋還是同樣以「道」爲名，取其與「俗」對立。道教的一切，亦由攘竊模倣佛教而逐漸形成。因此在當時思想界首起衝突者，亦爲道、佛兩家。

三

佛教初來，最先只流行在下層社會，尚未與中國上層的學術思想界發生接觸。那時僧人多屬外籍，如安世高、支婁迦讖、康僧會之類是也。中國僧人見於慧皎高僧傳的，以朱士行爲最早，已在三國魏時。此外如支孝龍，帛法祚，則已在西晉時。其他全入東晉。有人嘲笑支孝龍，說：

大晉龍興，天下為家，沙門何不全髮膚，去袈裟？

可見當時人觀念。剃度是亂世不得已，晉運一統，便該還俗。支孝龍回答：

抱一以逍遙，惟寂以致誠。無心於貴而愈貴，無心於足而愈足。

仍只是莊、老義，非佛義。支孝龍與阮瞻、庾敳結爲「八達」，依然是佛之表而道之裏。但到東晉以下，形勢全變。中國名僧輩出，而且佛義替代了莊、老義，盛行於名流貴族間。佛教思想乃始正式與中國士大夫界接觸，而且把握到一種權威的地位。

上面已說過，道教本由莊、老思想墮落而來。東漢末年，道教初起，如張角、張道陵輩，他們的勢力都先傳播在平民社會，稍後漸染到士大夫階級；也仍只有一種消災降福、長生不老的私祈求與假信仰，並沒有深的教理做後盾。只因當時思想界無出路，故而低級迷信亦得發展。東晉名士如王羲之、凝之父子，郗愔、許詢之徒，皆信「五斗米道」。所謂「五斗米道」者，仍是張角、張道陵傳統，僅有方術而無義理。義理則在莊、老，不在道教。而且他們之所謂莊、老，乃是向秀、郭象義的莊、老，亦非先秦之眞莊、老。因此當時道教在眞理上根基極薄弱，很難與佛家抗衡。

佛家在當時，如石勒時之佛圖澄，雖亦不免有方術炫人之處，但佛教到底有深妙的教理做根據，方術只是一時隨宜方便；此一層遠非道家可及。其時思想界佛義戰勝莊、老義之迹象，可從支道林講莊子的故事中推想出。世說新語文學篇載：

> 莊子逍遙篇，舊是難處，諸名賢所可鑽味，而不能拔理於向、郭之外。支道林在白馬寺中，將馮太常（馮懷祖思）共語，因及逍遙。支卓然標新理於二家之表，立異義於眾賢之外，皆是諸名賢尋味之所不得。後遂用支理。

這一節指出了支道林之佛義戰勝了當時向、郭之莊、老義，而爲一輩名士所不得不屈服。今按：劉孝標注：

> 向子期、郭子玄逍遙義曰：「夫大鵬之上九萬，尺鷃之起榆枋，小大雖差，各任其性；苟當其分，逍遙一也。然物之芸芸，同資有待，得其所待，然後逍遙耳。唯聖人與物冥而循大變，為能無待而常通，豈獨自通而已。又從有待者不失其所待，不失則同於大通矣。」支氏逍遙論曰：「夫逍遙者，明至人之心也。莊生建言大道，而寄指鵬鷃。鵬以營生之路曠，故失適於體外；鷃以在近而笑遠，有矜伐於心內。至人乘天正而高興，遊無窮於放浪。物物而不物於物，則遙然不我得。玄感不為，不疾而速，則逍然靡不適。此所以為逍遙也。若夫有欲當其所足，足於所足，快然有似天眞，猶飢者一飽，渴者一盈，豈忘蒸嘗於糗糧，絕觴爵於醪醴哉？苟非

> 至足，豈所以逍遙乎？」此向、郭之注所未盡。

據此知支公與向、郭雖同一詮莊，而義趣迴殊。向、郭主於「無待」，支則主於「無欲」。無待重在外，無欲則重在內。苟非無欲，則無待爲不可能。此向、郭之不如支處。且向、郭以鵬、鷃各任其性，同一逍遙；支則謂鵬、鷃各有所失，均非逍遙之致。此層尤吃緊。向、郭雖若圓通，支義實爲卓絕。

高僧傳亦記此事云：

> 遁嘗在白馬寺，與劉系之等談莊子逍遙篇云：「各適性以為逍遙。」遁曰：「不然，夫桀、跖以殘害為性，若適性為得者，彼亦逍遙矣。」於是退而注逍遙篇，羣儒舊學莫不嘆服。

此一節記載極扼要明白。當時南渡名士，正以「適性」爲「逍遙」，正在不能「無欲」中勉希「無待」，皆所謂「有欲而當其所足，則快然似天眞」，皆是向、郭義，皆是假適性，各慕爲尺鷃之苟當其分而自足，豈眞有當於莊生逍遙之眞趣？毋怪一聞支公之論，莫不嘆服，嗟爲向、郭所未有。一時如王羲之、許詢、郄超（愔子）、殷浩、孫綽、謝安一大批人，皆對支公深加敬禮。尤其如王、許、郄等，本屬「天師道」，而在哲理方面到底要佩服支氏。

但以上所說，非謂當時不再講莊、老，乃是說此後始改以佛義闡莊、老，不復以向、郭義解莊、老。其時如法雅「格義」，即是用外典、佛書遞互解說。高僧傳稱：

慧遠少為諸生，博綜六經，尤善莊、老。後聞道安講波若經，嘆曰：「儒、道九流，皆糠秕耳。」便委命受業。嘗有客聽講，難實相義，往復移時，彌增疑昧；遠乃引莊子義為連類，於是惑者曉然。是後安公特聽慧遠不廢俗書。

此一則正可說明當時老、佛同流另一境界。當時僧人所尊言者是佛法，視儒、道如糠秕，特爲解悟流俗，時引相發，此卽「格義」也。此種風氣，一時盡然，如僧肇傳稱：

肇志好玄微，每以莊、老為心要。嘗讀老子道德章，乃歎曰：「美則美矣，然期棲神冥累之方，猶未盡善。」後見舊維摩經，歡喜頂受，披尋翫味，乃言：「始知所歸矣。」因此出家。

此亦與慧遠同一意境。他們無疑的都從莊、老入，而以到達佛理爲究竟。今存肇論各篇，亦莫非參考莊、老說佛義，但已是佛義爲主，莊、老爲附。而且那附位的莊、老，亦已超過以前向、郭義時代的主位的莊、老了。

四

這裏還有一層須加點明。南渡以還，又漸漸有絀莊、老返孔、孟之趨勢，如孫盛著老聃非大聖論，謂老、彭之教已籠罩乎聖教之內。此卽回到王弼時代以孔子爲大聖、老子爲大賢也。盛子放，字齊莊，庾亮問：「何不慕仲尼？」答曰：「仲尼生知，非希企所及。」而孫綽作喻道論，遂謂牟尼爲大孝，「周、孔卽佛，佛卽周、孔」。此處徑以孔、佛相比附，這正指明當時看孔子地位已超過老子。這種轉變，在佛家一邊也同樣看得出。釋道安有二教論云：

或問：「老子之教，先生何為抑在儒下？」答曰云云。（廣弘明集卷八）

可見當時僧界亦復尊儒絀老。此下竺道生「一闡提亦具佛性」與「頓悟成佛」之說，便與孟子合轍。謝靈運和之，其與諸道人辨宗論（廣弘明集卷十八。）便以孔、釋兩家相擬立論。

這裏說明在中國傳統學術地位上，孔、老兩家又已相互倒轉，回復到正始時代的見解。在此以前，僧界多以老、佛參說，其運思立論偏在宇宙本原有無等問題，此可以僧肇爲代表。在此以後，僧界多以儒、佛參說，其運思立論偏在人生修養、心性善惡等問題，此可以竺道生爲代表。肇、生先後，正是佛學思想一大轉變之界線。

相因於此而可見者，以前的道、佛之爭，現在亦要轉成儒、佛之爭。其先阮籍謂「禮法豈爲我輩設」，到後則變成「沙門不敬王者論」。此項爭議開始於庾冰輔政，以後桓玄又繼庾爭執。庾、桓皆立在名教禮法一邊，主崇「方內」，抑「方外」；主尊「世法」，抑「出世法」。要之，已是儒、釋之爭，非復道、釋之爭也。此後如顧歡道士夷夏論，雖屬辨道、佛，仍不免借重儒義。若眞談莊、老，更復何分夷、夏？今歡文多連稱「孔、老」，可見道、佛顯分軒輊，故不得不引孔增重。

其時直據道家義闢佛最有力者，則只有「神滅」一義。梁時范縝主「神滅論」，梁武帝至令臣下六十四人答之，（雜見弘明集、廣弘明集。）可見此辨之重要。但那時大乘佛法早已宏揚，靈魂不滅、輪廻果報之說，不復是佛家之根本義。因此「神滅」之理雖勝，仍無礙於佛法之廣被。

以上只是說明了佛法到中國來，雖則適逢亂世，故爾獲得社會一輩人之信奉，但其後之逐步發展，則因佛教自身本有甚深妙趣；若專靠外面機緣湊合，內無本因，則眾雌無雄，到底不得勝果。又見當時佛學思想界之轉變，處處與中國固有學術方面之變化發生緊密聯繫。若中國自身學術界生氣斷絕，則亦接受不上佛法也。

（民國三十四年七月二十日重慶中央周刊七卷二十八期）

大乘佛法與竺道生

天地永遠是以「這、這、這」之公式，刻刻遷流變滅。若以莊、老用字易之，則當爲「然」。再以佛法語易之，則謂之「如」。超出世界，即回歸天地。明白眞如，即顯示佛性。開示衆生悉有佛性，一切皆得成佛，乃爲大乘之終致。但佛義與莊子、儒家各有異同。佛學中國化，要歸功於竺道生，他儼然成爲佛門中的孟子。

大乘佛法在印度較爲後起，其來中國亦在小乘後。寄歸傳說：

所云大乘，無過二種：一則中觀，二乃瑜伽。中觀則俗有眞空，體虛如幻；瑜伽則外無內有，事皆唯識。

此爲三論與法相之二家。三論祖馬鳴、龍樹，自鳩摩羅什盡譯三論（中論、十二門論、百論），此派遂來東土。羅什弟子千人，道融、僧叡、僧肇、道生稱「關中四聖」。其後至隋代嘉祥大師吉藏，三論宗始大成。法相在印度稱瑜伽宗，祖無著、世親，唐玄奘入印受此於戒賢，其弟子慈恩（窺基）大成之，始有法相宗、慈恩宗之名。而龍樹一派又稱法性宗。法相又稱有宗，法性則稱空宗。（小乘亦有空、有二宗。俱舍爲小乘有宗，成實爲之小乘空宗。）此兩宗在中國之流行，大體法性宗較先，法相宗較後。其傳播方面，法性亦較法相更爲廣大。天台（隋智顗大師立。）、華嚴（始唐杜順，三祖爲賢首，又稱賢首宗。）、禪（解後。）①、淨土（始自晉時之慧遠。）四宗，所謂台、賢、禪、淨，皆爲中國僧人自創之宗派，今稱中國佛學。亦皆與法性宗關係較密，與法相宗關係較疏。法相一宗，直至明季始頗盛，最近又爲國內學佛者所注意。

一

今當略述佛法大乘教義，則試先一論人類在整個宇宙間之地位。宇宙可分爲兩部分：一爲天地，指其自然部分言；一爲世界，指其人造部分言。此兩部分相包相融，本難割截。今以權宜分説。天地間一切現象，譬如恆轉之瀑流，刻刻變滅，遷流不住；不論有生、無生，有情、無情，莫不如是。人

① 編者按：參下篇佛學之中國化。

類亦爲天地間一物，自亦不能例外。惟人類一面隨順自然，一面又能克制自然，把來調排整頓一番，以便利人類之生活，因此在自然天地之內別有了一個人類自造的世界。

人類自造世界，端賴二事：一曰手，二曰口。人手可以製造器具，自遠古石器以至最近各種科學機械，皆由人類兩手造出。不僅人類切身日常服用飲食衣服之類，全由人類自己製造；即放眼一看，山河田野，道路樹林，飛禽走獸，風景物象，人類認爲自然天地者，實際大半都已是人造世界的分數多了。我們不妨設想，在人類未能直立使用兩手以前，那時宇宙洪荒，該是如何景色？可知目前所謂自然天地者，早已不是自然天地，而已是人造的世界了。我們暫可稱此爲「器」世界。此依佛書言，約略相似於「五明」中之「工巧明」，近世則統稱此爲「物質文明」。

又其一則是人類之口，由口創造語言，再由語言創造文字，由有語言、文字遂生一切認識、記憶與思想。凡人類內心活動，都由語言、文字啟發，亦都受語言、文字之節制。由此造成人類內部的世界，我們暫稱之爲「心」世界，以與人類外部的世界即「器」世界相對立。其實人類內部世界，亦非天地自然，而由人類所自創，即由人類之語言、文字所製造。

我們不妨再設想，儻使人類無文字乃至無語言，試問人類如何來運用思想、記憶，甚至當前之認識？當知認識、記憶、思想全以語言、文字爲本，無文字，無語言，人心即根本變質。一面則渾渾噩噩，返於太古；一面則空靈超脫，如柏格森之所謂「直覺」，那時當與其他生物不相異。嚴格言之，即無今日人類之所謂「內心」。人類無內心，則不僅沒有精神界，乃至天地自然亦將全部變相。今日人類所認爲天地自然者，其實都經人心認識、記憶與思想作用之調排整頓，早已是人造的世界，而非自然的天地了。此在「五明」中，約略相當於所謂「聲明」。由「聲明」而有「因明」與「内明」，在今人則統稱之爲「精神文明」。

二

自然天地與人世界有一極不相同之點：自然天地是無所用心的，是無常不住、刻刻遷流變滅的；但人世界則經過人類的匠心，偏要將此無常不住的天地，改成恆常堅久的世界。就物質一邊論，如城郭村邑、屋宇園林種種建造，較之個人生命已遙爲經久。再就精神一邊論，更其如是。一切語言、文字皆有極悠久的歷史，人類一切組織，如國族家黨、社會禮樂，皆須由語言、文字肇端，亦皆遙爲經久，遂使人類短促生命得有較長之綿歷。此在近人則謂之曰人類之「文化」。

惟有一事須注意者，即人世界到底跳不出自然天地之外。人世界雖想克服自然天地，到底仍在自然天地的圈子裏，受自然天地種種律令之支配。人類一面憑藉手與口創造世界，一面仍是天地自然之一物，仍是在無常不住、刻刻遷流變滅的天地中過生活。

我們試據此來看佛家態度。佛家無論大乘、小乘，對天地部分皆極端重視；此層在根本精神上頗與莊老道家相似。佛家對人世界中的物質部分，即器世界，似無甚大興趣，不甚理會；此層亦與道家相近。大乘佛教之用力所在，似乎在就人世界之精神部分，即人類内心部分，求把人類自創自造之世界打破，讓其重新投入天地中去，莫把世界來隔閡了天地。而他的主要工夫，便著重在語言、文字上起手，正爲語言、文字是人類内心精神生活方面之主要泉源或根本窟宅。

讓我們舉一淺近實例。譬如説「白」，在天地中有白雪、白羽、白馬、白玉，種種白色其實色各不同，但人類則徑呼之曰「白」。此是人類口中自造的一語言，由此語言把人類的認識、記憶與思想調排起系統，整頓成格局，於是遂若天地間眞有一種白色。其實人類認識中之白色是人世界事，與天地無涉。仔細説來，不僅白雪之白與白玉、白羽、白馬之白不同，即白雪之白經陽光照射，亦復無常不住，刻刻遷流變滅。此一刹那之雪，已非前一刹那之雪；而此一刹那之白，亦決非前一刹那之白；後一刹那亦復如是。如此分析，則天地間根本無雪，亦無白，雪之與白皆係人類口中方便造名，用來調排整頓人之認識與記憶；不過此一刹那當前所見，與前一刹那乃至後一刹那大體相似，遂略異從同，呼曰「白雪」。在人世界言，儼若確有此雪，而此雪又確具此白；在天地界言，則本無言説，不可思議，一涉名言，皆違實際。肇論曰：

名無得物之功，物無當名之實。

中論疏：

大乘實相，言亡慮絕。

三論玄義亦云：

諸法實相，言亡慮絕。

皆指此言。

若不得已必用人世界創造之名字來指呼萬物，最妥當莫如徑稱曰「這」。此一刹那，前一刹那，後一刹那，乃至無窮刹那，所見、所聞、所觸、所知，一切境界，一切現象，皆可以「這」呼之。雪亦一「這」也，白亦一「這」也，萬法平等，皆是一「這」。天地永遠以「這、這、這、這」之公式刻刻遷流，刻刻變滅。若以莊老用字易之，則當爲「然」。莊子曰：

萬物盡然，而以是相蘊。

萬物永遠是一「然」，亦永遠是一「是」，即永遠是一「這」。再以佛家語易之，則謂之「如」。維摩經曰：

如者，不二不異。

智度論曰：

諸法如有二種：一者各各相，二者實相。

當知「各各相」即是「實相」，亦即是「不二不異」。萬法平等，永是一「如」，故又稱「如如」。大乘義章曰：

諸法體同，故名為如。隨法辨如，如義非一，彼此皆如，故曰如如。

而佛則號「如來」，成實論：

乘如實道，來成正覺，故曰如來。

轉法輪論曰：

涅槃名如，知解名來，正覺涅槃，故名如來。

「如來」亦稱「如去」，乘如而來，乘如而去，其實則無來去，只是「如如不動」。所謂如如不動者，便是上引莊子「萬物盡然，而以是相蘊」之義。趁俗言之，則爲「這、這、這、這」。天地一「這」也，當下即是，眼前具足，不可名言，不可思議；若不得已而名言思議之，則莫如曰「這、這、這」，始符實際。若人能以此如如智，契此如如境，則有生無生，有情無情，萬物畢竟一「如」，更無分別。一「如」即是一「空」，故止觀二曰：

如，空之異名耳。

般若、中論之破相，大義如是。蓋所破只是名相。名相執者，莫大於「我」，破相必達於「無我」。無我者，佛教之通法。中論云：

諸佛或說我，或說於無我。諸法實相中，無我無非我。
諸法實相者，心行言語斷。無生亦無滅，寂滅如涅槃。
一切實非實，亦實亦非實。非實非非實，是名諸佛法。
自知不隨他，寂滅無戲論。無異無分別，是則名實相。

青木釋曰：

佛說諸法實相，實相中無語言道，滅諸心行。心以取相緣生，以先世業果報故有，不能實見諸法，是故說心行滅。

其實「心行」正靠「語言道」，若語言道斷，則心行處自滅。語言道只是人世界事，自然天地中無語言。世界與天地不相應，語言與實相不相應，故說實相中無語言道。故般若、中論掃相之後，乃見實相。此實相一面恆轉如瀑流，一面卻如如不動，永遠是一個「這」，永遠是一個「這是這」；此謂「實相」，亦即「寂滅相」，亦即「涅槃境界」也。故般若之掃相，正可通於涅槃之顯性。印度大乘佛學來中國，其先是般若盛行。釋道安時代，學般若者最多，安公尤所著力。及羅什、僧肇繼起，般若之學如日中天。此後恰値涅槃大經自北涼譯出，一時佛學界又轉入佛性之研究，因佛性學說爲涅槃經之中心也。當知如此有、空兩邊正是相成，並非相毁。

其次再説唯識有宗。其思路從入雖與空宗略有不同，其實意見方法，也無大異。彼宗謂「萬法唯識」。唯識者，謂有八種識：眼、耳、鼻、舌、身、意爲前六識；「末那」爲第七識，此爲一種恆審思量之識；「阿賴耶」爲第八識，爲含藏義，别名曰「心」。唯識論：

由種種法薰習種子所積集故。

唯識述記：

心即積集義，集起義。以能集生多種子故，説此識以為心。

當知「言語道斷」、「心行處滅」是佛學兩大法門，仁王經曰：

心行處滅，言語道斷，同眞際，等法性。

故第八識亦即是「現識」，現識者，這這、然然、如如，此即「言語道斷，心行處滅」矣。可見般若、唯識，根本歸宿仍自一致。

三

現在讓我們再回到上述的天地與世界之辨上來。人類雖在外物及其內心各各自創一世界，但人類自身依然還是天地中之一物。小乘佛學雖有出世傾向，但他亦只求超出世界，並不求超出天地；靈魂果報、三界輪迴，依然在天地之內，並非超天地以外另有此一種無何有之鄉。自大乘空宗之說興，靈魂果報亦只是人心一種虛相，由語言、文字所引起，所以是人世界裏一種迷惑顛倒，與天地實際不相應。般若、三論之學，既將人心種種虛相一掃而空，則人世界早已失其存在，世界早已回復融化在天地中，不求出世而已出世。實際則是無世可出，因一切世界盡是名相虛幻。相空則世界空，但並非天地空，此謂「眞空」；若並認天地空，則又成了「頑空」也。抑且造此空相者，由人心；破此空相者，亦人心。人心能感，亦能覺，故世界虛幻到底由天地眞實中來，只在人心迷悟之間。故眞空而妙有，破相即顯性。涅槃經云：

一切眾生悉有佛性，如來常住無有變易。

此即在天地分，不在世界分也。故超出世界，即回歸天地；明白眞如，即顯示佛性。此後華嚴判教，謂深密經、唯識論等，只分別五性，建立依他之萬法；般若經、三論等，僅說諸法皆空，顯無所謂平等；此僅得爲大乘之始教。必俟開示眾生悉有佛性，一切皆得成佛者，乃爲大乘之終教。此見東土自般若盛行之後，繼之以涅槃佛性之研究，實爲一極自然之步驟。而心、佛、眾生三無差別，到底是佛法大乘最高理論說；空、說有，破相、顯性，只不過所從言之有異。總之是要言斷心滅，則爲二宗之所同。只要名相全遺，則思量了別自無所施，如是乃見自性清淨心。「有」之與「空」，就實言之，只是一相，亦只是一心。故涅槃經說「常樂我淨」之凡夫四例云：

時諸比丘即白佛言：「世尊！我等不但修無我想，亦更修習其餘諸想，所謂苦想、無常想、無我想。世尊，譬如醉人，其之眩亂，視諸山川、城郭、宮殿，日月、星辰，皆悉迴轉。……」爾時佛告諸比丘言：「諦聽……。汝向所引醉人譬者，但知文字，未達其義。何等為義？如彼醉人，見上日月，實非迴轉，生迴轉想。眾生亦爾，為諸煩惱無明所覆，生顛倒心。我計無我，常計無常，淨計不淨，樂計為苦，以為煩惱之所覆故。雖生此想，不達其義，如彼醉人，於非轉處而生轉想。我者即是佛義，常即是法身義，樂即是涅槃義，淨即是法義。……若欲遠

識四顛倒，應知如是常樂我淨。」（大涅槃經哀嘆品）

故凡夫於生死之無常、無樂、無我、無淨，而執爲常、樂、我、淨；又於涅槃眞界之常、樂、我、淨而執爲無常、無樂、無我、無淨。其實常即無常，樂即無樂，我即無我，淨即無淨，生死即涅槃，是一非二。法華經曰：

種種譬喻，廣演言教。

言教只是隨宜方便，只是「世法」，當知最後必歸言斷心滅，乃爲「正法」，乃爲圓足。大乘佛教之理論，概括言之，似乎如是。

四

我們根據上述，可見佛教對人類文化，即一切器世界、心世界之演進，都抱一種悲觀與消極的態度，跡近一種取消主義，至少亦是一種隨順主義。依照佛教理論，從另一方面看，亦可十分積極，用大無畏精神，勇猛精進；但佛教本義，他究竟偏在超世精神上。這一點實與吾國莊、老思想根本相近，無怪魏晉南北朝的學者以及一輩佛教徒，都要拿莊、老玄學來與佛理相比傅。我們若將此種態度與歐洲方面的思想同看，則恰成一兩極端之對比。歐洲思想不僅在器世界方面積極創造，即在心世界方面亦復如是。他們對言語、文字頗盡執著之能事，一名必爲規定一義；又創立種種論法，他們的思想意見，即由此推演引伸。這是他們的哲學，亦即是他們的心世界。他們似乎想把人世界來整個改造自然天地。但這事到底不可能。若世界與天地隔閡得遠了，還是時時有毛病。邏輯只能規定世界，並不能規定天地。太信邏輯，必然要忽略天地。道、佛兩家，則主於取消人世界，回復到天地大自然中去。因此歐洲人要超天地，而道、佛兩家則要超世界。

佛法中的有、空二派，頗有些像莊子與惠施的「道」、「名」之辨。惠施「歷物」，想把名相異同來證成「萬物一體」。莊子取笑他，說他只能服人之口，不能服人之心。莊子則在遮遣名相上來證成「萬物一體」。遮遣名相則顯露實體，此實體便是「道」。故莊子極近佛義。而惠施則爲皮外之見，遠不能與唯識有宗相提並論。

唯莊子與佛義亦有不同處。人類一面雖自創世界，一面還是天地中一物。莊子太把天地看得重了，因此他有萬物一體的大全而未免有些忽略小我。他只注重天地，沒注重天地中的人。佛法則在此點上頗與莊異。他毋寧是看重小我更勝過其看大全。因此佛法頗不講萬物一體，但對小我卻有至高地位。因此佛教常注重到人格人性上，涅槃經的中心問題便是佛性問題。「涅槃」二字，一面是天地境界，一面又是人格精神。這一點乃佛義與莊子相異處。莊子惟其忽略了小我之人格，故他只成爲一種哲理；佛義惟其看重小我人格，故遂形成爲一種宗教。在此點上，佛法卻與儒家接近。儒家亦看重小我人格，惟儒家不如佛法之太看輕世界，亦不如歐洲人太信仰世界。儒家常想把人世界融和在天地大自然中，但並不是還歸自然，亦不是戰勝自然。此是儒家之中道。

關於文化觀點，儒家比較與歐洲人接近，而與道、佛兩家疏遠。但儒家只主張「天人合一」的文化演進，不主張「以人制天」的文化演進。其對心世界，也時時要感到無可言說與不可思議處。此則爲儒、道、佛三家之所同，同樣不執著名相，同成其爲東方哲學，以與歐洲哲學異。

五

現在特別的要提到竺道生。他是講涅槃經的，在他的思想與態度上，漸漸透露出儒、佛相關之痕迹來。

出三藏記集有一段說：

六卷泥洹（即涅槃之異譯。）先至京都，（竺道）生剖析佛性，洞入幽微，乃說一闡提人皆得成佛。於時大涅槃經未至此土，孤明先發，獨見迕衆，於是舊學僧黨以為背經邪說，譏忿滋甚，遂顯於大衆，擯而遣之。生於四衆之中，正容誓曰：「若我所說反於經義，請於現身即表癘疾。若與實相不相違背者，願捨壽之時據師子座。」言竟，拂衣而遊。星行命舟，以元嘉七年投迹廬岳，銷影巖阿，怡然自得。山中僧衆咸共敬服。俄而大涅槃經至於京師，果稱闡提皆有佛性，與前所說合若符契。生既獲斯經，尋即連講，以宋元嘉十一年冬十一月庚子，於廬山精舍昇於法座。

今按：「一闡提人皆得成佛」，此猶孟子「人皆可以爲堯、舜」。此義在儒家早極平常，乃當時僧界竟如此掀起大波，迫逐生公，幾成教禍，此何以故？正緣佛教最先本是宗教，教主與信徒地位不得平等；後來大乘佛學逐漸走上哲學思辨的傾向，宗教意味逐漸解淡，教育意味逐漸加濃，則一闡提人皆得成佛，亦並不奇怪。此是大乘佛法之進步勝妙所在。在中國，生公是最先把握到這一點，遂爲當時的宗教信徒、舊學僧黨所驚詫而受擯斥。

生公又唱說善不受報、頓悟成佛之義。既主無我，自不再認有靈魂之輪迴；既無輪迴，自無果報；佛性人人皆有，即見性皆可成佛，自可頓悟。此以理言，自極平暢。如此則成佛工夫只在自己心性上。生公說：

見解名悟，聞解名信。

現在是重在「見」，不重在「聞」；重在「我」與「内」，不重在「他」與「外」了。此一轉變，在佛教進展上，有絕大關係。謝靈運所謂「教」、「理」之辨，（詳引在前。）②正指此。自此以往，不再是信奉「教」，乃是明悟「理」了。中國僧衆自此始有勇氣與高興來創造他們自以爲是的新佛教。從此中國人始有獨立的佛學思想。佛學中國化了，成爲中國佛學，成爲中國文化重要的一支流。禪宗是最足代表的一派。竺道生儼然成爲佛門中之孟子，慧能、神會成爲佛門中之陸象山與王陽明。在儒門有孟子、陸、王並不希罕，在佛教中有竺道生、慧能與神會，似乎是更可稱揚的。

（民國三十四年七月二十七日重庆中央週刊七卷二十九期）

② 編者按：見前中國學術思想之分期。

佛教之中國化

一

台、賢、禪、淨四大宗派，是經過中國化的佛學。其中以禪宗爲中心臺柱，天台唱於前，華嚴和於後。及其既衰，則以淨土爲尾閭，爲歸宿。大抵佛學之中國化，正相當於隋唐時代，中國統一盛運再臨，社會精力瀰滿，生氣蓬勃；佛學界亦在此環境下轉變，人人想自創法門，自開宗風。當時只有一位玄奘法師，發心西行求法，還國盡瘁譯事，畢生繙經七十餘部，一千三百多卷，宏揚法相，高德崇範，但亦抵不住當時佛學界那種自創自闢的風氣。這已是佛學中國化的時代了。

自東漢、三國之際，迄於南北朝，中、印僧人努力繙經，數量龐大可觀。中國一向是一個單元文化的國家，在長期政治一統、社會調融的環境下，學術思想亦趨向調融統一；這是與印度及歐洲至要不同之點。此一時期，雖則政府分裂，社會崩離，但文化空氣依然未失舊貫。當時南北僧人，此來彼往，絕無地域隔閡。現在面臨著繙來的大、小乘各宗各派繁複經典，在中國僧人的腦海裏，感覺有把它調和融整使歸一統之需要。這是中國僧人依照中國文化舊傳統，對於印度佛學教義之一種新要求。此種要求，乃發生於中國人之內心，爲配合中國文化環境而需要；則此種績業，自然也只有待中國僧人之自己努力。所謂「中國佛學」之內部動機，主要者在此。

抑且中國人常有一種「歷史癖」，此亦與中國文化之傳統悠久有關，而印度人對此適亦所缺。大乘佛法究竟起於何時？佛法内部各種異論，究竟誰先誰後？在印度並不感此問題之困擾，在中國僧人之腦海裏，一面要將各宗各派調和融通，一面又要把歷史的線索應用上，把其貫串成一個頭緒。此兩層工夫，正是互足互成。「歷史貫串」與「調和一統」，這是中國文化之兩特性，用在佛法教義上，便成中國之新佛學。

因此當時僧人，都想化繁就簡，在汗牛充棟、浩如烟海的佛教經典裏，抽出一部或兩部做綱宗，用此會通佛學之一切部門，一切宗派，一切教理，都用此一兩部綱宗經典爲歸極。如天台宗則以法華經爲中心，而副之以涅槃。華嚴宗則以華嚴經爲根據。禪宗則先以楞伽經，後以金剛經爲傳心法要。此卽王弼注易所謂「統之有宗，會之有元」（易略例），亦卽荀子之所謂「以淺持博」，孟子之所謂「由博反約」，亦卽孔子之所謂「一以貫之」，此本是中國文化之傳統精神。

故中國佛學之特點，第一卽是佛學之「調整化」與「統一化」。亦可說只是佛學之「簡淨化」。其相尋而起的則爲天台、華嚴各宗之「判教」，把佛學內部種種異說，用歷史線索貫串而階層化之，認爲是一種自然而且當然合理之演進。此卽中國傳統文化「天人合一觀」之又一面的應用。若簡淨化而臻其極，則「萬法本於一心」，此卽王弼注易所謂「得象忘言，得意忘象」，孟子所謂「萬物皆備於我」。禪宗「不立文字，直指本心」，卽由此起。此在以後宋學，程、朱卽猶天台、華嚴，專用一部兩部書如大學、西銘之類，統括儒家全部義。他們的「一以貫之」是重在「貫」上。陸、王則猶禪宗，簡之又簡，淨之又淨，一句話、一個字奉爲宗旨。他們的「一以貫之」是重在「一」上。此乃所以爲中國佛學之第一點。

二

「戒」、「定」、「慧」爲佛法三學，「非戒無以生定，非定無以生慧。三法相資，一不可缺」。（三藏法數語。）但佛法初入中國，卽與道家合流；道家以放任縱浪爲主，對「戒律」自不注意，因此初期佛學，亦頗傾於道術而戒律不嚴；此後佛學在中國，戒律一門，亦比較上最不發達。至於「禪定」，本爲佛教中之重要部門，其來中國，最先卽與道家「治氣養性」之說訢合，其後又與儒家「明德正心」之學交流，因之禪法最爲中國僧人所崇尚。中國佛學之所重正在禪。至於「智慧」，像佛法大乘經典中的理論，並非不爲中國思想界所歡迎，但中國人在此方面之發展，則頗又與印度異趣。這裏面有一些關於語言文字方面的問題。關涉語言方面的，稍嫌微妙難說。關涉文字方面的，則闡述較易。

印、歐文字與語言之間隔近，中國文字與語言之間隔遠。思想本屬一種無聲的語言，因此西方文字乃爲思想之直接代替，而中國文字則成爲思想之間接記錄。西方人（印、歐皆然）心中想，手中寫，同時並進，如抽繭絲，愈引愈長；寫的便是想的，並且以寫爲想，卽謂不僅以寫記錄思，並且以寫代替思，一面寫，卽繼續一面想，想與寫只是一個頭緒。中國則往往心下先想了一節一段，再凝鍊成文字寫出。然後再想一節，再寫一節。如剝筍皮，剝了一層再一層，愈剝愈進，卻不能一氣剝。想與寫更番休歇，不是一個頭緒。

再說一個譬喻：西方人構思行文如演算草，中國人則以構思行文爲記帳。因此印、歐文字是「外抽」的，而中國文字則是「內涵」的。同樣的「遮遣名相」，龍樹中論五百偈，從一個頭緒抽引出來，如何的委悉詳備；在莊子齊物論裏，卻只幾句話概括說過，思想的過程與痕迹被省略了，只存了思想之終極到達點與到達終極的概括指示，其間曲折則有待於讀者之自己體會。故曰：

以馬喻馬之非馬，不若以非馬喻馬之非馬也。

老子亦說：

名可名，非常名。名之旣有，亦將知止。

這與中論「遮遣名相」是一種理論，卻是兩種說法；是一個境界，卻是兩個氣味。所以中國人更喜歡「得魚忘筌，得兔忘蹄」的譬喻。中國人的內心是魚、兔，文字是筌、蹄，相隔較遠。印、歐人不然，如一條絲，一半在繭，一半在手。因此「遮遣名相」，中國人最優爲之，但卻於「遮遣名相」之具體表現上反而無成績。歐洲人之「邏輯」，印度人之「因明」，無論其爲執著與擻脫，同樣的有成績，中國名家之學則早告衰亡了。

因此般若、三論「掃相」之學，中國人能瞭解，能接受，卻不在此上頭發揮敷衍，一轉手便走到涅槃「顯實」一邊去。中國人很容易由語言文字一滑便滑進心性實際。若論神秘，中國較印度人更神秘；若論深沉，中國人較印度人更深沉；但寫出則平實坦白，似乎無神秘深沉可言。因此常學中國派的思想與文字，看西方的，印、歐俱然，總覺辭費。讀者早已透過下一句，寫者還是徘徊在上一句。若常學西方派的思想與文字，來看中國的，便覺跳躍突兀，無層次，無條理，不知其所以然。因此中國人繙譯佛經與中國人闡揚佛義，其間自必不同。曲折深渺，紆徐纖悉，皆爲中國所短。中國人是默而識之，因此「分析」與「演繹」非其長。苟非思、寫一氣並進，斷不能分析過細，演繹過遠。因此三論宗與法相宗，皆不能成爲中國佛學之主幹。

天台、華嚴雖同以龍樹爲宗，但他們實際並不近三論，只取三論之終極義，不學三論般演算草。

他們雖亦都歸宿到心性實際，華嚴雖更與法相爲近，但他們都不能效習法相，做深密的分析。因此天台、華嚴，雖在有幾方面還脫不掉印度佛教分析、演繹之繁瑣外形，但此只是一格套，早已貌似神非。到禪宗則直凑單微，索性將此格套痛快擺脫。不能說他們三宗所講不是佛理，只是中國人講佛經，自然不像印度人般講。

再深一層說，正爲中國的文字，只是思想之記錄，而中國人之思想常是「默而識之」的，故常與生活打成一片，從生活之實經驗裏心通默識，待其成熟，再把文字表達。因此中國文字所表達者，常是思想之結論。只是一種觀念，而此種觀念則從實生活經驗裏積久醞釀而始成熟，故亦較深、較穩。中國文字是思想之記錄，而中國思想則是生活經驗之結晶。西方人的思想，往往有時是語言文字上的演算草。他們把捉到一觀念，便用文字發展完成之。文字領導思想，思想再領導經驗。以觀念投入實際，非從實際醞釀出觀念。因此西方人所表現的往往是一番理論，而理論前面的觀念，卻未必深入生活之內裏。

中國人的觀念，正爲由實經驗出，故雖落理論單薄，而比較易與客觀融洽，故其思想常呈現爲調和而得經久。西方人理論極細密，反而易啟爭執，易生搖動。佛學在根本精神上，還是與中國思想近，與歐洲哲學遠。最先佛經的結集，亦是在佛陀滅後開始。但印度佛學與中國思想大體上仍有上述之分別。印度佛學還是偏勝於「理論」，而中國佛學則偏勝於「觀念」。

因於上述理由，故中國人常要看輕文字言辨而看重心性修養。天台雖從三論宗出，但天台以涅槃輔法華，其最大貢獻，還在其「止觀」禪法。若以天台爲佛門儒家，則華嚴爲佛門道家。天台重在「止」，華嚴重在「觀」，同樣偏重在心性門。至於禪宗，更不用說。總之，大乘佛學如三論、法相，到底「言辨」氣味深；中國台、賢、禪三宗，則「修習」意味重。

三

我們試再各就其偏重分別言之，則小乘佛法偏重在「宗教」，大乘偏重在「哲理」，中國佛學則偏重在「心性修養」與「自我教育」。佛法自包融此三方面，但不能不各有所偏。當時台、賢、禪三宗，雖在細節上儘可有異同，但他們莫不主張「卽身成佛」義，此卽可證成我說。所以我們研究中國佛學，應該注意其心性修養，卽其所論心性修養之實際方法與其最高理論。由此便可直接將來之宋學。天台傳統，由惠文（北齊時）以「心觀」口授南岳。（佛祖統紀。）南岳後命學士江陵智顗代講金經，至「一心具萬行處」，顗有疑焉，惠思爲釋曰：

汝向所疑，此乃大品次第意耳，未是法華圓頓旨也。吾昔夏中，苦節思此，後夜一念頓發諸法。吾既身證，不勞致疑。（續高僧傳）

此處所謂「心觀」，所謂「一心具萬行」，所謂「圓頓」，所謂「一念頓發諸法」，要知此卽中國佛學之精髓，將來禪宗所唱到底不外於此。思想瀰天撒種，只要土壤相宜，無不生根茁芽，學者幸勿爲宗派觀念所拘。

在慧能時，天台禪學正極盛行，弘忍、慧能之徒，斷無不聞不知之理。「舜之在深山，與木石居，與鹿豕游，及其聞一善言，見一善行，沛然若決江河，莫之能禦。」思想傳種正如此。禪宗初期歷史，多有不可信，慧能所講，豈眞直從達摩代代相傳？與其說慧能受達摩影響，尚不如說慧能受天台智顗一派之啟發。惟思想之變，雖「頓」亦「漸」。天台宗只是中國佛學之開先，其間還保留極多印度佛學之面相，不脫義疏派學究氣。非到慧能一不識字人，同樣直指心性，依然不能徹底掃蕩。現在略舉慧能的幾句話來做中國佛學思想之總代表。

慧能是達摩以下禪宗的第六代祖師。（達摩—僧可—僧璨—道信—弘忍—慧能。）其實是正統禪宗（南宗頓教）的開創者。他是一不識字的行者，他所宣揚的佛法，正是當時流行在社會上的中國佛學界的一般理論，而爲他所把捉而簡淨化了，自然也是經他的最高智慧而明確與精深化了。他的教旨，保留在他的僧徒代他記錄的壇經裏。這也是將來宋學家「語錄」之先聲，亦可說是孔門論語之佛學化。慧能說：

自性迷，佛卽衆生；自性悟，衆生卽佛。

不悟，卽佛是衆生；一念若悟，卽衆生是佛。

但識衆生，卽能見佛；若不識衆生，覓佛萬刼不得見也。

此自是竺道生所特提「一闡提具佛性」以來應有之含義。惟所重者尚不在「衆生皆可成佛」，而在「離卻衆生無佛可覓」。這並不是提高衆生到佛地位，而是平抑佛到衆生地位。應知如此思想，不得不認爲是宗教界裏一絕大革命。慧能又說：

自心自性眞佛。

離卻衆生無佛可覓，離卻心性亦無衆生可覓。離卻自心自性，亦無心性可覓。此皆一意相生。正因一闡提亦有佛性，故此一闡提之自心自性卽爲眞佛也。故曰：

一切萬法，盡在自身心中，何不從於自心頓現眞如本性？

又曰：

各自觀心，今自本性頓現。

此卽所謂「見性成佛」義。今當問：自心眞如本性之眞實面相、眞實體段爲如何乎？慧能曰：

般若常在，不離自性。悟此法者，卽是無念。

此處特提「無念」二字，作爲自心眞如本性之眞體段、眞面相。惟人心實無無念時，此所謂無念，實是「不著」。慧能又說：

見一切法，不著一切法。遍一切處，不著一切處。常淨自性。

當知此「不著一切法」、「不著一切處」，卽是無念眞境界。所謂「不著」者，再分言之，則爲「不取不捨」。慧能曰：

於一切法不取不捨，卽見性成佛。

「不取不捨」即是「不著」，亦即是「無住」，不著、無住即無相可得。在外爲無相，斯在內爲無念。故慧能曰：

無念為宗，無相為體，無住為本。何名無相？於相而離相。無念者，於念而不念。無住者，為人本性念念不住，前念、今念、後念，念念相續，無有斷絕。若一念斷絕，法身即是離色身。念念時中，於一切法上無住。一念若住，念念即住，名繫縛。於一切法上念念不住，即無縛也。

此幾句話，是慧能佛法之最明白處，亦是其最緊要處。今本壇經行由品，慧能夜間聽五祖說金剛經至「無所住而生其心」，慧能言下大悟。（敦煌古本壇經只說爲說金剛經，不點出「無所住而生其心」語。）此所謂「無相、無念、無住」，即是「無所住而生其心」也。大智度論八念，謂：

佛在林下坐入禪定，時大雨雷電霹靂。或問：「聞否？」佛曰：「不聞也。」或言：「佛時睡耶？」佛言：「不睡。」曰：「入無心想定耶？」曰：「我有心想，但入定耳。有心想在禪定，如是大聲覺而不聞。」

今按：「覺而不聞」即是「無相、無念、無住」境界，即是「無所住而生其心」也。只佛是在入定時有，今求在一切時有，即求一切時定，不止坐定。慧能又說：

> 但行眞心，於一切法上無有執著，名一行三昧。迷人著法相，執一行三昧，眞心坐不動，除妄不起心，卽是一行三昧。若如是，此法同無情，卻是障道因緣。道順通流，何以卻滯？心不住在卽通流，住卽被縛。若坐不動是維摩詰不合呵舍利弗宴坐林中。

可見慧能只主張「心無執著」，並不主張「無情」與「不動」。因此慧能亦連帶反對靜坐，連帶反對當時佛界盛行之坐禪。他說：

> 此法門中，一切無礙，外於一切境界上念不起為坐，見本性不亂為禪。

又曰：

> 外離相為禪，內不亂為定。

慧能又自說之云：

外若著相，內心卽亂。外若離相，心卽不亂。本性自淨自定，只為見境思境卽亂。若見諸境心不亂者，是眞定也。

可知此處所謂「離相」，卽是「不著相」。不著相者，只是如如然然，這這爾爾；此謂於六塵中無染無雜，此卽自性清淨。可見慧能思想，到底也還是般若、湼槃以來之大宗正派。雖說是極端革命，也還是極端傳統。今按天台六妙法門有云：

行者當觀心時，雖不得心，及諸法，而能了了分別一切諸法。雖分別一切法，不著一切法；成就一切法，不染一切法。以自性清淨，從本以來不為無明惑倒之所染故。

此一番話，正與慧能無相、無念、無住精旨，一色無二。可見慧能雖反對禪法，其理論正從當時之禪法出。又六妙法門云：

心不染煩惱，煩惱不染心。

慧能亦云：

卽煩惱卽菩提，前念迷卽凡，後念悟卽佛。

「卽煩惱卽菩提」，猶之云「卽衆生是佛」也。當時稱慧能一派謂「南宗頓教」，以別於「北宗」神秀之「漸教」；正爲念念無住，故一念悟卽見性成佛，此之謂「頓」。頓悟成佛亦是竺道生義，旣主一闡提皆有佛性，自必主頓悟可以成佛，二義相足，並無異變。可見慧能思想，近則與天台智顗大師一派相通，遠則直承竺道生而來，正可說是當時中國學佛人一種共同意見，只在慧能一不識字人心中朗現，口中暢發。

當時佛學界本有「理佛性」與「行佛性」之辨。所謂理佛性者，一切有情皆具。行佛性則有具有不具。若不具，行佛性卽永不成佛。此因法相宗有「永不成佛」之衆生，違於涅槃經之「一切衆生悉有佛性」，故立此義以爲調停。天台觀經疏云：「言衆生卽是佛，理佛也。」續高僧傳菩提達摩傳謂：

> 入道多途，要唯二種，謂理、行也。藉教悟宗，深信含生同一眞性，客塵障故，令捨僞歸眞，凝住壁觀，無自無他，凡聖等一，堅住不移，不隨他教，與道冥符，寂然無為，名理入也。行入四行，萬行同攝。

「行入」分四行以攝萬行。蓋「理入」卽「頓悟」，「行入」卽「漸修」。自謝靈運當竺道生時指點出所謂「教」「理」之辨，直到慧能創此南宗頓教之禪宗，始達到「理勝教」之地位。「理勝教」卽「理入」，「教勝理」卽「行入」也。此種爭論，到宋儒有「性卽理」與「心卽理」之爭。大抵主性卽理，則謂有此理未必卽有此行。主心卽理，則卽行是理，卽心是性。故主性卽理者必主「行入」，主心卽理者卽主「理入」也。故云竺道生是佛門中孟子，慧能是佛門中象山、陽明。

四

中國學術思想界，往往可從南北分區；唐初中國佛學天台、華嚴、禪宗三派亦如此。天台、禪宗皆盛於南，華嚴則與唯識盛於北。南尚清通，北尚繁密。南北朝經學如是，唐初佛學亦然。故華嚴理論，圓密深宏，極扶疏廣大之致；但其歸宗反極，則仍與天台、禪宗無別。慧能已採取了天台精義，華嚴清涼國師澄觀亦採取禪宗要旨，又融會天台，著華嚴經疏，又著隨疏演義鈔，自謂：

用以心傳心之旨，開示諸佛所證之門。會南北二宗之禪門，撮台、衡三觀之玄趣，使教合亡言之旨，心同諸佛之心，無違教理之規，暗蹈忘心之域。

可見當時佛學雖分三派，而思理演進只是一轍。最可注意的，則是澄觀的如來不斷性惡論，他說：

謂如世五蘊從心而造，諸佛五蘊亦然。如佛五蘊，餘一切眾生亦然，皆從心造。然心是總相，悟之名佛，成淨緣起；迷作眾生，成染緣起。緣起雖有染、淨，心體不殊。佛果契心，同眞無盡，妄法有極，故不言之。若依舊譯，心、佛與眾生三無差別，則三皆無盡。無盡卽是無別相，應云：「心、佛與眾生，體性皆無盡。」以妄體本眞，故緣無盡，是以如來不斷性惡，亦闡提不斷性善。（華嚴經疏）

又說：

此卽湼槃經意，天台用之，以善惡二法同以眞如而為其性。若斷善性卽斷眞如，眞不可斷，故

性善不可斷也。佛性卽是眞實之性，眞實之性卽第一義空，如何可斷？性惡不斷，卽妄法本眞，故無盡也。（隨疏演義鈔）

澄觀此說，其華嚴先德賢首已先言之，故曰：

隨舉一門亦具一切，隨舉一義亦具一切，隨舉一句亦具一切。然此具德門中，性具善惡，法性實德，法爾如是。（菩提心章）

惟在天台宗言之，則謂性具善惡乃台宗之極說，他宗雖言性具善，不言性具惡，天台總謂之「別教」，以自別於天台之「圓教」。蓋此義自是天台首創，故曰：

如來不斷性惡，闡提不斷性善，點此一意，衆滯自消。（止觀輔行）

又曰：

性之善惡，但是善惡之法門。性不可改，歷三世無誰能壞，復不可斷。譬如魔雖燒經，何能令性善法門盡？縱令佛燒惡譜，亦不能令惡法門盡。問：「闡提不斷性善，還能令修善起；佛不斷性惡，還令修惡起耶？」答：「闡提既不達性善，以不達故，還為善所染。修善得起，廣治諸惡。佛雖不斷性惡，而能達於惡，以達惡故，於惡自在，故不為惡所染。修惡不得起，故佛永無復惡。以自在故，廣用諸惡法門化度眾生，終日用之，終日不染，不染故不起，那得以闡提為例佛耶？若闡提能達此善惡，則不復名一闡提也。」（觀音玄義）

今按：既主人人皆具佛性，則轉言之，佛性卽人性也；人不異佛，卽佛不異人。故慧能謂：「但識眾生，卽能見佛。」一闡提亦眾生，一闡提性具惡，故知佛性亦具惡。既謂「一心具萬行」，則惡行不得在心外。世法不能有善無惡，故知人性兩具善惡。佛不異人，故知佛性亦具惡。此皆一意貫串，無可非難。

再者，既主心、佛、眾生三皆無盡，而善惡亦同無盡，故知心、佛、眾生皆同具善惡也。在生公時，主「一闡提亦具佛性」，已爲時輩所不容，遠見擯斥。今則進而主「佛性亦具惡」，洵可謂中國佛學界之絕大進步。至此境地，則佛教精神迴非宗教崇拜所能拘縛。此後明儒王陽明天泉橋證道有名之四句教謂：

無善無惡心之體，有善有惡意之動。知善知惡是良知，為善去惡是格物。

大意卽與台宗相近。「有善有惡意之動」卽佛不斷性惡也。「知善知惡是良知」卽佛雖不斷性惡而達於惡之說也。餘云「無善無惡心之體」者，卽澄觀所謂「眞實之性卽第一義空」也。旣第一義空，則萬法畢竟空，故龍溪謂「心旣無善無惡，意亦無善無惡，知亦無善無惡，物亦無善無惡」也。此卽澄觀所謂「妄法本眞」，賢首所謂「法性實德，法爾如是」也。法爾如是者，則如如然然，這這爾爾，卽空卽眞，卽空卽有，更非名相之可迹矣。

根據以上述說，故我謂唐代中國佛學，早已遠離宗教信仰，越過哲理思辨，而進入心性修養與自我教育之路徑。他們雖各分宗派，但儘有許多大義互相通假。他們早已是宋、明儒學之先驅者。後人多說宋學與禪學有關，其實台、賢兩宗，一樣與宋學有甚深關係。到此，佛學遂確然成其爲中國文化之一要流。

（民國三十四年八月二十四日重慶中央周刊七卷三十二、三十三期合刊）

佛學傳入對中國思想界之影響

佛學傳入，單就魏、晉到盛唐一段，已有四、五百年，這是佛學傳入最旺盛的時期。梁沙門慧皎高僧傳所載中外高僧，得五百人。（連附傳者合計。）唐沙門道宣的續高僧傳所載，又七百人。就其所譯經論，據唐沙門智昇開元釋教錄，自漢明永平十年，下至唐玄宗開元十八年，凡六百六十四載，中間傳譯緇素總一百七十六人；所出大、小二乘三藏經教及聖賢集傳並及失譯，總二千二百七十八部，都合七千四十六卷。這眞可算是極大的數量。佛教傳入，在中國文化史上，各方面各部門，都有極深宏的影響。現在只就其屬於思想史部分者扼要述說幾點。

一

中國思想傳統，以儒家爲中心，儒家思想則以人文爲本位。此乃儒家思想之所長，亦卽儒家思想之所短。儒家思想惟其以人文爲本位，故於人羣以外，天地萬物，儒家皆不與以甚大之興趣。卽就人文本位言，亦偏重中國內部，其外圍蠻夷不復著重。卽就中國本部言，其歷史興趣亦只限於堯舜以下，以前太古茫昧，人文未起，亦卽淡漠視之。矯正此種褊狹觀念者，算只有道家。然如莊子所言，天地萬物，太古茫昧，蠻夷八荒，亦泰半只成爲一種隨興所至的寓言。此後陰陽家繼起，採用道家觀點，將儒家之人文本位大大展擴，於是有鄒衍之「大九洲說」及其「五德終始論」，這不可不說是古代中國思想閫域一大解放。但若擬之印度佛學思想，則一拘一曠，相差尚遠。

佛學小乘派說空間有三千大千世界。彼謂以須彌山爲中心，九山八海交互繞之，更以鐵圍山爲外郭，是曰一小世界。此一小世界中，已包有四大洲。而合此小世界一千，始爲小千世界。又合此小千世界一千，乃爲中千世界。再合此中千世界一千，乃爲大千世界。故大千世界之數量，乃爲千萬萬個以須彌山爲中心之世界之集體。此乃佛家之空間觀。若論其時間觀，彼謂人壽以八萬四千歲爲度，歷百年減一歲，如是遞減至人壽十歲而止。至此又遞增至八萬四千歲，乃爲一小刧。積二十小刧爲一中刧。經一中刧爲世界之「初成」，又一中刧爲世界之「安住」，又一中刧爲世界之「壞滅」，又一中刧爲世界之「空虛」。如是歷「成、住、壞、空」爲一大刧。此爲佛家之時間觀。

又有「六道輪迴」說。地獄、餓鬼、畜生、阿修羅、人間、天上，乃衆生輪迴之道途。現世大羣只是此六道中一道與一輪而已。

佛家用此眼光來看塵世，與儒家的人文本位眞如天淵之隔。道家似亦頗有此境界，但道家只是想像寓言，不如佛家認眞，此是中國思想之沖淡與高明處。然因其不執著，乃亦不誠懇。因其非信仰，故而無力量，不能形成爲宗教。佛家在此等處，似不免向外執著，然正是其想像之熱烈與眞摯處。當知人生力量不全在外，只要想像熱烈眞摯，不妨憑虛，轉生大力。

佛家原始態度，本屬一種極濃重的「出世」精神，因此彼對一切現世人文殊不注意，歷史更非其所重；然對宇宙時空，人圈子以外的，則頗多勝妙的理想境界。惟其有此極勝妙的理想境界，故能看輕一切現世人文而拋出世精神，亦遂因此而成其爲一種宗教。若返就中國儒家傳統人文本位的思想論之，則此等眞所謂荒唐無端涯之辭。然在儒家思想失其效力，一切現世人文陷於解體之悲觀時代，此種思想，實爲中國人開闢一新宇宙，提供一新人生，可以刺激當時人衰頹的精神重新振奮，重新安穩。康僧會所謂「周、孔略示顯近，釋教備極幽遠」，今顯近處既失敗，只有向幽遠處乞靈。

我們試一披讀東漢以下，經歷魏、晉、南北朝一段衰亂黑暗的歷史，同時對看慧皎高僧傳裏那些名德高僧的內心境界與其日常生活，便可想像到那時的佛教教理如何安定住了幾百年動亂的人心，如何披豁無窮的黑暗，與人以勇猛無畏以及慈悲救濟的精神，來渡過此一段險惡的人世大潮。這是儒家思想所無可爲力的。儒家譬如在渡船中的長老，他只注意如何掌舵張帆，如何安渡此一船人；但在大風浪中，此船整個破壞，此長老卽亦無能爲力。此時只有跳出此船之外，始可得救。亦只有在此船以外的力量始可救得此船。儒家是一種人文本位的淑世主義者，在世運大亂之際轉見束手無策，正爲此理。小乘佛教猶如跳出此船，以求濟渡。大乘佛教則如在破船外，冒著風險靠上破船來救渡這一船人。

道家有此超世境界，無此救世精神。嚴格言之，他不僅沒有搭救此破船的熱忱，抑且沒有跳出此破船之決意；他最多能在此破船擾攘中安靜下來，甚或嘯傲自如；若風浪不過險，船壞不過甚，好讓船中長老們緩緩著手搶救。西漢初年黃老無爲之治便由此。一到三國魏晉時代，莊老亦沒有辦法。只爲風浪太險，船壞太甚，於是不得不仰賴宗教來救度。

二

上面所說，乃謂佛家教理所以能跳出此人世，又能回到此人世來做救世工作者，正爲他們在人圈子外別有安頓精神之所在。此在人圈子裏正當安富尊榮的時代，便不覺此種在人圈子外安放精神之意義。但一到此人圈子內起了大風波，極端危窮困辱之際，卻不得不仰賴這一分安放在人圈子外的精神。這是佛家之大效用。

但上面所說佛家之時空觀與其六道輪迴觀等，只是從粗淺處說。若深細說之，則佛家看此世界，常把來分成「現象」與「本體」之兩部。若粗略地用現行哲學語說之，不妨謂現象界略當於今之所謂「物質界」，本體界則略當於今之所謂「精神界」。佛家因有此種哲學觀點，故而對此現實世界根本不加重視。

說到這裏，我們有一層先當剖辨。近人常謂東方文明是精神文明，西方文明是物質文明。此所謂東方者，指中國、印度；西方則指歐洲。惟就鄙意，似其間尚有問題。

本來「精神」與「物質」乃一相對名詞，相對則同時並起。我們只應說有一派思想，愛把世界分成兩截看，如「物界」與「神界」是也；有一派思想則不喜把世界分兩截看，因此混成一片，既無所謂神界，亦卽無所謂物界，只是一個「現實」而已。大抵印、歐思想屬於前者，中國思想則屬於後者。故宗教思想亦盛於印、歐，而不盛於中國，正因中國思想不喜分別神界、物界故。而尤以儒家思想最顯此意，卽所謂「天人合一」也。

道家雖不以人文爲本位，但道家認天地萬物只是一氣變化，此乃近似一種「唯物的一元論」，並非在氣化以外另有一個精神界與本體之存在。易繫辭所謂「一陰一陽之謂道」，亦是此意。故道家思想充其極則爲神仙而止。神仙依然在此世，並不能去世，此因道家思想裏並無兩個世界故。

至於佛家教理則不然。無論大乘、小乘，在一切現象背後有一本體，在一切「器界」之上有一「靈界」，實在是與中國思想很不同的另一種宇宙觀。我們不妨說，中國思想裏有「精神界」與「靈界」之存在，都是受了佛教影響。此層在宋、明以下的思想界裏極有關係，不可不乘此一說。欲明此意，最好舉佛性論爲例。

中國古籍言「性」，如孟子謂人性善，荀子謂人性惡，此皆指人之性。如謂「犬之性」、「牛之性」、「生之謂性」等，則指物之性。又如「水性潤下」、「火性炎上」等，亦指物之性而屬無生界者。中庸云：「天命之謂性。」此謂人性、物性皆出自然，皆本天命。凡所謂性，皆繫屬於人或物，並非超人、物之外別有所謂性。

但佛家所謂「佛性」，義殊不然。當知所謂佛性，並非如堯舜之性、桀紂之性，以性屬佛。佛家既言「四大皆空」，則根本便無佛。所以竺道生說：「佛者竟無人佛。」（維摩經注。）佛既非指人佛，可見佛性亦非指人性。此處連帶要說到佛身問題。所謂佛身者，就中有「法身」、「化身」等別。佛法身之量，則等於一切「有爲」（智）、「無爲」（理）之諸法。（唯識宗。）或說法身卽是「實相眞如法」，此實相正法隱，名「如來藏」；此實相正法顯，故名「身」。（性宗。）如是則佛法身斷非四大肉身可知。如是而言法身本有，乃謂法身本在衆生之心中，此卽「一闡提人皆具佛性」之義也。

此與儒家義大異者，儒家卽指人心之愛、敬、孝、弟、忠、恕爲性善，謂此爲人心所同具；並非謂愛、敬、孝、弟、忠、恕別爲一物，超乎人心之外，而著乎人心之中也。此所謂「人心」則只是一個肉心，正屬佛家之「四大」。儒家認有人，認有心，而性則只是那人心所同有的一種趨勢或傾向。儒家思想，只注意在人圈子之內，故只就人與人間相互之情意之自然發露處立論。道家注意到人圈子以外，然亦只就萬物之遷流變動處立論。彼之所謂「道」，只是一氣之變化，並未認在氣化之外或上，另自有一個道。如是言之，中國思想無論是儒、是道，都只是一種「惟實的一元論」，並未在心與物之外或上再另尋一本體。

佛家則不然。佛教思想淵源於古代印度哲學之「梵」Brahmon的觀念。「梵」之含義卽爲「絕對獨存」，而爲宇宙之本體者。又有「我」Atma，亦爲常住而唯一之體。「我」與「梵」蓋爲一物而異名。此等於現實世外別有一本體界之觀念，實爲西方思想與中國思想絕不同之點。

若粗略言之，可謂中國乃「現實的一元論」，而西方思想均爲「理想的二元論」。印度如此，佛教亦然。故佛教教理，到底以此世界之存在爲苦，故求脫離此世以達永久安穩之「涅槃」境界。故佛家所謂「法性」，所謂「眞如實相」，均指一本體界，超乎現實；並非如中國人之所謂性與法，卽在此現實中。由性而連帶到心，亦是一例。儒家所謂心，只是肉團心，佛家所謂「凡夫肉心」。佛家尚有「自性清淨心」、「如來藏心」，則爲不生不滅之心，爲「眞如」之異名；此乃總該萬有，遍一切處，無住而常在者。此等觀念，亦爲中國思想所未前有也。

佛家因有此兩重的世界觀，一重是「本體界」，一重是「現象界」，現象界如幻如虛，本體界始爲眞爲常，因而遂有他的出世的宗教。中國人則自古只有一重的世界觀念，天帝鬼神亦都與俗界牽連，故而中國實際並無出世的宗教。佛教傳入以後，不啻爲中國人又闢一個世界，這是佛教傳入後對中國思想界一最大的貢獻。此後中國化的佛教卻又把此出世思想漸漸沖淡，天台宗之「一心三觀」，空、假、中，三一圓融；賢首宗之理事無礙，一攝一切，一切攝一；此在天台宗則謂「諸法實相」，在華嚴宗則謂「一眞法界」，要之，已把眞俗體相融成一片。到禪宗所謂「人境俱不奪，本分做人」，則已確然還復到中國思想的老路上來。但到底佛家理論的影響，一時洗滌不淨。直到宋儒，如張橫渠以「義理之性」與「氣質之性」對立，朱晦翁承之，以「理」「氣」分說，此皆確切受了佛家影響。當時理學家愛說陸、王近禪。其實陸、王單指一心，比較近於中國儒家之眞傳統。禪宗本已是佛家思想之中國化了，故若與陸、王爲近。至於張、朱兩家，後世目爲儒門正統者，其實反是佛法骨子多些。卽此可見佛學在此後中國思想界潛力之大。

三

現在再乘便一說中、印、歐三方思想之大異點。此三方只有中國是一個統一的大國家，而且他生事艱絀，他在人事上的負擔最重。黄河、黄海的自然環境，絕不能比恆河與愛琴海。因此中國思想很早便注意在人圈子之內。而印度、希臘則因諸小邦分立，又天然環境佳，沒有像中國一般的人事重負，他們的思想卻不致緊縛在人事圈子之內，而時時得跳到人事圈子之外去。

當知宗教與科學，其先皆是人圈子以外事。若人類的心思專注重在人圈子之內，則將沒法產生宗教，亦沒法產生科學。印度生活太易，氣候太熱，易趨於好靜定，因而他是偏宗教的。希臘活潑壯旺，進取奮鬭，易趨於樂動進，因而他是偏科學的。換言之，一是偏向內心的，一是偏向外物的。此所謂「內心」與「外物」，皆比較的不在人事圈子之內。若以人圈子爲本位，則中國是向內的，而印、歐是向外的。

故就中國人說，印、歐思想，皆有一種「玩」的態度。印度可謂是「玩心派」，歐洲可謂是「玩物派」。印度未嘗不玩物，然只成爲藝術與想像的文學，而不能到達於科學的發明。歐洲人未嘗不玩心，然如耶教，始終在靈魂天國的道路上，只相當於佛法之小乘，更走不上大乘涅槃的意境。故說他們各有所偏。惟其爲向外、爲有「玩」的意態則一。此所謂「玩」者，乃是不顧人事現實，任心所好而向往奔赴、流連反復之謂。

中國思想之缺點，在太樸實、太嚴肅、太拘拘於人圈子之內，沒有一種玩的意味。只有莊、老比較能玩，卻是「玩世派」，爲其依然沒有遠離這人圈子，故而還說不上玩心與玩物。

印度人因爲能玩心，故而闖進了心的秘奧。歐洲人能玩物，故而闖進了物的秘奧。宗教、科學雖則一虛一實，同樣有無窮的秘奧。

宗教的缺點在「厭世」，科學的缺點在「溺世」，儒家的長處則在「淑世」，不厭不溺。所惜者在其對「心」、「物」兩界，闖玩不够，因而力量單薄。佛教傳入中國，可謂對中國思想界引進了一個心靈的秘奧。

中國儒家宗祖孔子、孟子的內心境界，我們現在難於確說。但觀孔子門下如子路、子貢、游、夏、曾、有之徒，似乎於內心造詣皆不深。只有顏回一人是特出的，因而爲此下的道家所推尊。孟子門下則更無一人可言。荀子自身便若平常。漢儒更樸樕，上自伏、董，下至許、鄭，說到內心境界，似乎都是樸實頭地，幾乎孟子之所謂「不著」、「不察」。苟非佛學傳入，可見儒家傳派，在內心方面成績並不大。此後宋儒實際已受佛家影響，因而他們看不起兩漢，看不起七十子，只說是直得孔、孟眞傳。由我們現在說來，宋、明儒只是要把佛家玩心的把戲運用到淑世主義上面來。讓我們把此番大意，趁此約略一說。

所謂佛家「玩心」工夫，最重要的在能掃空一切，滿不在乎，對於塵世萬象不染不著。而儒家則嚴肅爲人，主張孝、弟、忠、恕、愛、敬，修身、齊家、治國、平天下。現在宋、明儒一境要兩面俱到，所以他們用孔子所說「用之則行，舍之則藏」兩句話柄，說只有顏淵與孔子有此同界。其次則欣賞到論語裏四子言志，曾點鼓瑟的一節，說曾點有狂者氣象，「浴乎沂，風乎舞雩，詠而歸」，此是何等胸襟！明白言之，只是掃空一切，滿不在乎。子路、冉有、公西華三人，皆留情實際，不忘事功，而孔子獨與曾點。並非孔子無意用世，卻要「用行」、「舍藏」，兩面俱到。孟子說：「勿視其巍巍然，我得志則弗爲。」這與「三宿而後出晝」的心情，也是兩面俱到。

此後人物，宋、明儒卻獨欣賞到諸葛亮，說他有儒者氣象。此因諸葛亮高臥隆中，一面自比管、樂，一面卻說：「苟全性命於亂世，不求聞達於諸侯。」此亦非諸葛隨便說些淡話，其前輩如龐德公，其平輩如徐元直，皆有苟全性命、不求聞達的胸襟與造詣，故知諸葛必能如此。然尤要者，在諸葛之後一節，「鞠躬盡瘁，死而後已」的一番志節，與前一段成兩面俱到，乃爲宋、明儒理想中之完全人格。若只有苟全性命、不求聞達的雅量，則只是一個隱士。若僅能鞠躬盡瘁、死而後已，還是未聞大道，有體未融。必兩面俱到，乃成完人。所以范文正爲秀才時，即以天下爲己任，他說：「先天下之憂而憂，後天下之樂而樂。」而同時又盛讚嚴子陵，說：「先生之風，山高水長。」

其實此種境界，並不要到宋代，在北朝、隋、唐時，一輩功名之士，早已有此嚮往。此下明儒也有此氣度。他們一面卓立事功，而同時在心中又掃空一切，滿不在乎。山林市朝，成敗利鈍，一以貫之。只宋儒在其理論上才開始發揮透闢。程明道云：

> 百官萬務，金革百萬之衆，飲水曲肱，樂在其中。萬變皆在人，其實無一事。

又云：

> 泰山為高矣，然泰山頂上已不屬泰山。雖堯舜之事，亦只如太虛中一點浮雲過目。

這是儒、佛合一之理想人格，這亦是佛家思想傳入中國以後之影響。以上乃述說其較大者，其他不細說。

（民國三十五年一月二十五日南京中央周刊八卷二、三期）

縱論南北朝隋唐的儒學

一

人世界總得有人事，人事總得人的心意與氣力來支撑。如何支撑此人世界萬事的義理與條目，研究最圓密最深透者爲儒家。

東漢以後儒家中衰，代起者爲莊、老道家，繼之有印度傳入之佛學。他們都有蔑棄人世之概。但人世還自一人世，儒家思想還須復興。

當東晉南渡，第一流的世家大族，代表時代新精神的，都隨著播遷了，這是所謂「衣冠渡江」，其實只是莊、老思想之南下。其時第二流的家族與人物，卻滯阻淪陷在北方，沒有能隨朝南遷。此一部分人物，大體上並不能追隨時代，趕不上新潮流。他們頗多遵守晚漢舊轍，還是儒家槼矱。因此儒學傳統卻得在北方保留慢慢發榮滋長，重獲新生。這一時代的落伍者，轉成後一時代的開創人。

南北朝本是一個病的時代。此所謂病，乃指文化病。若論文化病，北朝受病轉較南朝爲淺，因此新生的希望亦在北朝，不在南朝。五胡前秦苻堅，南迎道安，西迎鳩摩羅什，長安佛學已盛極空前，而儒學亦同時在彼結集。其時諸經皆置博士，獨闕周禮。乃就太常韋逞母宋氏傳其音讀。就其家立講堂，隔絳紗帳受業者，生員百二十人，號宋氏爲宣文君。這是北方儒風之初扇。此後長安儒統，因亂西移，集於涼州；嗣又匯於北魏，與避難東北鮮卑族慕容氏的一支合流；而北朝之文教遂大盛。最著者是在魏孝文時。若論他們功績，第一是仗著他們的大家族制度及其禮法，在北方大混亂局面下，使中國傳統文化得保遺傳。第二是進而在政治上打出生路，「均田制」、「府兵制」逐一建新。將來統一全國，開隋唐盛運，胥賴於此。

二

在儒學潮流激進中，北方有過兩度佛家之所謂「法難」。第一次在北魏太武帝時，第二次在北周武帝時。此由表面上看，全是道、佛衝突。在其骨裏，則實是儒、佛衝突。

魏太武時，引起衝突的主要人物是崔浩。他自己便「性不好老莊之書」。他是一個北方門第儒學傳統下的人物。他所引起的道、佛之爭，中間夾有極複雜的種族問題、文化問題與政治問題，只借寇謙之的天師道做鬬爭的掩護，可惜史文不詳，現在無可細論。

第二次的爭端，起因於衛元嵩。衛氏上疏，大體亦全是儒家意味。當時北周上下，正瀰漫著儒家復古的傾向，故周武即位下詔，已說：「捨末世之弊風，蹈隆周之叡典。」這裏最可注意的人物是蘇綽。他亦生長在門第儒學傳統下，爲北周創建一朝新法，將來隋唐規模於此肇基。最有名的六條詔書，第一「先治心」，第二「敦教化」，這是最正統的儒學。但蘇綽尚著有佛性論行世，可惜其文不傳。或者蘇綽已是一個「內釋外儒」的人，將來宋、明理學便想走此路。大抵北周復古興化之風本由蘇氏。他雖自己研究佛理，但流風所被，則引起周武之法難。正如宋儒闢佛，並不能謂他們與佛學絕無淵源。

三

蘇綽以下最可注意的人物要推隋末文中子王通，他是在唐末以至宋代受人推尊爲自漢以下的惟一大儒。他的中說極多僞謬造託之詞，此乃他後人如王福郊、福時兄弟以及王勃之徒所妄羼。但中說裏面的大理論，必係王通舊稿，決非王勃諸人所能造作。據云王通倣古作六經，有禮論二十五篇，樂論二十篇，續書一百五十篇，續詩三百六十篇，元經五十篇，贊易七十篇，今俱不傳。或王通有此計畫，實未成書。然觀其規模，實頗宏大；續書、續詩與元經的意見，實極開明；較之揚子雲太玄擬易，無寧爲更得儒家精神。

大抵王通亦是當時北方大門第儒學傳統裏的人物，與崔浩、蘇綽一色。當時佛學傳統在寺院，儒學傳統在門第，故中說裏引述他祖先六代的著作，如時變論、五經決錄、政大論、政小論、皇極讜議、興衰要論等，都是儒術正派，注重現世大羣政教大綱、盛衰要節。王通只承其家學遞有述作，中間自稱有不少承襲他祖先的意見。則他的後輩如王勃之類，再就他書稿添增塗改一些，也不爲過。此乃當時門第家學風氣所宜然。只王勃諸人識見小，濫攀興唐名賢來做河汾門人，則未免貽笑大方耳。

讀中說，第一點，可以看出當時門第學統的大概。第二點，可以看出當時南北學風之異尚。文中子續書、續詩、元經一套著述，是極注重文化傳統的歷史觀點的，但文中子卻公然承認北方的正統，故他述北魏皇始之事而歎說：

戎狄之德，黎民懷之。

又說：

亂離斯瘼，吾誰適歸？天地有奉，生命有庇，卽吾君也。

他對苻秦王猛及魏孝文頗致推譽，他說：

中國士民，東西南北自遠而至，王猛之力。中國之道不墜，孝文之力。

又說：

太和之政近雅。

最沈痛的在他之論南朝，他說：

江東，中國之舊也，衣冠禮樂之所就也。永嘉之後，江東貴焉，而卒不貴，無人也。

又曰：

其未亡，則君子奪其國焉，曰：「中國之禮樂安在？」其已亡，則君子與其國焉，曰：「猶我中國之遺人也。」

他在種族觀點上同情南朝，說「猶我中國之遺人」；但在文化觀點上則不認許南朝，說他「棄中國之禮樂」，說他「無人」、「不貴」。這一種見解，和後代王夫之的黃書與讀通鑑論，意見恰相反。

本來「種族」與「文化」是一而二、二而一的。文化淪亡，則種姓亦將泯滅。但文化究竟是種姓的產物，苟其種姓澌滅，文化亦將無所附麗以獨存。王夫之當神州顛覆，主張種姓之防高過一切；他斷不許異族盜竊我文化來統治我種姓，立言正大而又痛切。文中子則當險運已過，掃地更新之際，回顧前塵，他認爲當時中國文化遺緒所以不絕，未盡全墜，轉在北而不在南。此其立言平恕，而內心之痛或更有甚焉。（按：即此一點，亦可證中說內容決非唐代初年人僞造。）

同時稍前，有北齊顏之推家訓，亦可藉此看出當時門第學統之大概。顏氏乃南士翹楚，淪陷北朝，他看不慣當時北方胡漢混合的局面，他說：

齊朝有一士大夫，嘗謂吾曰：「我有一兒，年已十七，頗曉書疏。教其鮮卑語及彈琵琶，稍欲通解。以此伏事公卿，無不寵愛，亦要事也。」吾時俛而不答。異哉！此人之教子也。若由此業自致卿相，亦不願汝曹為之。

此一番話，極可看出當時中國士大夫，由門第教育求完整種姓文化之防的深心。

但我們僅把家訓與中說兩書對比：家訓所述，只是一門一族之事，教子教孫之談。中說則著眼到全國全羣之治亂興衰，上下古今文化政教的大關節。當時南方是小家庭制，轉而家族觀念重。北方是大家庭制，轉而家族觀念輕。雖則此處只是顏、王兩書的異同，但正可反映出當時南北學術風尚之大體。所以王肅不如李安世。王肅只練習掌故儀文，李安世能創建福國利民的新政制。徐陵、庾信，不如蘇綽、盧辯。徐、庾只是文章綺麗，蘇、盧則經術通明。若論當時中國文化傳統，畢竟是北多於南。

今再論顏、王兩書對佛學的觀點。顏書對佛法極信仰，他有一節說：

> 求道者身計，惜費者國謀，身計、國謀不可兩遂。儒有不屈王侯，高尚其事。隱有讓王辭相，避世山林。安可計其賦役，以為罪人？（歸心）

此乃解釋僧尼減耗課役爲損國而發。足見南方士大夫雖在漢族政府之下，轉而個人主義濃重，國家觀念淡薄。北方士大夫在異族政權下，轉而看重國家勝過私人。又見南朝儒生，皈依佛法，並無與之割土爭長之意。北方卻不然，兩次法難，全從國家大羣理論上出發，亦全由儒、釋對立爭長啟釁。

但王通對佛法則又別有見地。他說：

詩書盛而秦世滅，非仲尼之罪。虛玄長而晉室亂，非老莊之罪。齋戒修而梁國亡，非釋迦之罪。易不云乎：「苟非其人，道不虛行。」

又說：

或問佛，子曰：「聖人也。」曰：「其教如何？」曰：「西方之教也。中國則泥。」

又說：

程元曰：「三教如何？」子曰：「政惡多門久矣。」曰：「廢之何如？」子曰：「非爾所及也。眞君、建德之事，適足推波助瀾，縱風止燎爾。」子讀洪範讜議，曰：「三教於是乎可一矣。」程元、魏徵進曰：「何謂也？」子曰：「使民不倦。」

可見他是粹然儒者之徒，不如顏之推般歸心佛法，亦不如後來韓愈般闢佛。他的意見，比較開通深穩。因此他對崔浩、蘇綽都致不滿，他說：「崔浩，迫人也。執小道，亂大經。」又說：「蘇綽，俊人也。行於戰國可以強，行於太平則亂。」儒家理論，常是嚮往太平、大同，王通方當升平世之初現，回視撥亂時代的人物，宜乎有此批評。

四

總之，王通對文化傳統的歷史觀點，確有他的卓識。他把孔子的經籍，也用史學眼光來衡量，這是他卓識之一。他說：

昔聖人述史三焉：其述書也，帝王之制備。其述詩也，興衰之由顯。其述春秋也，邪正之跡明。此三者同出於史，而不可雜也，故聖人分焉。

這是說歷史，有關制度的政事，有關民情的文學，有關人事的節行，書、詩、春秋各當其一。他的續書、續詩與元經，即繼此而作。他極推尊周公，以與孔子並列。他說：

有周公而經制大備，有仲尼而述作大明。千載而下，有申周公之事者，吾不得而見也。有紹宣尼之業者，吾不得而讓也。

他以不得位，不能效周公創制度興禮樂，遂效仲尼述作。他謂：「二帝三王吾不得而見也，捨兩漢將安之乎？」可見他並不高慕唐、虞、三代。他自己有太平十二策，然告人曰：「時異事變，不足習也。」又說：「非君子不可與語變。」可見他的政治見解亦很明通。中說裏有一段記載說：

子在長安，與楊素、蘇夔、李德林言，歸而有憂色。門人問，子曰：「素與吾言終日，言政而不及化。夔與吾言終日，言聲而不及雅。德林與吾言終日，言文而不及理。言政而不及化，是天下無禮也。言聲而不及雅，是天下無樂也。言文而不及理，是天下無文也。王道何從而興乎！吾所以憂也。」

王通極想慕周公與興王之業，可惜唐興他已不及見。他理想中的禮、樂、文章，在唐代也少人理會。中說誠不失爲醇儒之書，確然是當時一大著作。此乃北方儒統僅有之結晶。可惜他的儒道，在唐初竟爾消沉，沒有一些影響。

這書後面有一篇很可注意的附錄，乃王通子福畤所爲錄唐太宗與房魏論禮樂事。大意說唐太宗貞觀時，曾屢語房、杜諸臣，要興禮樂，講太平。房、杜謙遜，羣推魏徵，進說周道。太宗因之讀周禮，欲行封建、井田。而諸臣會議數日，卒不能定。太宗敦促，因對：「臣等無素業，何媿如之。徐思其宜，教化之行，何慮晚也？」太宗曰：「時難得而易失，朕所以遑遑。卿等退，無有後言。」徵與房、杜皆慚慄，再拜而出。因相歎曰：「若文中子門人董常、薛攸在，適不至此。」

此一節話，自然亦係王福畤兄弟或王勃等所文飾，惟亦並非全無根據。唐太宗欲行封建，而長孫無忌諸臣謝不敢當，此載於唐史，絕無疑者。周禮本爲北學所重，北周如蘇綽、盧辯，北齊如熊安生，即王通中說，亦盛推周禮。唐太宗浮慕三古，欲本周禮復行封建，事可有之。昔諸儒爲秦謀，創議復封建，而秦始皇拒其請。今唐太宗爲羣臣謀，欲加封建之賞，而羣臣辭謝不敢承。此乃中國史上所當大書特書之盛德嘉話，所堪後先輝映者。但唐初房、杜、王、魏諸公，在創制垂統積極方面，實無表顯。租庸調制本北魏，府兵制本北周，進士科舉制本隋，其他別無建立。若論百代規模，一王大法，唐初的創建較之秦始皇、漢武帝，遠有媿色。

爲全體大羣政教本原創制立法，開召太平，此乃古者秦、漢儒家之大理想、大抱負。自東漢以下，小己私人主義代興，莊、老玄學當路，兩漢儒業只成一伏流，淪陷在北方；卻慢慢轉盛復蘇，經苻秦、北魏、周、隋數百年間，絡續有些實際的貢獻。但到底培育未成熟，準備不充分，一旦景運重開，天日清夷，唐太宗雖浮慕好名，不失爲一可與爲善之英主，而房、杜、王、魏諸賢，卻於政教大本原處少所開陳。當時北方儒統所僅僅凝聚的一些精光寶氣，卻爲時代統一盛運的大潮流所沖淡了。文學則轉尚齊、梁輕薄豔麗，經術則僅止於劉炫、孔穎達之類。此已爲王通所貶斥。若論節行，則經不起盛世熱流之薰蒸，不到一兩傳，氣骨俱靡。禮、樂、文章，任何一方面，並未卓然有所樹立。

不知王通若遇興唐，能否有所建白？但他的一套理想，顯然不爲時賢所重，因此其人其書在初、盛唐時，竟少知者，並隋史亦不爲立傳。卽王家子孫於其先人志行，雖略有所知，而未免亦受時代感染，所記唐太宗與房、魏論禮樂事，一面尚知致慨於唐初諸賢之不能興文洽化，一面卻漫拉房、魏諸賢都做了文中子的門徒。這裏十足表出了時代淒涼的一個黑影。

五

唐代詩文，直要到杜甫、韓愈，始能洗滌盡南朝齊、梁之浮艷。杜甫是詩人中的儒家。詩中於稷、契儒術，屢詠不一詠。韓愈更明白排佛，以孟子拒揚、墨自任。但他並不能闢佛，實際眞能闢佛者，轉在佛門下之禪宗。但韓愈到底不失爲站在正面公開反對佛教的一人。在當時，是幾百年所未有的，到底還該爲他大書特書。

但他更重要的在提倡師道。兩漢以來經師博士，只好算是「功令師」，或云「祿利師」、「職業師」。魏晉以下，學術傳於門第，更無師道可言。北方儒業，也是大體關閉在門第傳統下；惟較南朝差愈，但也說不到有「傳道師」。王通游情洙泗，但在當時空氣下，亦急切走不上傳道講學之路。他的中說模擬論語，於是他後來遂無端羼進了許多興唐名賢來裝點門面，這亦正是時代淒涼下的黑影之又一證。

當時算得上傳道師的，只在佛寺僧院之內。因此一代大師領導風氣、指示路向的，還得讓智顗、杜順、神秀、慧能輩來當。儒門下則久矣無師可尊，無道可重。直到韓愈開始來提倡師道，以傳道師自任，這是何等雄偉的大氣魄呀！無怪柳宗元輩要推讓不迭，再不敢當。但可憐韓文公也並不能眞做一傳道師，他仍借朝廷博士官銜來做一功令師、授業師。他仍借接引進士，只想因文見道，由傳授古文而過渡到古道上；不啻是做一授業師、功令師、利祿師而偸關漏稅般又來兼當一傳道師。這是如何可憐之事！但在當時已爲羣所詫怪，柳宗元譬之如「蜀犬之吠日」。至於當日的和尚，卻無一不以「師」爲稱。卽在昌黎集中，一樣未能免俗，如稱「文暢師」、「閑師」之類是也。可見世運移轉，大不容易。韓愈一死，師道更不再見。直到宋代胡瑗、孫復諸人出來，始眞有昌黎所想望的傳道師重在儒門中出現，那已是兩百年後的事了。

以上舉出唐代的政教、文章、師道，都不能超脫南北朝習氣，都不能卓然有所建樹。說到儒統下的理論思想方面，更不足道，大體都視北朝有遜色。韓愈只是氣魄大，若論思想造詣，也無可言。李翺繼之，復性書三篇揉合釋、儒，遂爲唐儒思想上有數的大文章。至於呂溫、劉禹錫之類，都是卑不足道。因此我們說唐代學術思想，仍只有以佛學爲代表。

（民國三十五年四月一日南京中央周刊八卷十二期。本篇內容，部分已採入第四冊首篇讀王通中說；以兩篇作意各有所重，故不避重複，復加編錄。）